Salama-Inge Heinrichs

Das Geheimnis der Lebendigkeit

W0044572

Salama-Inge Heinrichs

Das Geheimnis der Lebendigkeit

.................13 Schritte
zu einem
intensiveren
Leben.........................

Kösel

Ein Glossar mir Worterklärungen finden Sie
auf Seite 232.

ISBN 3-466-30557-8
© 2001 by Kösel-Verlag GmbH & Co., München
Printed in Germany. Alle Rechte vorbehalten
Druck und Bindung: Pustet, Regensburg
Umschlaggestaltung: Elisabeth Petersen, München
Umschlagmotiv: Corbisstockmarket

Gedruckt auf umweltfreundlich hergestelltem Werkdruckpapier
(säurefrei und chlorfrei gebleicht)

Inhalt

Mein Bewusstsein
Leuchtend rein
Untrennbarer Bestandteil
Des großen Strahlungskörpers
Kennt weder Geburt noch Tod
Es ist das unveränderliche
Licht

TIBETISCHES TOTENBUCH

Wunder stehen nicht im Widerspruch zur Natur,
sondern nur zu dem, was wir von der Natur wissen.

AUGUSTINUS

Kapitel 1 Das Geheimnis der Lebendigkeit

Der wahre Name des Weltkonkretums ist: Die mir, jedem Menschen anvertraute Schöpfung.

MARTIN BUBER

»Tu, was du willst«, lautet ein Orakelspruch der alten Götter.

Heißt das: Du wirst schon sehen, was du davon hast? Du musst die Folgen deines Handelns tragen?

Oder: Hab keine Angst, wir begleiten dich, wir verlassen dich nicht?

Oder: Uns ist es egal, wir greifen nicht ein, du bestimmst deinen Weg, die Geschwindigkeit, deine Intensität und du trägst auch die Verantwortung?

Oder: Es ist alles okay, was du tust, alle Wege, ob Haupt-, Neben- oder Irrwege, führen über kurz oder lang sowieso zu uns?

Oder heißt das: Du bist aufgerufen, auf deine ganz persönliche Weise mitzuwirken am universalen Bewusstseinsprozess, du bist wichtig, du bist richtig, mach dich bereit – und viel Spaß dabei!

Jeder kann sich seinen eigenen Vers darauf machen. Wofür du dich entscheidest – es wird deinen Weg bestimmen, nach dem Gesetz der Magie.

Ein neues Zeitalter will sich verwirklichen

Wenn wir die Menschheitsgeschichte betrachten, so ist zu bemerken, dass das magische Weltbild in allen Kulturen das vorherrschende war und das rationale Weltbild sich erst in den letzten zweihundert Jahren durchgesetzt hat. Der Ansatz des neuen Zeitalters, das sich in vielen Suchenden verwirklichen will, mit seiner Rückbesinnung auf das Wesentliche, ist ein Schritt in Richtung eines neuen Seins-Verständnisses, jenseits von Aberglauben und blindem Wissenschaftlichkeitszwang. Magie muss verstanden werden als unsere eingeborene Schöpferkraft, die wir nicht missbrauchen dürfen. Wissenschaft kann verstanden werden als Stufen zu immer neuen, höheren oder tieferen Bestätigungen dessen, was im Urwissen der Menschheit sowieso vorhanden ist und wieder aufgespürt werden kann. Selbsterkenntnis wird notwendig, wenn wir die Heilung unserer Seelen und die Heilung der Erde unterstützen wollen. Wenn das Geschehen auf der Erde, mit der Erde und mit uns die Konsequenz Jahrtausende alter (wenn auch unbewusster) Lebenspraxis ist, wenn die Entwicklungen uns dahin geführt haben, wo wir jetzt sind, so kann der Sinn nur sein zu erkennen: Was wir herbeigeführt haben, ist unser Schicksal. Und was soll Schicksal anderes sein als Prüfsteine und Stufen zu neuen Erkenntnissen? Die »Götter« haben uns die Erde überlassen. Aber so wie »Gott« Jesus nicht vor der Kreuzigung gerettet hat, obwohl er darum ersucht worden ist, so rettet uns nichts vor den Konsequenzen unseres Handelns. Und so haben wir uns, wenn auch weitgehend unbewusst, in eine Lage manövriert, die uns wachrütteln muss. Nicht nur die äußeren Umstände sind bedenklich, auch die verkümmerte Innenwelt gibt uns bemerkenswerte Signale. Denn: »Wie innen, so außen, wie oben, so unten« lautet der Spruch der Gnosis, der in vielen religiösen Manifesten wiederzufinden ist. Gnosis ist der griechische Terminus für Erkenntnis. In der

Spätantike war sie geheimes, nur dem Eingeweihten offenbartes Wissen. Hermes Trismegistos sagt dort: »Der Mensch ist zwar in der Welt, aber nicht von der Welt.« Gnosis ist die mythische Erfahrung auf der Ebene des Bewusstseins.

Was wollen wir denn? Glücklich sein, reich sein, erfolgreich sein, schön sein, jung sein, gesund sein und ewig leben. Wie die Kinder! Alles auf einmal und zwar sofort! Die Zeit der »Unschuld« indessen ist vorbei, wir stehen vor den Zerstörungen, die wir angerichtet haben, wie der Zauberlehrling vor den Geistern, die er rief und die er nicht mehr los wird. Und da das Leben ein ununterbrochener Lernprozess ist, müssen wir uns fragen: Was haben wir jetzt zu lernen und was lässt uns im 21. Jahrhundert überleben?

Schon in der Bibel steht: »Bevor sich Königreiche ändern, muss zuerst der Mensch sich ändern.« Alle Weisen dieser Erde empfehlen: Werde bewusst! Da hilft kein Jammern, da helfen keine Außerirdischen und kein politischer Klein- oder Großkrieg, da hilft nur Besinnung. Besinnung auf uns selbst, auf unseren inneren Wesenskern, auf das, was uns wirklich ausmacht, Besinnung auf unser Herz als den Ort der Liebe. Wenn es geschieht, dass wir in die Tiefe unseres Herzens eintauchen, begegnen wir Gott oder dem Göttlichen oder wie immer wir die universale Schöpferkraft bezeichnen wollen. So einfach ist das.

Aber wie kommen wir dorthin? Unser Inneres ist oft abgeschlossen, verhärtet, verbarrikadiert, es hat sich Schutzmechanismen aufgebaut, um zu überleben, es hat sich zurückgezogen und unkenntlich gemacht und sich schließlich mit den oberflächlichen Tröstungen der materiellen Errungenschaften abgefunden.

Wie werden wir bewusst? Es geht nicht darum zu wissen, was wo auf der Welt passiert und passiert ist, sondern es geht um die Realität in jedem Zeitaugenblick, es geht darum, wie wir der Wirklichkeit begegnen, wie wir der »Willkürlichkeit« des

Schicksals einen Sinn geben können, wie wir mit der Hinfälligkeit des Körpers und der Unausweichlichkeit des Todes umgehen. Bewusstsein heißt zuallererst einmal, sich seiner Selbst bewusst zu sein, sich selbst wahrzunehmen und zu spüren, denn unser Körper ist das Medium unserer Wahrnehmung. Mit größter Wahrscheinlichkeit geht es nicht um die Rettung der Erde, denn die Menschheit als Vollzugsbeauftragter universeller Entwicklung hat nicht aus Versehen darauf hingearbeitet, ihren Lebensraum zu zerstören, sondern ist mit unbewusster Absicht dem Weltgeist gefolgt als dem Vollstrecker von Schicksal und Transformation. Emsig, fleißig, unaufhaltsam, vom Wissensdrang beflügelt, hat sie geforscht, gewählt, herauszufinden versucht, hat alles in Bewegung gesetzt, um dem Leben auf die Schliche zu kommen, es zu ergründen, zu vervollständigen, zu verbessern, im Glauben an ihren Auftrag, an ihre von der Schöpfung überantwortete Intelligenz und schließlich in gutem Glauben an die Richtigkeit ihrer Bemühungen. Bösartigkeit dürfen wir nicht a priori unterstellen, wenn auch bei dem ganzen Spiel etwas herausgekommen ist, was uns böse erscheint. »Herr, vergib ihnen, denn sie wissen nicht, was sie tun«, sagte Jesus am Kreuz. Aber was ist gut, was ist böse? Wer ist der Richter? Ist es denn böse, wenn die Katze die Maus frisst, ist es böse, wenn eine Supernova im All zerplatzt?

Bewusste Wahr-Nehmung

Die Menschheit weiß, dass sie sich im Namen der Schöpfung entwickeln muss. Entwicklung ist Leben *und* Sterben, auch das Sterben von Zivilisationen, Völkern, Gestirnen und Universen. Was uns fehlt, ist bewusstes SEIN und das heißt: bewusste Wahrnehmung. Wir sind jedoch von Kindesbeinen an hauptsächlich nach außen orientiert und dazu erzogen worden, die Welt mit dem Verstand zu begreifen und auf sie mit dem Verstand zu reagieren. Wie das Wort »be-greifen« schon sagt, geht es um ein sinnliches Geschehen, das mit den Händen, dem Ergreifen und Tasten, dem taktilen Wahrnehmen zu tun hat und das »Ergriffensein« beinhaltet, das unsere Seele berührt, wenn wir bereit sind, die Botschaften des Ergriffenen zu akzeptieren, zu verstehen, auszuhalten und zu begrüßen. Dazu müssen wir lernen, die Sehnsucht der Seele nach Erlösung wahrzunehmen, eine Sehnsucht, die in tiefen Schmerzerfahrungen aufkommt. Es bedarf der Bereitschaft, die Botschaften des Körpers wahrzunehmen, in denen sich unsere Seele ausdrückt, und sie zu beherzigen. Es bedarf, der Sprache des Herzens zu lauschen als der Sprache der Innerlichkeit – und ihr zu folgen. Unser Körper ist das Medium unseres Erlebens. Wahrnehmen – die Wahrheit nehmen – können wir nur mit unserem Sensorium. Jedes Kind kommt mit einem intakten Sensorium auf die Welt, aber Erziehung, Konditionierung und aufoktroyierte Weltbilder stören und blockieren die Sensitivität, so dass wir, auf unsere Muster und Glaubensinhalte angewiesen, dem Weltbild aufsitzen, mit dem wir groß geworden sind.

Die Qualität unseres Bewusstseins hängt von der Wahrnehmungsfähigkeit unseres Sensoriums ab. Wenn unser Sensorium blockiert oder eingeschränkt ist, unterliegt unsere Wahrnehmung Projektionen und wird uns eine beschränkte und illusorische Weltsicht vermitteln. Unser Sensorium ist die Schaltstelle bzw. Auffangstelle unserer sinnlichen Erfahrungen, einschließlich des »Übersinnlichen«, das, wie das Wort schon sagt, über die Sinne erfahren wird und über sie hinausgehen kann. Unser Sensorium besitzt Antennen, die sowohl empfangen als auch senden können. Von diesem Standpunkt aus gesehen gibt es nichts »Außersinnliches«. Diese so beliebte Bezeichnung bedeutet einfach nur, dass wir diese Erfahrungen noch nicht einordnen und kategorisieren können, denn sie kommen über die feinstofflichen, antennenartigen Fühler zu uns herein, für welche die Wissenschaft noch keine plausible Erklärung hat. Es gibt allerdings schon wissenschaftliche Versuche, mit denen Energieströme, so genannte Biophotonen, ihre Bewegungen und Lichtaussendungen gemessen und sichtbar gemacht werden können (vgl. Kerner, *Heilen*). Unser Sensorium muss intakt, rein und empfänglich sein, denn Unreinheit und Blockaden stören den reibungslosen Empfang und verfälschen die Wahrnehmung und beeinflussen die Aussendung. Alle Interpretationen, die unser Verstand einbringt, sind geprägt von unserem Weltbild, unseren Programmen, Meinungen, Überzeugungen, Dogmen, Glaubensinhalten und Erwartungen. Ein einwandfreier Empfang, ein Wahrnehmen der Wirklichkeit, ist also nur möglich, wenn diese Prägungen gelöscht bzw. zum Schweigen gebracht worden sind und unser Bewusstsein frei ist, um unerwartete, gefürchtete und erleuchtende Einblicke zu erhalten und zu erlauben. Wahrnehmung des Innenraums und des Außenraums führen zusammen zur Erkenntnis der Wirklichkeit. Eines ohne das andere ist Stückwerk. Beides, Innenraum und Außenraum, bedingen einander und bestimmen unser Sein.

Wir leben in einer Krisenzeit und in solchen Zeiten brauchen wir innere Stabilität und gleichzeitig Flexibilität, um auf das Geschehen angemessen reagieren zu können und die anfallenden Probleme optimal zu meistern. Wir müssen dabei lernen zu unterscheiden: Was kann ich verändern, was liegt in meiner Macht und meiner Kompetenz und wo bin ich machtlos, wo muss ich das Knie beugen, d.h. das Schicksal annehmen. Eine der Haupteigenschaften des bewussten Seins ist die Demut, die annimmt, was gegeben ist, z.B. die Naturgesetze, denen wir unterliegen, oder die Gesetze des Universums, die sich in unserem Körper spiegeln und denen wir nicht ausweichen können. Demut heißt, keine Erwartungen, Hoffnungen, Pläne mehr zu haben, heißt, die Identifikationen mit dem Körper aufzugeben, heißt, dem Ego seine Vorherrschaft über unser wahres Selbst zu nehmen.

Unser Körper ist unsere Chance, unser Material, seine Bedingungen müssen wir annehmen und mit ihnen arbeiten. Und kreativ, wie unsere Spezies ist, hat sie die Psychologie entwickelt, der Notwendigkeit entsprungen, dem rasanten Fortschritt der »Aufklärung« einige tiefere Erkenntnisse entgegenzusetzen. Besonders Wilhelm Reich ist es zu verdanken, den Grundstein der Humanistischen Psychologie gelegt zu haben, die den Körper als Basis erkannt und den Zusammenhang zwischen Denken und Schicksal aufgeklärt hat. Das Tor zu einem gänzlich neuen Verständnis von Bewusstsein, von Mystik, Magie, Religion ist damit geöffnet worden und damit das Tor zu ungeahnten, wunderbaren und heilsamen Erfahrungen, Erkenntnissen und Erleuchtungen. Wilhelm Reich hat bereits auf die Metapsychologie hingewiesen, auf den Zugang zu höchsten und tiefsten Einsichten, was ihm allerdings als Wahn ausgelegt wurde und ihn letztendlich ins »Irrenhaus« brachte.

Unser Gesichtskreis hat sich enorm erweitert, neue Techniken und Methoden sind aufgetaucht, nicht nur, um noch schnellere Autos und größere Flugzeuge zu bauen, sondern auch, um auf neue Art und Weise in die Tiefen des Unterbewusstseins vorzudringen und die Höhen des Überbewusstseins auszuleuchten. So destruktiv der menschliche Geist auch zuweilen ist, so ist die Schattenseite die Nachtseite eines immer heller werdenden Lichtes. Dies ist der Preis der Dualität. Zum Licht gehört Schatten und wie Meister Eckehart sagte: »Die Dunkelheit ist die unsichtbare Anwesenheit Gottes.«

Die elektromagnetischen Kräfte des Universums wirken in uns allen, wir sind ihnen ausgeliefert und bestimmen sie gleichzeitig mit, ob wir das nun wissen oder nicht. Sie sind eng verbunden mit unseren Entschlüssen, Entscheidungen, unserem Verhalten, so dass wir nicht unterscheiden können, welcher von den beiden Bereichen der vorherrschende ist: die persönliche Entscheidung oder die morphogenetische Schwingung.

Die »morphogenetische Schwingung« ist eine von Rupert Sheldrake entdeckte energetische Bewegung, die alles Sein und alle Wesen miteinander verbindet und Informationen transportiert. Beispielsweise wurden Affenherden auf verschiedenen Kontinenten, also in großem Abstand voneinander, beobachtet. Dabei wurde festgestellt, dass sich Erfahrungen der einen Herde ohne persönlichen Informationsaustausch auf andere Herden »übertragen« haben, so dass anzunehmen ist, dass diese Informationen über ein Schwingungsfeld transportiert werden, wie es auch in der Biophotonenforschung beschrieben wird.

Wir sind in diesem Sinne Täter und Opfer zugleich, weil wir eingebunden sind in Strukturen, die gleichermaßen von uns bestimmt werden, wie sie auch uns bestimmen. Es beginnt schon in den ersten Tagen unseres Lebens, dass wir uns auf die Umwelt einstellen und Entscheidungen treffen, wie wir uns am besten ihr gegenüber verhalten, wie wir glauben, überleben zu können. Diese Entscheidungen wirken einschneidend auf unser Verhalten und auf die Umwelt, sie bewirken unser Schicksal. Das heißt, Gedanken, Einstellungen und Entschlüsse bestimmen unsere Körperstruktur, unsere innere Haltung wird zur äußeren Haltung und ist sowohl Schicksalsausdruck als auch schicksalsbestimmend.

Wer einmal in einer Rückerinnerung gesehen hat, wie seine inneren Pläne entstanden und zum Muster geworden sind und sich schicksalsmäßig verwirklicht haben, der begreift, wie notwendig es ist, diese frühkindlichen Entschlüsse und Einstellungen zu revidieren und neue, zeitgemäße Entscheidungen zu treffen. Es ist notwendig, sich auf Unerwartetes einzulassen und unser Sein so zu sehen, wie es ist: ein Gestrick von inneren Entscheidungen und sich wiederholenden – weil erwarteten – Erfahrungen, das nur unterbrochen und in neue Bahnen gelenkt werden kann durch bewusstes Wahrnehmen der einschränkenden Muster, Glaubenssätze und Programme und durch die Entscheidung, situationsgemäß zu handeln. Jede neue Entscheidung kann Angst machen, aber die Angst zeigt den Weg. Da, wo die Angst ist, da ist die Tür zu neuen Erfahrungen und zur Erweiterung unseres Bewusstseins. Angst ist ein notwendiges Vehikel, um transformierende Kräfte freizusetzen. Wir sind an Schaltstellen geraten, deren Magie sich uns entschlüsselt und zur Verfügung stellt, wenn wir bereit sind, die Dinge zu sehen, wie sie sind und nicht, wie wir glauben, hoffen oder fürchten.

Es geht, was unsere Seele, unser Wesen, unser Sein, unser höheres Selbst betrifft, nicht um Äußerlichkeiten, sondern um Selbst-Findung.

Die Muster unseres Verhaltenscomputers lassen sich ändern. Wir aber fangen erst an nachzudenken, zu prüfen und kreativ zu werden, wenn uns das Wasser bis zum Hals steht und die Auswege verschlossen scheinen. Wer mit dem Rücken an der Wand steht, wird entweder erfinderisch oder gibt auf. Wir haben immer die Wahl.

Die Geschwindigkeit, mit der unser Planet auf einen möglichen Holocaust zurast, macht vielen Menschen, die ihre Augen offen halten, Angst. Noch nie war die Zukunft so bedrohlich, wenn sie auch schon immer unsicher war. Zum Glück sind jedoch gerade Unsicherheit und Angst meist Auslöser transformierender Kräfte.

Eines der Geheimnisse der Lebendigkeit ist, nach jeder Niederlage von vorne zu beginnen, ungeachtet der Verluste, Schmerzen und Blamagen. Eines der Geheimnisse des Überlebens ist, das Unsterbliche und Ewige in uns wahrzunehmen. Eines der Geheimnisse des Glücks ist, die Verbundenheit mit der kosmischen Präsenz, mit dem Göttlichen wahrzunehmen und die Möglichkeit, zu allen Zeiten aus dieser Quelle zu schöpfen. Fangen wir bei uns selbst an.

Unterscheiden lernen

Wir müssen unterscheiden lernen zwischen dem, was wir tun müssen, um unser Leben zu erhalten, für das wir auch Verantwortung tragen, und zwischen dem, was unser wahres, eigentliches Wesen ist, das wir das Selbst nennen und das dem Ewigen verpflichtet ist, dem wir folgen müssen.

Wir können uns allerdings auf die göttliche Führung nicht herausreden und damit unser Ego entschuldigen, wenn es Mist gebaut hat. Wir tragen allemal die Konsequenzen unseres Tuns, ob mit oder ohne Gott. Weiter müssen wir unterscheiden lernen zwischen dem Sterblichen und dem Unsterblichen, dem Zeitlichen und dem Ewigen. Auf der zeitlichen Ebene muss die Arbeit getan werden, die nötig ist, für eine Evolution, deren Ziel wir nicht kennen. Auf das Ewige haben wir keinen Einfluss, wir müssen es hinnehmen, seine Bedingungen und Wirkungen annehmen und uns damit anfreunden, dass wir es in seiner ganzen Tiefe in diesem Körper, mit diesem Sensorium, wahrscheinlich niemals ergründen werden können. Das Zeitliche hingegen ist in unserer Verantwortung, wir haben Einfluss und ausreichende Kräfte, es zu bewerkstelligen. Das Ewige ist unsere Heimat, von der wir ausgegangen sind und zu der wir zurückkehren werden. Das Zeitliche ist der Spielraum, in dem sich Bewusstsein kristallisieren kann und soll. Das Ewige mit dem Verstand *begreifen* zu wollen ist unmöglich, es *wahrzunehmen* kann gelernt werden. Es bedarf dazu jedoch einer bedingungslosen Aufmerksamkeit. Aufmerksamkeit braucht geistige Entscheidung, aktiven Einsatz und Disziplin, um schließlich aus der Vulgarität des Scheins und der Illusionen hinauszuwachsen in den Wahrnehmungsraum der Wirklichkeit, die das Tor zur Wahrnehmung des Ewigen ist.

Wenn etwas »zu Grunde« geht, kann dieses »zum Grunde gehen« eine Chance sein, die Geburt von etwas Neuem zu erleben, auch wenn es zunächst Angst macht. Wir können der Wirklichkeit nicht aus dem Weg gehen, denn sie kommt immer wieder und oft in anderer Gestalt zu uns zurück. Das nennen wir dann Schicksal, ein selbst gemachtes Schicksal, denn wir haben die Zeichen und Warnungen einfach übergangen. Die Wirklichkeit klopft aber so lange und mit immer stärkeren Signalen an unsere Tür, bis wir aufwachen. Ob durch diesen persönlichen Bewusstseinsprozess die Erde bewohnbar bleiben kann, wissen wir nicht, es ist jedoch anzunehmen, dass weiterer Schaden vermieden wird, wenn wir zuerst einmal unser eigenes Leben als lebenswert, liebenswert, göttlich und in seiner Essenz als unendlich begreifen, so dass Ehrfurcht vor dem Leben und Demut vor der Schöpferkraft wach werden. Dann kann es nicht mehr um Besitz und Macht gehen, sondern um Werte, die in einer gelebten Religiosität liegen.
Die Religionen versagen zunehmend, sie liefern meist nur noch unnachvollziehbare, menschen- und lebensfeindliche Vorschriften und Dogmen, was man an der Bevölkerungspolitik und dem vorherrschenden hemmungslosen Materialismus deutlich sehen kann. Religion aber heißt, zurückzukehren zum Eigentlichen, zum Wesentlichen, zu Gott oder der Schöpfung, wenn wir an einen persönlichen Gott nicht mehr glauben wollen. Alle Programme für die Erlösung, die seit Jahrtausenden entwickelt worden sind, richten jetzt nichts mehr aus, sind untauglich und kraftlos gegen das gewaltige und gewaltsame Geschehen unserer Zeit. Wir müssen neue Wege beschreiten.

Solange es den Menschen gut geht, sehen sie keine Veranlassung, kreativ zu werden. Kreativität aber bedeutet nicht nur Schaffen von Kunstwerken, sondern ist vor allem die Fähigkeit intelligenterer Lebensgestaltung angesichts des offensichtlichen Verderbens.

Zuallererst ist es notwendig, sich der Absurdität unserer Wünsche bewusst zu werden. Schönheit, Jugendlichkeit, Reichtum, Unsterblichkeit, ewiges Glück. Das heißt, die Realität des Lebensprinzips zu verkennen. Es ist von den Verwüstungen des Alters die Rede. Ich möchte vielmehr von den Verwüstungen der Unbewusstheit reden, von den Verwüstungen, die angerichtet werden durch Betäubung, Konsum, Drogen, kurz, von allen oberflächlichen Praktiken, die angeblich über schwierige Situationen hinweghelfen sollen, ohne uns selbst anzuschauen, und die die Generalfrage vergessen lassen: Wer bin ich und wozu bin ich auf diesem Planeten? Und ich möchte von den Verkrüppelungen sprechen, die verdrängte Gefühle anrichten, von verkrüppelten und verschütteten Anteilen der Seele, deren Lebensregeln der Zivilisation nicht genehm sind, und von den sprachlosen, in die Muskulatur verbannten Energien wie Hass, der hässlich macht, oder Trauer, die lähmt. Schönheit, die so begehrte Qualität eines verkommenen Ästhetikbegriffs, wird mit glatter Haut assoziiert. Das Ideal sind Siebzehnjährige, gewiss unschuldige und wundervolle Wesen, die sich noch vor der Reifeprüfung des Verantwortlichseins befinden, die noch nicht wirklich mit den Tatsachen der Vergänglichkeit – auch der des eigenen Körpers – konfrontiert sind und den Anblick ihrer Eltern, ihrer Fotografen und Regisseure in eine Schublade verbannen, der sie selbst ganz sicher zu entrinnen glauben. Noch ohne Fett und Falten werden sie dennoch in die Falle krampfhaften Jugendlichkeitswahns geraten, der Reife verhindert und damit die wirkliche und wirkungsvolle Auseinandersetzung mit dem Leben. Im Wahn ihres Erfolges oder Erfolgswillens vergessen sie, dass das Glück und der Sinn des Lebens in anderen Bereichen zu finden sind als in Äußerlichkeiten, in hemmungslosem Konsumverhalten, oberflächlichen Vergnügungen und bewusstseinsverengenden Betäubungen.

Was sind denn die Katastrophen in unserem Leben? Unglück in Beziehungen, im Beruf, mit Kindern und vor allem das Altern ist für die meisten Menschen einfach inakzeptabel. Die Sechzigjährigen tun, als seien sie fünfzig, die Fünfzigjährigen sind höchstens vierzig und die Vierzigjährigen ... Was ist denn so schlimm am Altern? Schlimm ist das Jugendlichkeitsideal, bei dem es nicht nur um Schönheit geht, sondern vor allem auch um wirtschaftliche Brauchbarkeit, die gerne an Schönheit gemessen wird. Schlimm ist die Zwanghaftigkeit der Konsumwirtschaft, was bedeutet: Das Kapital bestimmt unseren Wert und damit auch unser Schicksal. Wo Kapital sich häuft, sammelt sich Macht, werden Ideologien fabriziert, um Kapital und Macht zu stabilisieren. Das ist nun also das Resultat der Menschheitsgeschichte.

Es ist eine Ungeheuerlichkeit, dass Menschen nicht in Selbstbestimmung alt werden können und, wenn sie alt sind, nicht sterben dürfen. Und es ist auch ungeheuerlich, dass sie selbst so wenig Bewusstsein während ihrer Lebenslaufbahn entwickelt haben, um sich beizeiten gegen sinnlose Lebensverlängerung zu verwahren. Gerade der Anblick der Alten, die entweder verzweifelt dahinschwinden oder mit schrecklicher Gier am Leben klammern, vermittelt den Jungen die Schrecken. Es gibt heute kaum noch Großmütter, die einfach nur lächelnd im Lehnsessel sitzen und die Würde verkörpern, die dem Alter die Schönheit verleiht, und die gehen können, wenn es an der Zeit ist.

Der Tod ist die einzige definitive Entscheidung, die wir im Augenblick der Geburt getroffen haben. Er gehört zum Leben und zur Natur aller Dinge: werden und vergehen.

Die Medizin hat ihren Anspruch, Menschen zur Gesundheit

zu verhelfen, gründlich missverstanden. Sie hat bewusst die Beteiligung der Seele am Lebensprozess ausgespart, ja verleugnet, und jetzt sollen Apparate die »Apparatur« des Körpers reparieren. Es ist sogar so, dass Mediziner darüber entscheiden wollen und dürfen, wer sich – und wie – um die seelischen Belange der Menschen kümmern darf. Es ist wie im Mittelalter, als Menschen, vor allem Frauen, zu Hexen gemacht wurden, weil sie altes Heilwissen vermittelten. So wie heute der Versuch gemacht wird, die Weisheit vergangener Epochen, die in Intuition und Einfühlungsvermögen bei vielen so genannten Laien präsent ist (einfach weil sie Zugang zum kollektiven unterbewussten Wissen der Menschheit besitzen) zu unterdrücken und zu verbieten, ja sogar zu bestrafen. Gewiss ist es notwendig, vor Quacksalberei und Scharlatanerie zu schützen, aber Tatsache ist auch, das muss die Medizin zur Kenntnis nehmen, dass Heilung mit Vertrauen zu tun hat. Wie Jesus schon sagte: »Dein Glaube hat dir geholfen.« In der Übersetzung in unser Verständnis heißt das: Es ist das Vertrauen, das uns hilft (Näheres dazu im Kapitel *Spiritualität*).

Reif sein ist kein Ziel, sondern ein Übergang in andere Zustände, in den nächsten, der fällig und möglich ist. Um dieses Vertrauen wiederzufinden, trotz äußerer und innerer Widerstände, bedarf es der Bewusstwerdung unseres wahren, eigentlichen Selbstes.

Wege der Bewusstwerdung

Und wie wird man selbstbewusst? Durch Arbeit an sich selbst, durch Erforschung des eigenen Inneren, durch Heilung alter, immer noch schmerzender Wunden und vor allem durch radikale Überprüfung des Weltbildes. Weise Lehrer, Psychologen,

Seelsorger können helfen. Diese müssen allerdings erst ihre eigene Seele erforscht haben, sich ihres Seelenmülls entledigt haben, bevor sie andere Seelen verstehen, begleiten und herausführen können aus Verstrickung, Vernebelung, Selbstverkennung und Verachtung, aus Vergessen und Verdrängung. Um Seelsorger zu werden, sind Universitäten, wo Wissen vermittelt und Verstand trainiert wird, ungeeignet. Es bedarf Schulen und Lehrer, die aufzeigen und vorleben, die Selbsterkenntnis und Eigenverantwortung herausfordern und unterstützen.

Der persönliche Entwicklungsweg jedes Einzelnen kann weder aufgeschwatzt noch dirigiert werden. Was jedoch vermittelt werden kann, ist, wie und durch welche Methoden eigene Wege gefunden werden können und wie man Selbstheilungskräfte anregen kann.

Als erster Schritt aber muss Problembewusstsein vorhanden sein oder entwickelt werden. Das heißt, der Schüler, Klient bzw. Suchende muss herauswollen aus dem Kreislauf, aus der ewigen Wiederkehr immer gleicher Schmerzen, Niederlagen, Schwierigkeiten, Unglücke und Katastrophen. Dieses Leidens- oder Problembewusstsein kann jedoch erst auftauchen, wenn die üblichen Betäubungsstrategien, mit denen wir dem Schmerz ausweichen, entweder bewusst geworden sind oder nicht mehr funktionieren. Dann ist der Zeitpunkt erreicht, wo alte Muster erkannt und gelöscht werden können und ein neuer Weg beschritten werden kann. Dann taucht die Frage auf: Will ich so weitermachen oder – Stolz beiseite – lasse ich mir vielleicht helfen? Entscheidung ist notwendig. Oft sind es auch Krankheiten, die den Stopp, die Umkehr fordern. Oder besondere Schicksalsschläge, die den Verdacht aufkommen lassen, man selbst könnte am Geschehen nicht ganz unbeteiligt sein. »Einsicht ist der erste Schritt zur Besserung« – ein Sprichwort, das von der Weisheit unserer Altvorderen kündet. Heilung ist nur möglich, wenn ein inneres Ja zum Leben vorhanden ist. Wenn auch nur die geringste Negativität, ein leises inneres Nein in unserer Lebenseinstellung vorhanden ist, kann es keine länger anhaltende Gesundheit des Körpers und der Seele geben, wie die Erfahrung zeigt. Bei Krebspatienten finden wir oft den Ausdruck unbändigen Überlebenwollens, der bei jedem Sterbeprozess vorübergehend auftaucht. Elisabeth Kübler-Ross hat das ausgiebig erforscht und beschrieben. Aber wenn die seelische Ursache, die Initiation der Zellgesundheit, nicht Gestalt annimmt als Aufruf zur Veränderung der Lebenseinstellung, helfen keine äußeren Mittel. Gerade Krebs ist die Folge eines geheimen, sehr tief sitzenden, generellen Neins, das sich in den Zellen manifestiert hat (Büntig, Lowen etc.). Gewiss, die Kranken wollen nicht sterben, aber es geht nicht darum, was sie *nicht* wollen, sondern darum, *was sie wollen.* Wenn die spirituelle Ebene, der Anspruch der Seele auf Erkenntnis, nicht den Vorrang hat vor oberflächlichen Lebenszielen (wie z.B. »Ich will doch noch mal nach Indonesien reisen« oder »Ich habe doch noch gar nichts vom Leben gehabt«), dann wird die Krankheit zuschlagen und die Lehren erteilen, die notwendig sind, um die Seele zur Umkehr zu bewegen, um zurückzukehren zum Eigentlichen, Wesentlichen, zu sich selbst und zu Gott. Häufig ist ein vorzeitiger Tod eigentlich ein geheimer Selbstmord. Das heißt, unser höheres Selbst erlaubt uns nicht, so weiterzuleben wie bisher, und wenn die Umkehr, die Einsicht, nicht möglich ist, vom Ego nicht gestattet wird, liefert es uns den letzten Konsequenzen aus. Vorzeitiger Tod ist ein Selbsthilfeprogramm des Selbstes, das die Irrwege abkürzen und weitere Sinnlosigkeit vermeiden will.

Das höhere Selbst ist die Kontaktstelle und Schaltstelle an der Schwelle der Ewigkeit, ist die Öffnung, durch die der Wille der kosmischen Intelligenz in unser System eindringen kann, wir nennen es auch Intuition. Von diesem Standpunkt aus betrachtet sind wir Vollzugsvehikel des göttlichen Willens. Wir sind Materieansammlungen, in denen sich – oder durch die sich – Bewusstsein kristallisieren kann und soll. Wer sich widersetzt, die Gesetze des Seins nicht beachtet, wird leiden. Aber nur das Ego kann leiden, die Seele oder das, was unvergänglich ist, bleibt unberührt. Wenn eine Materieansammlung, ein menschliches System, veraltet, d.h. nicht mehr funktionsfähig ist, wird es Schrott. Die Natur in ihrer Güte sorgt für Entsorgung. Nur der Mensch will andere Lösungen finden und sucht nach ewiger Jugend und ewigem Leben, Funktionserhaltung bis zur Absurdität. Das ist Entwürdigung der kosmischen Gesetze im Größenwahn. Das kann nicht gut gehen. Hat noch niemand erwogen, was Überalterung für die unentwegt nachkommenden Generationen bedeutet? Vielleicht werden einige Zeitgenossen aufwachen aus dem wundersamen Traum der Ego-Zentriertheit und vielleicht zu einer Art von Be-sinn-ung kommen, die das Ganze im Auge hat und nicht nur das separate Glück Einzelner, die dann auf den Inseln ihrer Einsamkeit verhungern. Es ist nie zu spät, die Augen aufzumachen.

Wenn eine wahnsinnige Menschheit den Planeten unbewohnbar macht, so wird das für das Universum kein großes Unglück sein, so wie es für die Seele kein Unglück ist, den Ort und den Körper ihres Wirkens zu verlassen, um einen anderen Ort, eine andere Ebene aufzusuchen. Aber bis dahin dürfen wir noch die Erfahrungen machen, die in diesem Körper, auf dieser Ebene, zu diesen Bedingungen und in dieser Zeit möglich sind. Befreit von den Fesseln eines veralteten Weltbildes, von eingefleischten, zu Fleisch gewordenen, im Fleisch verankerten Mustern und Gewohnheiten, können zum ersten Mal in der uns bekannten Geschichte Erfahrungen gemacht werden, nicht nur für wenige Auserwählte, sondern für viele Menschen, für die, die guten Willens sind und den Ruf gehört und die Augen aufgemacht haben.

Diese Erfahrungen beinhalten den ganzen Komplex bewusstseinserweiternder Methoden, die uns sowohl aus der Praxis fast aller Völker und Religionen als auch aus den Erkenntnissen der modernen Bewusstseinsforschung erwachsen sind und die sich laufend vervollständigen. Es geht nicht nur um die Bewusstseinserweiterung, die von den Naturwissenschaften in Form von Bestätigung alter Glaubensinhalte, z.B. der Kabbala, erarbeitet worden ist, sondern auch um ganz neue Einsichten der Psychoforschung. Es geht auch um »Offenbarungen«, die durch die Computertechnologie einsehbaren, bisher verschlüsselten Überlieferungen, wie beispielsweise dem Antlitz Jesu aus den Andeutungen des Turiner Leichentuches oder die Entschlüsselung des Bibelcodes und die Übersetzung der Bibel in unsere Sprache. Jeder, der es möchte, hat heute die Chance, der Wirklichkeit näher zu kommen, aber auch einer ganz neuen Art von Wahn zu verfallen, der der mittelalterlichen Glaubens- und Aberglaubenspraxis sehr ähnlich ist.

Magie und Mystizismus

»Seher« ist, wer die Wirklichkeit so sieht, wie sie ist. Viele tendieren heute dazu, sich im Mystizismus zu verlieren, sich in höhere geistige Sphären zu verkriechen, um der bitteren Realität auszuweichen. Der Weg des Mystikers jedoch ist der Weg des Rückzugs, der Vermeidung von Konfrontation, die nötig wäre, um sich selbst zu erkennen, die Lebenskräfte zu mobilisieren, den Organismus gesund und den Geist flexibel zu halten. In Traumwelten oder gar bei den Außerirdischen bekommen wir hier auf Erden nichts geregelt, das müssen wir schon selbst und ganz praktisch tun.
Dazu gibt es ein schönes Beispiel: Ein Weiser war mit seinem Diener unterwegs. Als es Nacht wurde, schlugen sie ein Zelt

auf. Der Weise sagte zu seinem Diener: »Kümmere du dich um das Kamel.« Sie legten sich schlafen und am Morgen, als sie aufwachten, war das Kamel verschwunden. »Wo ist das Kamel?«, fragte der Weise. Der Diener sagte: »Ich habe doch Gott gesagt, er soll auf das Kamel aufpassen.« Der Weise entgegnete: »Wie soll Gott das tun? Gott hat keine Hände, er braucht die deinen. Du hättest das Kamel anbinden müssen!« Was wir verstehen lernen müssen, ist die Magie des Seins, des Handelns oder Nichthandelns, die Magie der Verweigerung, der Macht, der Hingabe und der Demut, die sich in Wirkung, der Wirklichkeit, offenbaren. Magier sein heißt nicht, Kunststücke vorzuführen und Zirkusveranstaltungen zu bestreiten, sondern es heißt, sich der Magie der Gedanken, Wünsche, Hoffnungen, Systeme und Glaubenssätze bewusst zu sein, wenn nötig, sie zu nivellieren und den negativen Wirkungen die Kraft des Bewusstseins entgegenzuhalten. Magier zu sein heißt, sein Kamel anzubinden.

Magie hat ihre eigenen Gesetze und fällt auf jene zurück, die sie missbrauchen. Magie ist nicht nur als Zauber von Hexen und Wunderheilern zu sehen, sondern als identifizierbare Energie, die in jedem Gedanken, in jeder Handlung zur Wirkung kommt und für die wir Verantwortung tragen.

Im Manifest der Kabbala heißt es:

Achte auf deine Gedanken, denn sie werden Worte.
Achte auf deine Worte, denn sie werden Taten.
Achte auf deine Taten, denn sie werden Gewohnheiten.
Achte auf deine Gewohnheiten, denn sie werden dein Charakter.
Achte auf deinen Charakter, denn er wird dein Schicksal.

Das ist der Bewusstseinsprozess, den Ken Wilber den »Weg vom animalischen zum kosmischen Bewusstsein« nennt, weg vom Aberglauben, von Geisterbeschwörungen, unbewusster Magie und egobehafteter Zauberei, die mehr dem Ansehen des Zauberers dient, als den Menschen. Wer Geister beschwört, wird von seinem eigenen Unterbewusstsein, von seinem eigenen »unreinen« Geist zum Narren gehalten. Alle unreinen Absichten werden schließlich zur Falle, d.h. sie fallen zurück auf den, der die Falle stellt. Wer eine Grube gräbt, fällt selbst hinein.

Kosmisches Bewusstsein muss erarbeitet werden. Jakob Böhme sagt: »Wer immer ES findet, der findet alle Dinge – dann kommst du zu dem Urgrund, aus dem alle Dinge bestehen und in dem sie bestehen.«

Die Weisheit von Jahrtausenden steht uns zur Verfügung. Es ist ratsam, sich nicht nur mit exotischen Religionsformen zu beschäftigen, sondern mit den religiösen Formen der Kultur, in der wir groß geworden sind, denn ihre Botschaften sind in unserem Unterbewusstsein als Bodensatz vorhanden. So geistert das Christentum im kollektiven Unterbewusstsein der westlichen Welt herum, auch wenn nicht mehr viele daran glauben und meinen, sie hätten nichts mehr damit zu tun. Auch dann, wenn wir uns mit Intensität von etwas distanziert haben, weil wir glauben, dass es uns schadet, wirken die Inhalte dennoch weiter. In den Symbolen, Bildern, Begriffen, die in unserem Sprachgebrauch enthalten sind und immer wiederkehren, in unseren Traumbildern und Visionen, wirken die unterschwelligen Inhalte Jahrtausende alter Weisheiten, die uns heute noch etwas angehen. Wir müssen unterscheiden zwischen diesem Weisheitswissen und den alten und zeitbezogenen Gesetzen, die damals wichtig waren, aber für uns heute nicht mehr in derselben Weise brauchbar sind.

Zum Beispiel ist der Gott des Alten Testaments ein rachsüchtiger, parteiischer, rassistischer Gott. Er vertritt die dunkle Seite einer Gottheit, die in Jesus ihre luzide Seite offenbart. Zu Moses Zeiten, und viele Jahrhunderte danach bis zur Neuzeit, entsprang die Aufteilung in Gott und Teufel, in Gut und

Böse, in Licht und Dunkel einer dualistischen Denkweise und förderte damit Urteil und Verurteilung dessen, was nicht ins Konzept der Religionen passte. Dualität ist ein Lebensprinzip, denn ein Teil ist ohne den anderen – gegenteiligen – nicht zu erfahren. Dennoch ist beides zusammen in einer Einheit beschlossen, die über unsere menschliche Beurteilung, Verfahrensweise und Konfliktlösungsversuche weit hinausreicht in den meta-physischen, meta-intelligenten Raum, der mit Logik nicht erfasst werden kann. Die Meta-Logik ist in der unberechenbaren Kreativität des Universums präsent und entzieht sich unserem Verständnis. Diese Kreativität ist das Wunder, das sich uns in den außerordentlichen Zuständen tiefster Meditation offenbaren kann und wofür wir keinen Namen haben. Das Geschehen auf diesem Planeten ist weder negativ noch positiv, es IST einfach nur – jenseits von Beurteilung. Denn wer sind wir, dass wir urteilen dürfen, was das Universum in seiner Ganzheit beschlossen hat? Wir wissen nicht wozu, wir wissen nicht weshalb, das Einzige, was wir wissen, ist, dass ES IST. Und dass ES unser Schicksal mit bestimmt. Deshalb müssen wir das Kamel anbinden, d.h. realistisch sein.

Wer das All erkennt, sich selbst aber verfehlt, verkennt das All.
KOPTISCHES THOMASEVANGELIUM

Kapitel **2** # Was ist zu tun?

Wer gegen alle Warnung halsstarrig ist, der wird plötzlich
verderben ohne jede Hilfe.

SALOMON 28/1

Jeder Mensch tut das, was er tut, aus einem inneren Drang heraus. Was auch immer die Wurzel dieses Dranges ist, er kommt aus dem natürlichen Impuls, etwas zu bewirken. Das Ego will sich kristallisieren, sich in der Welt realisieren, es braucht Bewegung, Herausforderung, Konfrontation. Die so genannte innere Stimme, der Instinkt, die Intuition oder wie immer wir die innere Führung nennen wollen, bringt uns jedoch an die Grenzen, an denen sich unsere Einstellungen stoßen und entweder sich festigen oder revidiert werden müssen. Das ist das, was man Stabilisierung oder Wachstum nennt. Auch die Niederlagen können und sollen dazu dienen, nach dem gründlichen Lecken der geschlagenen Wunden neue Energien zu entfachen und die Probleme des Lebens zu betrachten und anzugehen. Jeder Mensch greift automatisch zum richtigen Strohhalm, auch wenn dieser längerfristig der falsche sein sollte. Dann muss eben nach dem Balken gesucht werden, der über Wasser hält.

Der Entschluss »Ich will raus aus der ewigen Wiederkehr von Misere, von Schmerz und Leid, aus der Stumpfheit meiner Sinne, die nur noch auf härteste Konfrontationen reagieren und angewiesen sind, ich will raus aus dem Kreislauf von Macht- und Ohnmachtsanfällen, ich will raus aus Unbewusstheit, aus Schein und Trug, aus Betäubung und Wahn-Sinn«, dieser Entschluss muss gefasst worden sein, ehe überhaupt ein Sinn für Realität entwickelt werden kann und die Disziplin

31

sich einstellt, die not-wendig ist, um den Weg der Erkenntnis und vor allem der Selbsterkenntnis konsequent zu verfolgen. Wichtig ist, dass überhaupt mit der Frage begonnen wird: Wer bin ich? Dann folgen Fragen wie: Was sind meine Voraussetzungen, meine Möglichkeiten, was ist mein eigenlicher Auftrag in diesem Leben, was muss ich lernen und wo geht es hin? Das ist die Wegkreuzung, an der oft ein Lehrer oder ein Meister wartet. Viele sagen sich: Das kriege ich schon hin, ich bin ja nicht blöd, ich kann das alleine, ich brauche niemanden, der mir sagt, wo's langgeht. Das sind die, die Belehrung nicht annehmen wollen und stattdessen auf die Belehrungen des Schicksals angewiesen sind, die auf keinen Fall ausbleiben. Spätestens die Todesstunde ist die Stunde der Wahrheit, die Stunde der Dämonen oder die Stunde des Lichts.

Aber weshalb bis zur Todesstunde warten, weshalb sich herumärgern, leiden und Scheinerfolgen aufsitzen, weshalb nicht schon jetzt die Wahrheit suchen, wo sie zu finden ist, nämlich in uns selbst, dort wo die Botschaften ihr Echo finden, die das Universum aussendet.

Hilfe auf dem Weg

Das Loslassen erst in der Stunde des Todes zu üben, das ist zu spät. Loslassen lernen ist harte Arbeit, peinlich, schmerzvoll. Irgendwann muss sich jeder entscheiden: Will ich bis ans Ende kämpfen, um dann doch zu verlieren – jedenfalls das Leben –, oder kann ich meinen Stolz überwinden und das Knie beugen, bevor ich durch das Schicksal dazu gezwungen werde? Irgendwann braucht oder bräuchte jeder eine Entwicklungshilfe, jeder einen Spiegel vor seiner Nase, der sein wahres Gesicht entlarvt, bräuchte Arme, die ihn über die Klippen der Angst begleiten, und Freunde, die ihn ermutigen, in die Tiefe seiner Seele hinabzusteigen, um die Wurzel seines Wesens, seines So-Seins zu erkennen.

Es geht dann nicht mehr um Ansehen oder Reputation, um Erfolg oder Macht, sondern um Leben und Tod. Leben und Tod auf der geistigen Ebene bedeutet: verstehen, was Ewigkeit ist, bedeutet: Sein in der Zeitlosigkeit, sich erfahren in der Unendlichkeit der Schöpfung.

Gewiss, das sind große Worte für unseren Verstand, große Worte für einen Zustand, der eigentlich nicht beschrieben werden kann. Seit Jahrtausenden künden alle Weisen von dieser Art des Seins, aber erst heute sind viele Wege zugänglich geworden, die in die Seligkeit, in die Transzendenz führen können.

Man muss sie nur gehen. Aber dazu gehört eine Portion Disziplin. Diese notwendige Disziplin kann nur entwickelt werden, wenn die Disziplinierungsschäden überwunden worden sind, die Kindheit und Erziehung hinterlassen haben. Es muss eine selbst gewählte Disziplin sein, die aus der Not heraus entwickelt wird, und dazu brauchen wir Hilfe. Es geht schneller, wenn wir Lehrer oder Helfer in Anspruch nehmen, jedenfalls Menschen, die diesen Weg schon gegangen sind. Auch sie können und sollen dir nicht zeigen, wo's langgeht, ihre Aufgabe ist, dich dabei zu unterstützen, deine wesenseigenen Kräfte zu mobilisieren, damit du deinen eigenen und nur dir zugänglichen Weg finden kannst. Sie zeigen wie – aber nicht wohin, denn das bestimmst du selbst, denn du trägst auch die Verantwortung für das, was du tust und was du bist.

Es ist egal, womit du beginnst, Hauptsache, du kommst überhaupt heraus aus deinen eingefahrenen Gleisen. Jede Methode, die dir angeboten wird, hat ihre eigenen Kanäle und es ist gut, viele oder mehrere auszuprobieren, um dich dann auf die für dich wirkungsvollsten einzulassen. Die Methode, die am tiefsten geht, die deine tiefsten und schmerzlichsten Wunden berührt, ist die für dich Geeignetste.

Wunden können nur heilen, wenn ihre Ursachen verstanden worden sind, wenn die Personen, die sie geschlagen haben, verabschiedet worden sind, wenn das Weltbild, das hinter Schmerzen steht, erkannt und aufgegeben worden ist, wenn die Angst vor neuen Verletzungen durch neue Erfahrungen ersetzt ist, wenn wir erkennen, dass wir uns selbst helfen und uns wehren können und nicht ausgeliefert sind, sondern durch authentisches Verhalten fähig werden, unsere Angelegenheiten zu regeln, zu vertreten, ohne Krieg zu verursachen.

Eine der wirkungsvollsten Methoden ist die Arbeit mit dem Körper, denn in ihm, in all seinen Zellen, ist unsere Geschichte gespeichert. Durch Übungen und Fokussierung bestimmter Körperteile können uralte Erfahrungen und Verletzungen ans Licht kommen und verarbeitet werden. Rüdiger Dahlke beschreibt in seinem Buch *Die spirituelle Herausforderung*, dass wir erst dann die höheren Ebenen der Erkenntnis erklimmen, wenn unser System gereinigt ist, die Erdung garantiert und der Geist bereit, seine Manifestationen aufzugeben, um sich neuen, unerwarteten und womöglich gefürchteten Ordnungen zu ergeben.

Techniken der humanistischen Psychologie, Körperarbeit und Meditation helfen, alte Wunden und Seelennarben bewusst zu machen. Es nützt wenig, diese nur aus der Distanz des Betrachters zu registrieren, vielmehr ist es hilfreich, noch einmal den Schmerz, der damals vermieden, verdrängt und nicht oder nicht genügend ausgedrückt worden ist, zu spüren, ihn auszudrücken und daraufhin neue Entschlüsse zu fassen. Diese Wunden haben unsere Denkweise, unsere Handlungsmuster beeinflusst und gebildet, daraus ergibt sich, dass wir oft noch handeln wie damals, wie Kinder, die sich nicht wehren noch Alternativen entwickeln können. Es ist ein Gesetz, dass alles, was in uns hineingekommen ist und weder verarbeitet noch gebraucht wird, auch wieder herauskommen muss (siehe Verdauung), dass alle Tränen, die nicht geweint, alle

Wut, die nicht ausgedrückt, alle Gedanken, die nicht ausgeführt wurden, in uns weiterschwelen und irgendwann herauskommen müssen, wenn nicht gar herausbrechen oder sich in Krankheiten einigeln, die dann gar nicht mehr das Urproblem repräsentieren, sondern eine Eigendynamik entwickeln, gegen die wir oft vergebens ankämpfen – wenn wir ihre Ursache nicht erkennen.

Wenn wir mit einem Therapeuten oder Helfer arbeiten, muss Vertrauen vorhanden sein. Der Helfer sollte neutral bleiben können, denn wenn er selbst mitleidet, trösten, streicheln und besänftigen will, weil er sein eigenes Leid nicht aushält, ist er keine Unterstützung, sondern eher eine Bremse. Unterstützung ist z.B.: dabei helfen, dass die Tränen fließen können, dass ausgedrückt wird, was raus will. Denn alles, was herauskommt, sind wir los.

Europa wird im Augenblick geradezu überschwemmt von Angeboten aus anderen Ländern, aus dem Westen und dem Osten, Schamanen, Buddhisten und jede Menge Heiler treten auf, Vorträge werden gehalten, Satsangs gegeben, Reden werden geschwungen, Mantras gesungen, Prophezeiungen überschlagen sich, geben Anstöße, rütteln auf. Aber was nützen Reden, wenn keine Anweisungen, wie die Selbsterkenntnis zu erreichen ist, folgen? Der Verstand sagt vielleicht Ja zur Notwendigkeit der Reinigung, aber dabei bleibt es dann auch. Er zieht sich hinter seine Abwehr zurück, denn nichts fürchtet er mehr, als selbst in Frage gestellt zu werden. Mühsam aufgebaut, als Handlanger des Ego, mag er seine Position nicht aufgeben, denn er hält sich für den Meister (ist er doch in der Schule für seine Leistungen gelobt worden) und beharrt eigensinnig auf seiner Herrschaft. Wir brauchen ihn ja auch, aber er muss flexibel gehalten werden, er soll unser Diener sein und nicht unser Herrscher.

Aber wie macht man das? Selbstbeobachtung ist die erste Voraussetzung: Verhalten, Gefühle, Einstellungen, Glaubenssätze.

Erkennen, dass dein Verhalten aus deiner Geschichte kommt, erkennen, dass Gefühle Reaktionen auf deine Einstellungen sind, erkennen, dass Einstellungen eingelernt und veränderbar sind, erkennen, dass Glaubenssätze dein Leben bestimmen und hinterfragt werden müssen.

Unser Verhaltenscomputer

Im Körper sind unsere Erfahrungen, Entschlüsse und Entscheidungen gespeichert, sind eingefleischt. Entscheidungen, die wir in unserer frühen Kindheit getroffen haben, in der wir Strategien entwickeln mussten, um uns zu schützen. Daran erinnern wir uns normalerweise nicht, denn neunzig Prozent unseres Verhaltenscomputers entstehen im ersten Lebensjahr, in einer Zeit, an die sich niemand so ohne weiteres erinnert. Ich benutze das Wort Computer, weil die Verhaltensweisen zu Mustern geworden sind, die wie auf Knopfdruck reagieren. Diese Strategien, diese Verhaltensentscheidungen bleiben bestehen, bis sie uns bewusst werden. Erst dann können wir sie aufgeben. Während der nächsten paar Kindheitsjahre entstehen weitere Schaltkreise (wie Wilson sie nennt), die regelgerecht und altersbedingt aufeinander folgen und das körperliche und geistige Wachstum bestimmen.

Jeder dieser Schaltkreise bleibt im Computer gespeichert und wird bei Bedarf automatisch abgerufen, wir reagieren also heute noch wie damals als Kinder. Die Schaltkreise entsprechen den kindlichen Entwicklungsphasen, die altersbedingt sind und abgeschlossen werden müssen, bevor eine neue Phase beginnt. Das heißt, Lernaufgaben müssen bewältigt und integriert sein, ansonsten gibt es »Nachhänger« oder »Sitzenbleiber«. Wenn wir mit fünf Jahren noch nicht mit dem Löffel essen können, fallen die Lernaufgaben, die in diesem Alter eigentlich anstehen, schwer. Eine Aufgabe, ein Lernziel folgt auf das andere und kann nicht voll ausgeführt werden, wenn die vorherigen noch nicht gelernt und integriert worden sind. Wir können nicht schreiben, wenn wir nicht lesen können, und wir können keine fremde Sprache lernen, wenn wir die eigene in ihrem System nicht erkannt haben.

Wie aber kommen wir an diese alten Muster und Entscheidungen, wie können wir sie überwinden, wie können wir nachholen und aufarbeiten, was noch nicht gelernt worden ist?

Körpertechniken führen sehr schnell und auf natürlichem Weg zu den Ursachen. Viele Übungen können auch ohne therapeutische Begleitung durchgeführt werden. Allerdings werden die meisten Menschen, wenn sie allein an Grenzen der Angst, der Unsicherheit oder gar des Horrors stoßen, mit der Übung aufhören. So ist es auch mit Atemtechniken, die oft zu Hyperventilation führen und Tetanie auslösen können. Wenn das passiert, entsteht Angst. Man weiß nicht, wie man da wieder herauskommt, geschweige denn, was man mit dieser Erfahrung anfangen soll.

Ja, es kann geradezu zu noch tieferen Verbarrikadierungen kommen, die dann noch schwieriger aufzulösen sind. Wie es auch bei zu langer und einseitiger Beschäftigung mit Meditationen passieren kann, wenn der Meditierende glaubt, schon alles begriffen und verarbeitet zu haben, obwohl er noch nicht mit der Welt und dem praktischen Leben zurechtkommt.

»An ihren Früchten könnt Ihr sie erkennen« (Jesus). Welchen Reifegrad ein Mensch erreicht hat, kann man daran erkennen, wie er mit seinen Beziehungen, seiner Arbeit und den Anforderungen des Alltags zurechtkommt, und nicht daran, was er erzählt, verkündet oder vortäuscht.

Wer glaubt, ein paar Selbsterfahrungsgruppen oder ein paar schamanistische Rituale genügen schon, der irrt sich. Der Pro-

zess, der angefangen hat, muss weitergeführt werden, er ist lebenslänglich, was nicht heißt, dass man lebenslänglich einen Lehrer oder Therapeuten oder Meister braucht. Die wesentlichen Blockaden sollten aufgedeckt und aufgelöst worden sein und die Methoden der Selbstheilung und Selbstregulierung sollten geübt und einverleibt werden. Wer seine Lage erkannt hat und nicht handelt, ist schlicht dumm.
Wer seine Lage nicht erkannt hat, muss sie erkennen.
Deutliche Bremsen bei der Selbsterfahrung mit einem Therapeuten sind Bockigkeit und Trotz. Trotz ist die kindliche und zunächst natürliche, später aber die kindische Reaktion auf Autoritäten. Trotzige Leute wissen meist nicht, dass sie trotzig sind, sie halten sich für intelligent, autonom und unbestechlich. Sie brauchen harte Konfrontation oder konsequente Nichtbeachtung. Ihr Selbstwert schwankt zwischen Größenwahn und Minderwert und bedarf einer Neugestaltung von Grund auf. Ihre schwierigste Klippe ist die Demut. Aber die wird einem nicht geschenkt.
Auch wer glaubt, eine rituell durchgeführte Einweihung (Initiation) reicht aus, der wird sich irren. Die Alten, die Ägypter etwa, wussten, dass die Initiation nur die Eröffnung einer neuen Dimension ist und damit auch die dunklen Kräfte aktiviert werden. »Der Abstieg in die Hölle«, die durchquert werden muss, steht jedem bevor, der sich ernsthaft und ohne Vorbehalte und Schutzmechanismen, ohne Ausreden und Verschleierungen auf diesen Weg begibt. Selbst praktizierte Einweihungsversuche können bei Anfängern in die Psychose führen.

Jeder wohlerzogene Mensch ist zunächst kaum mehr als ein Automat bzw. eine Marionette, der unbewusst die Aufträge erfüllt, die ihm als Kind gegeben worden sind oder die er sich selbst gegeben hat und die er für seine wahre Natur hält. »Ich bin eben so, wie ich bin« ist ein magischer und beliebter Satz, der uns hindert, uns weiterzuentwickeln.

Eine folgenreiche Entscheidung in der ersten Phase des Lebens, in der zu wenig Liebe erfahren worden ist, lautet: »Ich lasse mich nicht mehr ein« oder »Ich kann machen, was ich will, ich kriege doch nicht, was ich brauche«. Das sind Schlüsselsätze, Selbsthypnosen, die dazu führen, dass derjenige auch tatsächlich nicht bekommt, was er zu brauchen glaubt, denn seine resignative Haltung teilt sich durch Körperhaltung, Ausdruck, Ausstrahlung mit und erzeugt bzw. gestaltet Beziehungen, die geprägt sind von Ent-Täuschungen, Resignationen und Verständnislosigkeit.

Solche Schlüsselsätze sind Schutzmechanismen, die zu ihrer Zeit notwendig waren, um überhaupt überleben zu können. Ja, sie entsprangen der lebendigen Kreativität, die in jedem Fall dafür sorgt zu überleben. Wenn sie jedoch immer wieder auf Knopfdruck erscheinen und ihre Schutzvorrichtungen aufbauen, verhindern sie die für die neuen Phasen notwendigen Prozesse. So gehören z.B. Durchsetzungskraft, Revolution, Leidenschaft in die Phase der Jugend und haben im Alter nichts mehr verloren oder sollten jedenfalls andere Ziele haben. Deshalb gibt es so wenig reife, ihrem Alter entsprechend entwickelte Menschen. Sie haben sich in der Jugend nicht »ausgelebt« und wollen zur falschen Zeit nachholen, was sie versäumt haben. Würde ist da ein Fremdwort. Würdig sein heißt, Zutritt zu gewinnen zu dem »Rat der Weisen«, heißt eingelassen werden, wenn man sich eingelassen hat.

In die Tiefe der Seele

Seel-Sorge bedeutet, in die Tiefen der Seele hinabtauchen, um alte Wunden aufzuspüren und zu heilen und vor allem um zu jenem Ort vorzudringen, an welchem die Geh-Heim-nisse zu finden sind.

Ein schönes Beispiel gibt es in der griechischen Mythologie, die im Gang zum Gott der Unterwelt, zu Hades, den Vorgang der Bewusstwerdung beschreibt. Merkur, wenn auch ob seiner Schwatzhaftigkeit und Respektlosigkeit den Geheimnissen der Götter gegenüber verpönt und ungeliebt, darf als einziger Gott die Seele in die Unterwelt als Psychopompos begleiten. Psychopompos ist ein Begriff aus der ägyptischen Mythologie, der die höhere Ebene des Merkur bezeichnet, der sich aus der mehr oberflächlichen Berichterstatterfunktion zum Forscher und Vermittler tiefster Einsichten entfaltet und die Seele zu Pluto begleiten darf, dem mächtigsten aller Götter. Das bedeutet: Durch Kommunikation, durch Offenheit, durch Authentizität kommen wir der Wahrheit, den Geheimnissen über Leben und Tod nahe.

So kann ein Lehrer, Meister, Helfer oder wissender Freund wie Merkur die Seele in die Unterwelt begleiten und ihr die Hand reichen, ihr beistehen bei der Aufklärung und Heilung inneren Geschehens und der immer noch in der Verschwiegenheit blutenden Seelennarben.

Kein Helfer kann seine Arbeit tun, wenn der Klient es nicht aus ganzem Herzen erlaubt. Kein Mensch kann die Tiefen seiner eigenen Seele ausleuchten, wenn er zurückschreckt vor schrecklichen Wahrheiten, peinlichen und verbotenen Gefühlen, wenn er nicht die Verurteilungen aufgibt, die ihn daran gehindert haben, sich selbst zu verstehen und zu verzeihen.

Es ist ein Gesetz, dass nur Verständnis Liebe erzeugt und vor allem, dass wir nur zutiefst Mit-Gefühltes auch verstehen können. Ein Kind zieht sich nicht aus Bosheit zurück, sondern aus Angst. Es macht keine Fehler, wenn es nicht dafür verurteilt wird, sondern es macht Erfahrungen, wenn man es lässt. Es verdrängt auch seinen Zorn nicht, wenn dieser erlaubt und ausgedrückt werden darf. Verdrängter Zorn wird zu Hass und Wut, zerstört Beziehungen und schädigt den eigenen Organismus.

Techniken wie Primärtherapie, Bioenergetik, Gestalttherapie, Rebirthing, aber auch viele neu entwickelte Methoden führen mit oft verblüffender Geschwindigkeit über Körpersensationen an die Knackpunkte der Kindheit und an die entscheidenden Augenblicke im Leben eines Menschen, an denen die Weichen gestellt worden sind für eine zwangsläufige Zukunft. Es nützt jedoch wenig, sich nur daran zu erinnern. Wichtig ist, dass die Gefühle von damals noch einmal erlebt werden, die damalige Hilflosigkeit und Ohnmacht noch einmal erlitten wird und die daraus resultierenden Einstellungen verstanden worden sind, um nun, als erwachsenes Wesen, neue Entscheidungen zu treffen und neu zu lernen: Wie gehe ich mit einer ähnlichen Situation wie damals heute um? Wichtig ist dabei zu begreifen, dass jede Situation ihre eigene Dynamik entwickelt, dass sie nur scheinbar mit einer alten Situation zu vergleichen ist und nur das eine mit ihr gemeinsam hat: Sie produziert Gefühle. Die Reaktion sollte deshalb nicht von unserem inneren Computer entschieden werden, sondern mit der wachen Aufmerksamkeit gegenüber der realen Situation und der mutigen Entscheidung, die Sache dem Anlass gemäß kreativ zu lösen. Wie werde ich aber aufmerksam, wie vermeide ich es, in alte Muster zu rutschen? Das ist eine Frage des wachen Bewusstseins, eine Frage der Übung: im Hier und Jetzt zu sein und nicht in Erinnerungen, Mustern, Konditionierungen und Vorstellungen. Um Muster zu erkennen, brauchen wir unter anderem die Rückmeldung der Freunde, der Helfer und der Umwelt. (Darüber mehr im Kapitel *Kommunikation*.)

Die Aufarbeitung alten Psychomaterials ist die Voraussetzung für die Erweiterung des Bewusstseins. Denn hinter Gefängnismauern kann man nicht die Schönheit der Natur wahrnehmen, hinter Problemen und Projektionen sehen wir nicht die Wirklichkeit, sondern lediglich das Bild, das wir uns von der Wirklichkeit machen.

Niemand erlöst uns, auch Jesus oder Buddha nicht. Wir müssen es selbst tun.

Die drei Lernaufgaben sind:
- *Unbestechlichkeit gegenüber den Verführungen der materiellen Welt*
- *Authentizität*
- *Reinheit des Herzens*

Wir können aber nicht einfach sagen: Na gut, ab heute bin ich unbestechlich, authentisch und heilig. Das müssen wir lernen, so wie wir laufen lernen mussten, mit Auf-die-Nase-Fallen und Knieaufschlagen, wie wir sprechen lernen mussten, mit Lispeln und Lallen. Und wir müssen erst einmal unsere Tricks, Programme, Taktiken, Mimikry, Masken und Scheinheiligkeiten abgelegt haben und unser wahres Gesicht zeigen.

Die Aufarbeitung der Kind-Elternproblematik ist nötig. Ziel dabei ist, den Auftrag zu erforschen, den du von deinen Eltern bekommen hast und den du entweder befolgt oder dem du dich widersetzt hast. Das Ergebnis deiner Entscheidung nennst du dann deinen Charakter, auf den du auch noch stolz bist – Charakter ist eine Miniaturpsychose, heißt es dazu bei Ferenczi.

Dass du ausgerechnet diese Eltern hattest, war deine Entscheidung, auch wenn es dir nicht bewusst ist. Wir haben Verantwortung für unser Sein. Bei allen Schwierigkeiten mit Eltern und Kindheit war es auch eine Chance zu wachsen und zu lernen. Notwendig ist es für jeden Menschen, Schmerz, Wut und Trotz aus alten Verletzungen loszuwerden. Verstehen und Verzeihen aus dem Verstand heraus ist Augenwischerei, es muss aus dem Herzen heraus geschehen. Das kann es erst, wenn wir aufhören können, Schuldige zu suchen. In unseren augenblicklichen Beziehungen kann es sich beweisen, indem wir unsere Verantwortlichkeit erkennen und leben. Wer Schuldige sucht, hat seine Vergangenheit noch im Genick und wird seinen Frieden nicht finden.

Das Ergebnis jedes Reinigungsprozesses ist die Meditation. Sie führt in die innere Stille, die keine Worte mehr braucht.

Der Unterschied zwischen Meditation und Gebet ist der: Gebet ist eine Gottesanrufung und eine Bitte um Hilfe. Meditation ist eine Innenschau, die das Göttliche in sich selbst findet.

Gebet geht von einer Einstellung aus, die Gott im Außen, im Himmel, vermutet. Es ist ein nach außen, nach oben orientiertes Verlangen, während Meditation die Erfahrung des Einsseins mit dem Göttlichen vermittelt. Eine Erfahrung, die, je tiefer umso intensiver, die wesenseigenen Kräfte aufspürt und verwendet. Nicht um das Ego aufzubauen oder zu stärken, sondern um die universalen Kräfte in Dankbarkeit und Hingabe im Alltag zu integrieren. Das sind auch die Unterschiede zwischen westlichem und östlichem Denken.

Das bedeutet nun nicht, dass nicht mehr gebetet werden soll, ganz im Gegenteil. Denn wenn wir uns selbst verloren haben, ist das Gebet die Anrufung Gottes, eine Bitte um Hilfe und ein Ausdruck von Dankbarkeit. Das ist dann aber auch die einzig erlaubte Bitte.

Jedes andere Gebet – um Erfolg, Geld oder sonst eine Auflösung persönlicher Probleme, ist eine Abhängigkeitserklärung und eine Verantwortungsverschiebung an höhere Mächte, der wir unsere Seele verschreiben oder verkaufen, wie der Schwarzmagier seine Seele dem Teufel: Wenn du mir hilfst und meinen Willen tust, gehört meine Seele dir! Das ist ein Deal auf der niedrigsten Ebene, ein Geschäft, das Bewusstsein verhindert. Probleme lassen sich weder wegbeten, noch kann man sie bei einem Therapeuten erledigen. Wir können nur die Selbstheilungs- und Selbstregulierungskräfte mobilisieren lernen, um sie dann in der Realität zu benutzen. Um diese Kräfte dürfen wir bitten.

Wie Wünsche wirken

Alles, was wir denken, glauben, wünschen und hoffen, erfüllt sich irgendwann auf irgendeine Weise, wenn auch oft anders, als wir wollen (siehe auch das erste Kapitel der Kabbala). Unsere Gedanken, unser Weltbild, unsere Vorstellungen, Ängste und Hoffnungen bestimmen unser Leben, unser Handeln und unser Glück oder Unglück.

Ein diesbezügliches Beispiel beschreibt Robert Wilson in seinem Buch *Cosmic Trigger*. Wilson erlangte während einer Drogenerfahrung die Vision bzw. die Information, dass sein geliebter Sohn sterben würde. Er begab sich anschließend in eine rituelle Beschwörungszeremonie, in der er die Gottheit oder die Existenz darum bat, seinen Sohn zu schonen. Ein paar Wochen später wurde seine Lieblingstochter erschlagen. Dies ist ein deutlicher Hinweis, dass wir nichts erwarten und auch nichts verlangen dürfen. Das einzige, worum wir bitten oder beten dürfen, ist um Kraft, die uns hilft, unausweichliche Schicksalsschläge zu bestehen, ohne Anklage und ohne Schuldzuweisung. Wir sollten überhaupt davon abkommen, Schuld zuzuweisen und jemals von Schuld zu sprechen.

Schuldzuweisungen sind immer Ablenkungen von der Eigenbeteiligung. Es gibt nichts auf der Welt, was keine Ursache hätte. Nichts geschieht ohne die Beteiligung aller und hat eine Auswirkung auf alle Lebewesen. Was und wie es geschieht, entspringt der Magie der Wirklichkeit, dem Schwingungsfeld, das wir auch Zeitgeist nennen können und für das wir alle gemeinsam verantwortlich sind. Wir alle!

Was die Wilsonsche Erfahrung lehrt, ist, dass wir uns in die Entscheidungen der großen Gesetze nicht einmischen dürfen. Vermutlich sollte Wilson eine Lektion bekommen, seine Beziehung zu seinen Kindern betreffend, einen Hinweis, eine Prüfung.

Was er wohl gelernt hat? Tatsache ist, dass er das Gehirn seiner Tochter einfrieren lassen wollte, um es für die Nachwelt und für einen Zeitpunkt zu erhalten, zu welchem die Wissenschaft »so weit fortgeschritten sein wird«, dass Tote wieder zum Leben erweckt werden können. Aus diesem Bericht ist zu ersehen, wie Menschen mit viel Wissen, Weisheit und Kompetenz in ihren eigenen Angelegenheiten oft alles vergessen bzw. nicht wahrhaben wollen, was sie wissen oder ahnen.

Aus dieser Zeit, den Sechziger- und Siebzigerjahren, stammt auch die Überzeugung, dass eines Tages der Tod ausgeschlossen werden kann, dass wir ewig leben und zwar körperlich.

Doch Tod ist der Partner des Lebens, der eine ist ohne den anderen nicht möglich. Ihn überwinden zu wollen durch körperliche Unsterblichkeit ist Größenwahn bzw. eine blasphemische Verkennung der göttlichen Gesetze. Alles, was beginnt, endet. Alles was ist, wandelt sich.

Was wir ersinnen, erwarten, erhoffen, ist Nonsens. Was wir erleben, ist wirklich. Und erleben können wir nur im Hier und Jetzt.

Wenn wir auf etwas Bestimmtes warten, sind wir fixiert und unfähig, die Wirklichkeit zu erkennen. Die Wirklichkeit ist das, was wirkt. Leary, Crowley, Lilly, Whatson, Wilson usw. – so ehrenwert ihre Forschungen und so hilfreich sie für uns auch waren, sind sie doch nur Etappen auf dem Weg zur Erkenntnis.

Die geistige Entwicklung auf dem Planeten ist wie die Entwicklung eines einzelnen Individuums: Es gibt verschiedene Abschnitte, die durchlaufen werden müssen. Robert Wilson, der ein überzeugendes Modell der verschiedenen Schaltkreise aufgezeigt hat, die ich hier den Computer genannt habe, sagt dazu: »Die erfolgreichen Techniken zur Neuprogrammierung des ersten Schaltkreises beschäftigen sich zuerst mit dem Körper und nicht mit dem Geist ... Die neuen Psychologen wissen, egal welche Spezialausdrücke sie benützen, dass eine negative Bio-Überlebensprägung nur dann korrigiert werden kann, wenn man an der biologischen Existenz selbst arbeitet, dem Körper also.«

Wilson sprach allerdings von Neuprogrammierung. Heute wissen wir jedoch, dass jedes Programm zu neuen Dogmen wird, wenn es nicht zu jeder Zeit wieder aufgelöst werden kann und das Verhalten neu entworfen und ausprobiert wird. Wenn unser Leben, unser Schicksal, eine Folge unserer Einstellungen und Programme ist, müssen wir diese Programme löschen. Kreativität ist die Alternative. Sie ist das Wagnis, das uns neue Lösungen finden lässt. Und sie entfaltet sich nur, wenn wir die Angst vor dem Unbekannten überwinden und tapfer neue Wege beschreiten.

Neues Verhalten lernen

Irgendwann spürt jeder Mensch, dass es nichts mehr gibt, was ihn wirklich befriedigt, dass er immer mehr Sensationen benötigt, um überhaupt noch etwas zu spüren, zu erleben.

An dieser Stelle gehen viele Menschen in die Resignation. Sie sehen keine Perspektive und wagen nicht aus ihrer Hölle auszubrechen und sich den Wahrheiten ihres Lebens und Leidens zu stellen.

An dieser Stelle beginnen aber auch viele Menschen, nach den wirklichen Werten zu fragen. Für diese Frage ist es nie zu spät. Eine Möglichkeit ist das Lernen in Selbsterfahrungsgruppen. Diese ermöglichen notwendige Lernprozesse, die in der Schule und den darauf folgenden Lehranstalten nicht vermittelt worden sind, die aber dringend zur Selbstverwirklichung und zur Entwicklung sozialer Intelligenz benötigt werden. Auch für ältere und sogar alte Menschen sind sie geeignet, um ihre Realität schonungslos zu erkennen und bedingungslos und not-wendend zu verändern und neu zu gestalten. In einer Gruppe von gleich gesinnten Menschen, die alle auf dem Weg zu sich selbst, zu ihrer inneren Wahrheit sind, verliert sich die Angst vor dem Erkanntwerden, vor dem Neuen, vor dem Unbekannten, denn die Freunde, die durch Offenheit gewonnen worden sind, geben sich gegenseitig Hilfe und Unterstützung bei Entscheidungen und bei der Durchführung schwierig erscheinender Veränderungen und Erweiterungen. Nicht zuletzt ist es eine Möglichkeit, mit den verschiedensten Ängsten fertig zu werden und die Angst als eine Projektion in die Zukunft zu erkennen.

Die Angst vor dem Tod ist eigentlich die Angst vor dem Leben. Viele haben das Leben nicht wirklich gelebt, wie können sie den Tod annehmen? Beides gilt es zu lernen, ohne auf Ablenkungen, Medikamente oder Drogen zurückzugreifen.

Die Drogenerfahrung, die so viele unserer Zeitgenossen vielleicht nur noch als Vernebelung von Problemen und Spannungen erlebt haben, war insofern sehr wichtig, als sie uns (oder vielen von uns) Einblick in eine andere Realität gewährt haben. Durch neue Erfahrungen und Versuche wissen wir jetzt, dass Drogen auf Dauer schaden, dass aber körpereigene Drogen, die so genannten Endorphine, dazu angetan sind, unser Bewusstsein zu erweitern und zwar auf einer absolut gesunden Basis. Und wenn wir davon abhängig werden – wunderbar, dann fangen wir an, wirklich an uns zu arbeiten und unsere dunklen Seiten zu beleuchten und unsere Schatztruhen zu öffnen. Sucht heißt Suche. Um körpereigene Drogen zu entwickeln, helfen Übungen, die mit Spannung und Entspannung arbeiten. Der Körper gibt nur heraus, was wir ihm durch einen generellen psychochemischen Reinigungsprozess, der alle drei Ebenen Körper, Seele, Geist gleichermaßen läutert, entlocken.

Schon im alten Tibet, im alten Ägypten, in allen religiösen Gruppierungen der alten Völker gab es Techniken der Läuterung. Ob nun Rosenkreuzer, Templer, Schamanen oder wie sie auch immer heißen, es ging immer um dasselbe – um Bewusstsein, um Erkenntnis und um Erfahrung am eigenen Leib.

Heute liegt das Hauptziel der Reinigung im Abbau des Aggressionspotentials, das aus alten Verletzungen stammt. Diese Energie kann und sollte umgewandelt und für nützliche Zwecke verwendet werden. Eine neue, ungeahnte Lebendigkeit tritt auf und Probleme, die zuvor als unlösbar erschienen sind, lösen sich wie von selbst. Diese Lernprozesse sind jedoch nicht auf einmal zu bewältigen. Genauso wie die Schulung, in der wir erzogen worden sind, sich über Jahre erstreckt hat, ist auch die Schule des Lebens – lebenslänglich.

Viele Menschen glauben, keine Aggressionen zu haben oder schon mit ihnen fertig zu sein. Ganz besonders die scheinheiligen »Ewiglächler« und die überfreundlichen »Helfertypen« neigen dazu, ihr Wut- und Gewaltpotential zu verbrämen. Aggressivität indessen ist ein wesentlicher Motor des Lebens. Wenn diese Energie unterdrückt wird, entstehen Stauungen, die zur Gewalt führen können. Darf sie ausgelebt werden, kann sie sich in ein ungeheures Energiepotential verwandeln. Ausleben heißt allerdings nicht, Wut und Gewalt an Mitmenschen oder der Natur auszulassen, sondern an einem Sofakissen oder einer Matratze. Das Beste ist, sie erst gar nicht zu akkumulieren, sondern die Situation vorher durch Aussprache zu klären. Und das heißt: so wach zu werden, dass wir sofort wahrnehmen, wenn etwas gegen uns geht, und sofort darauf reagieren. Dann brauchen wir nicht wütend zu werden oder Alpträume zu erdulden (Näheres dazu im Kapitel *Kommunikation*).

Um unser Leben zu gestalten und unsere Probleme zu lösen, brauchen wir nicht den Krieg, der durch unbewusste Aggressivität entfacht wird, sondern den Frieden. Diejenigen, die eine derartige Arbeit an sich selbst nicht zu brauchen glauben, weil sie ja »nicht aggressiv« sind, verhalten sich aggressiv im

Straßenverkehr, prügeln oder quälen Kinder, Tiere und sich gegenseitig und verschwenden Energie in jeder Form. Das Einzige, was andere überzeugen kann, ist das eigene Beispiel. Also: Um was geht es uns, um was geht es dir?

Willst du geliebt werden? Dann lege deine Masken ab, mit denen du versucht hast, die Welt zu täuschen, zu manipulieren. Willst du lieben? Dann befreie dein Herz von Schlacken, Grenzen, Stacheldrähten, mit denen du es zu schützen versuchst. Gib deine Schutzmechanismen auf, stell dich den Tatsachen, deinen Gefühlen und zeig dich, wie du bist. Denn so bekommst du Rückmeldung und kannst dich ändern oder besser gesagt: erweitern. Und dann wirst *du* geliebt und nicht deine Maske. Und dann gibt es echte Konfrontation und echte Begegnung.

Wir brauchen einander, um zu wachsen. Wenn sich Masken begegnen, gibt es nur Scheingefechte und Scheinbegegnungen und die Liebe bleibt im Hintergrund, im Gefängnis unserer Angst.

Die Befreiung von Aggressivität sollte möglichst in einem therapeutischen Rahmen stattfinden und nicht in Beziehungen, Familien, Freundeskreisen und Arbeits- oder Kriegsschauplätzen. Wenn wir begriffen haben, woher sie kommt, dann wissen wir auch, wohin sie gehört. Wer seine Geschichte aufgearbeitet hat, muss nicht mehr aggressiv werden, sondern kann sagen, wenn ihm was gegen den Strich geht: Halt! Moment mal, das gefällt mir nicht, lasst uns darüber reden. Das ist ein bewusstes Verhalten und wird dazu beitragen, den Frieden auf Erden zu unterstützen.

Die Vorführung von Terror und Gewalt in den Medien, besonders im Fernsehen, ist keine Erfindung der Regisseure, sondern entspricht durchaus dem Wunsch des Publikums, das diese Darstellungen dazu benutzt, um sich daran aufzugeilen und sich gleichzeitig davon zu distanzieren. Es ist sowohl ein

Anregungs- als auch Abreaktionsmechanismus, der leider viele Nachahmer findet und zu nichts anderem dient, als das Gefühlspotential der Menschen auf einen hohen Sensationsanspruch zu transportieren und gleichzeitig abzustumpfen, so dass die Vorführungen immer brutaler werden müssen, damit sie überhaupt noch jemanden erreichen.

Eine Bewusstwerdung auf breiter Basis ist daher dringend erforderlich. Wir können uns nicht mehr auf Charakterstärke, auf Treue oder sonst eine gesellschaftsfähige Konvention berufen, sondern wir stehen vor den Ergebnissen, den Resultaten unseres Handelns oder Nichthandelns und werden bereuen, was wir versäumt, oder beweinen, was wir verloren haben. Deshalb ist es nützlich, dir allabendlich oder wann immer du die Stunde deiner Selbstbesinnung einlegst, Rechenschaft abzulegen und die Stimme deines Herzens zu erforschen.

Nun ist es nicht so leicht, die Stimme des Herzens von den tausend Einflüsterungen zu unterscheiden, die unser ungereinigtes und unreflektiertes Ego in unser Energiesystem einschleust. Dennoch müssen wir dieser Stimme folgen. Denn sie führt uns irgendwann und auf wunderbare Weise in das Chaos, in welchem unsere mühsam erarbeiteten Erkenntnisse, Systeme und Praktiken zusammenbrechen wie Kartenhäuser und wir vor dem großen Nichts landen, das vielen Menschen als das große schwarze Loch erscheint. Das ist dann die Stunde der Wahrheit, die auf unserem Weg lauert, oder die dunkle Nacht der Seele, die jeder Mensch irgendwann durchwandern muss. Dann spring hinein, denn du hast jetzt endlich keine andere Wahl! Der Weg in den Himmel geht immer durch die Hölle. Der Weg zum Licht geht durch die Finsternis, der Weg zur Wahrheit geht durch die Täuschung. Am Tor der Wahrheit lauern die Höllenhunde, die beiden Prüfungen, die da sind: der Selbsterhaltungstrieb und der Arterhaltungstrieb, die beiden Energien, die uns immer wieder in die Realität zwingen mit unerbittlicher Deutlichkeit. Das Fleisch schreit nach Verwirklichung in der Materie, der Geist trachtet nach Überwindung. Geist und Fleisch zusammen bestimmen unsere Seelenstruktur, die sich erst auflöst, erlöst, wenn Geist und Fleisch sich versöhnen, wenn wir die materiellen Bedingungen des Lebens annehmen als die Basis unserer Lernprozesse, wenn wir uns dem SEIN anvertrauen, alle Verstrickungen lösen, wenn wir uns des Geistes bewusst werden, der in uns arbeiten will, ungeachtet unserer kleingestrickten, selbst gebastelten Weltsicht, ungeachtet unserer Egobezogenheit, unserer Angst, unseres Größenwahns und unserer Verwirrung. Die Angst zeigt uns den Weg.

Kapitel 3

Lebensschule

»So wie man seinen eigenen Geruch nicht kennt, kennt man auch nicht seine eigene Natur.«

GURDJIEFF

Die drei Grundlagen der Selbstfindung

Die drei Wege zur Selbstfindung sind:

KÖRPER

Reinigung der Körperstruktur von Spannungen, Ablagerungen, Giften, Verklebungen und Verdunklungen, die uns hindern, uns wohl zu fühlen.

SEELE

Reinigung der Seelenstruktur, d.h. Klärung von Gefühlen, Ausdruck von Überdruck, authentisches Verhalten, Erkennen und Befolgen der inneren Stimme.

GEIST

Reinigung des Weltbildes, Erkennen der Muster und Gebote, die uns hindern, die Wirklichkeit zu sehen, wie sie ist.

Keiner dieser Bereiche kann sich ohne die anderen verändern oder erweitern. Sie bedingen einander, gehen Hand in Hand, wenn eines voranschreitet, zieht es die beiden anderen hinter sich her. Dabei ist zu beachten, dass die Arbeit mit dem Körper immer die Basis sein sollte, denn er ist die Matrize, der Corpus Materiae, in welchem sich Seele und Geist begegnen und entfalten, um zu einer Identität zu gerinnen.

Reinigung der Körperstruktur

Reinigung der Körperstruktur bedeutet: Körperarbeit. Durch bestimmte Haltungen kann ein Zustand herbeigeführt werden, der es möglich macht, sich zu erinnern, Bilder aus der Vergangenheit, aus der Sphäre des Vergessenen oder Verdrängten, heraufzuholen, sie zu verarbeiten und zu begraben, sie endgültig ad acta zu legen und die Wunden heilen zu lassen. Außerdem wird durch herbeigeführte Überspannung und anschließende Entspannung der Flüssigkeitsaustausch (Lymphe) zwischen den Zellen angeregt; Gifte, die im Zellgewebe durch Spannung festgehalten waren, kommen in den Kreislauf und können ausgeschwemmt werden. Durch die darauf folgende Entspannung kommen wir in einen Zustand erhöhter innerer Wahrnehmung, die gleichzeitig auch die äußere Wahrnehmung erweitert und das Wohlbefinden steigert.

Bewusstwerdung heißt hier: Erinnern an alte Entscheidungen, an Schlüsselsätze, die wir in früheren Situationen entwickelt haben, um zu überleben oder um die Situation zu bewältigen. Hier einige Lieblingssätze des Verhaltenscomputers, der sich in uns gebildet hat und der immer wieder anstelle unseres wahren Wesens in Aktion tritt. Die Sätze des Computers können schon in den ersten Lebenstagen entworfen worden sein, nicht in der Sprache des Verstandes, sondern in der Sprache der Seele, die sich noch nicht in Worten ausdrückt, sondern im Unterbewusstsein ihr Unwesen treibt.

> Ich kann machen, was ich will, ich kriege doch nicht, was ich brauche.
> Wenn ich groß bin, werd ich's denen zeigen.
> Wenn ich mich einlasse, komme ich um.
> Ich muss immer die Hauptrolle spielen.
> Mir kommt niemand zu nahe.

Ich bin ein Pechvogel.

Mir macht niemand etwas vor.

Ich bin zu gut für diese Welt.

Ich bin zu schwach für diese Welt.

Ich lasse mich nicht verletzen.

Auge um Auge, Zahn um Zahn.

Ich will alles und zwar sofort.

Die Menschen sind von Grund auf schlecht.

Ich bin vertauscht worden, eigentlich habe ich bessere Eltern.

Ich weiß, was ich will, und lasse mich nicht von meinen Zielen abbringen.

Ich werde mich nie mehr öffnen.

Wenn die Welt es so haben will – na bitte, dann mach ich mit.

Ich bin und bleibe ein armer Schlucker.

Ich bin zu sehr kaputt gemacht worden.

Die anderen sind schuld an allem.

Ich brauche niemanden.

Ich kann nur lieben, wenn man tut, was ich will.

Ich werde mich rächen, so oder so.

Ich traue niemandem.

Ich nehme es mit jedem auf.

Ich muss alles selbst machen.

Ich bin dem Ganzen nicht gewachsen.

Ich brauche Hilfe und tue dafür alles.

Ich muss alles im Auge behalten.

Wenn ich verlassen werde, komme ich um.

Niemand liebt mich.

Ich bin ganz alleine.

Ich tue alles, was von mir verlangt wird, um geliebt zu werden.

Ich erniedrige mich selbst, um nicht erniedrigt zu werden.

Am besten, ich mach mich ganz klein.
Ich bin nichts wert.
Die anderen haben es immer besser.

Lasse diese Sätze einfach auf dich wirken und beobachte, welche dich besonders ansprechen oder berühren und welche du aus dem Verhalten deiner Mitmenschen erkennen kannst. Benutze sie aber nicht, um sie jemandem vorzuwerfen, lasse jeden Menschen seine eigene Erfahrungen und Entdeckungen machen, ohne zu urteilen. Wenn dir selbst noch Sätze einfallen, füge sie oben hinzu. Sei dir bewusst, dass uns immer nur Sätze einfallen, die etwas mit uns selbst zu tun haben, denn alles, was aus uns herauskommt, ist irgendwann mal hineingekommen, hat gewirkt und will auch nach außen wirken. Alles, was wir von uns geben, ist immer unsere eigene Wahrheit.

Kein Schaltkreis, d.h. die Programme aus den einzelnen Lebensphasen, verschwindet einfach so aus unserem System. Wachsamkeit ist nötig. Wichtig ist zu erkennen: *Damals war ich klein und hatte keine andere Wahl, jetzt bin ich groß, kann mich wehren, mich entscheiden und für mich sorgen. Damals war ich abhängig, heute bin ich frei.*

Der Urvater der Körpertherapien, Wilhelm Reich, hat schon lange vor Wilson und anderen Theoretikern und Praktikern einer genialen Einsicht folgend die verschiedenen Körperstrukturen entdeckt, die sich durch die einzelnen Lebensphasen und Verletzungen manifestiert haben. Entgegen vieler neuerer Therapeuten, die verkünden, mit sanften Methoden und vor allem ohne Schmerz, d.h. über den Verstand, alte Wunden heilen zu können, ist seine und auch unsere Erfahrung: Wir lernen nur nachhaltig, wenn der Lernprozess schmerzt. Der Schmerz rüttelt uns wach. Er zwingt uns, ihn durch den Ausdruck endlich loszuwerden, um in unserem Inneren Platz für aktuelle Informationen und liebevolle Begegnungen zu schaffen.

Tatsache ist, dass heute weit weniger harte Übungen nötig sind, dass Menschen viel schneller an ihren Schmerz und ihre Erfahrungspunkte kommen als noch vor zwanzig Jahren, weil das Bewusstseinsniveau enorm angestiegen ist, weil es sich herumgesprochen hat und nachzulesen ist, dass Hilfe möglich ist, und weil sich durch das immense Hilfsangebot und dessen sichtbare Erfolge immer mehr Menschen trauen, sich auf den Prozess der Selbsterfahrung einzulassen. Selbsterkenntnis und die entsprechenden Exerzitien sind nicht mehr nur eine Sache von Heiligen und Klosterinsassen, sondern sind ein erprobtes Mittel geworden, um zwischenmenschliche Beziehungen zu verbessern und – nicht zu unterschätzen – um arbeitstechnische, wirtschaftliche und machtpolitische Probleme zu lösen (siehe Managertraining usw.).

Auch das Erkennen der Körpersprache ist ein wichtiger Lernprozess. Wenn wir die Sprache unseres Körpers verstehen, können Krankheiten schneller erkannt und auch verhindert werden.

Die genetischen Bedingtheiten unseres Körperausdrucks sagen etwas über unsere karmischen Muster aus, über Familienerbe, das wir noch mit uns herumschleppen, »denn die Sünden der Väter setzen sich fort bis ins siebente Glied«. Diese Worte aus dem Alten Testament bedeuten: Sieben Generationen, also etwa hundertfünfzig Jahre, wirkt das Gedanken- und Erfahrungsgut in den Familien weiter. Diesen unendlich langen Weg der Transformation können wir heute beschleunigen.

Bei der Körperarbeit werden, abgesehen von Erinnerungen, auch die so genannten Endorphine freigesetzt, die Glückszustände hervorrufen (siehe Seite 47). Diese Art von Sucht/ Suche macht gesund statt krank, sie fördert die Suche nach unserem wahren Selbst, nach dem Wesentlichen, nach dem Ergriffensein, nach Erlösung.

Den vulkanartigen Ausbruch von lange zurückgehaltenen

Gefühlen nennen wir Katharsis. Katharsis bedeutet Reinigung und wird in allen religiösen Praktiken als die Grundvoraussetzung von Verarbeitung alter Geschichte und Geschichten angesehen, die zu ganzheitlicher und religiöser Erfahrung führen kann.

Katharsis wird von der Psychiatrie oft mit Psychose verwechselt, sie hat in der Tat auch Ähnlichkeit. Aber es ist ein Unterschied, ob sie »aus Versehen« in der Öffentlichkeit auftritt und deshalb schwerlich verarbeitet werden kann oder ob sie in der Therapie provoziert wird, um den Reinigungsprozess anzuregen, zu unterstützen und abzuschließen.

Diese Reinheit darf nicht mit sexueller Enthaltsamkeit verwechselt werden, wie sie das Christentum und manch andere Religion empfiehlt, sondern gemeint ist hier die »Reinheit des Herzens«, die »Unschuld der Authentizität« und die »Lauterkeit des Handelns«.

Authentisch sein heißt: Wir zeigen uns, wie wir wirklich sind (Näheres dazu im Kapitel *Authentizität*). Reinheit des Herzens bedeutet Unschuld. Unschuldig handeln wir dann, wenn wir unserer inneren Stimme folgen, was nicht bedeutet, dass wir für die Konsequenzen unseres Handelns nicht geradestehen müssen. Lauterkeit bedeutet, die eigene Erkenntnis aus der Gewissheit der Gotteskindschaft heraus zu verwirklichen. Dies soll keine Aufforderung sein, die Praktiken der Fundamentalisten für gut zu heißen, die aus ihrer »Gotteskindschaft« Weltpolitik machen und Herrschaft anstreben. Wer auch nur einmal eine Gotteserfahrung gemacht hat, weiß, dass diese Botschaft keine Politik werden darf.

Politik ist Machtstreben. Weisheit heißt, die Ohnmacht den großen Gesetzen gegenüber zu akzeptieren und uns auf das zu besinnen, was in diesem Augenblick nötig und möglich ist, um es mit allen unseren Kräften durchzuführen.

Dazu ist es erforderlich, mit beiden Beinen auf dem Boden zu stehen, sich zu »erden«. Wer gut geerdet ist, hat die Füße auf dem Boden (Symbol für Realitätsbewusstsein), hat das Herz am rechten Fleck, ohne Panzer und Schutzschild, und den Verstand in der Wirklichkeit – und nicht in verblasenen Phantasie- und Traumwelten. Die Füße sind die Wurzeln, mit denen wir Erdenergie aufsaugen, der Kopf ist die Antenne für Informationen und geistige Erkenntnisse und die Registratur. Das Herz ist Empfänger und zugleich Sender, jener Ort, in welchem sich Verständnis in Mitgefühl und Liebe verwandeln kann. Und unsere Hände müssen das Werk tun, das getan werden muss, um unseren ganz persönlichen und einmaligen Beitrag zu leisten.

Möge das Werk gelingen!

Reinigung der Seelenstruktur

Das, was wir Seele nennen, hat zwei Aspekte. Zuerst einmal jenen unsterblich zeitlosen, ewigen Anteil der kosmischen Urkraft, die sich in einzelne Wesenheiten verteilt, die der Mensch dann als sein höheres Selbst bezeichnet. Dieses höhere Selbst repräsentiert und realisiert in jedem Lebewesen den Geist der Schöpfung. Davon unterschieden, aber nicht abgetrennt, ist jener zweite Aspekt, den wir der Einfachheit halber Psyche nennen, ein feinstoffliches Konkretum, bestehend aus Gefühlsansammlungen. Gefühle sind Reaktionen, innere Bewegungen, die in dauernder Veränderung, Wallung oder Stagnation den Energiefluss im Körper bestimmen. Sie sind der Motor, der die Lebensenergie antreibt und gestaltet. Gefühle bestimmen und beeinflussen unser Denken, unser Verhalten und unsere Kontakte. Sie führen uns immer wieder an die selbst gebauten Grenzen, an die Schutzmechanismen, die sowohl Schutz gewähren als auch Behinderung bedeuten und die wir überschreiten müssen, wenn wir Bewusstsein entwickeln wollen. Eigeninitiative ist eine innere Entscheidung für Entwicklung, für die wir Verantwortung haben, ob wir nun handeln oder für uns handeln lassen. Dabei müssen wir zwischen den Grenzen unterscheiden lernen, die von der Natur gesetzt worden, die unumgänglich und unbarmherzig sind, und jenen Grenzen, die von Kultur und Zivilisation gesetzt worden sind und die wir unter dem Druck von Erziehung und Sozialisation zu unseren eigenen gemacht haben.

Ethik und Moral sind Gewissensentscheidungen, die jeder Mensch für sich selbst treffen und verantworten muss. Verantworten, nicht vor der Gesellschaft, sondern vor dem Schöpfer. Gewissen hat mit Gewiss-sein zu tun und gewiss sein heißt, sich letztendlich an seine Abkunft, an seinen Auftrag zu erinnern, den wir mit der Menschwerdung angenommen haben. Das ist der Weg zu den Wurzeln.

Alle Menschen haben ein Kontrollsystem aufgebaut, das darüber entscheidet, welche Gefühle erlaubt sind oder verdrängt werden müssen. Reinigung der Seele bedeutet, sich all seiner Gefühle bewusst zu werden und sie auszudrücken. Erst dann sind wir wirklich lebendig. Einer der Hinderungsgründe des offenen Ausdrucks ist erstens die Angst, jemanden zu verletzen, denn wir sind einmal deswegen verurteilt und bestraft worden, und zweitens die Angst bestraft zu werden.

Wie können wir also so genannte negative Gefühle ausdrücken, ohne Beziehungen zu zerstören und ohne bestraft zu werden? In der Schule haben wir das nicht gelernt, also muss es jetzt gelernt werden (siehe Kapitel *Kommunikation*). Uns muss bewusst werden, dass jeder emotionale Ausdruck einer langen Lebensgeschichte entspringt und unser Gegenüber nur insofern betrifft, als dieser ein aktueller Auslöser alter Wunden und Schmerzen ist. Deshalb ist es nötig, sich ganz zu öffnen und alle Hintergründe offen zu legen, um die emotionale Reaktion zu verstehen und zu vergeben.

Diese Art Gefühle auszudrücken lernt man am besten in einer geschützten Gruppe, in der Gefühle, gleich welcher Art, nicht verpönt, sondern als Seelenausdruck und als Resultat unserer Arbeit an uns selbst geachtet werden. Dies schafft Respekt. Hier kann auch der Überschuss an Aggressivität sinnvoll abgebaut werden, der draußen in der Welt oft Schaden anrichtet, weil er weder verstanden noch akzeptiert werden kann. Verstanden und akzeptiert werden wir nur, wenn wir uns verständlich machen, wenn zutage tritt, aus welchen Wurzeln Schmerz und Aggression kommen, und wenn wir bereit sind, sie loszulassen, statt sie wahllos an anderen Menschen abzureagieren, die weder etwas mit unserer Geschichte zu tun haben noch hatten. Der Aggressionsabbau ist eine der wichtigsten Übungen im Leben, denn er ist die Voraussetzung für friedliches Zusammenleben von Familien und Völkern. Dieser Abbau kann nicht nur mit dem Verstand erfolgen. Es genügt nicht, sich einfach zu sagen: Ab heute bin ich nicht mehr aggressiv, oder noch schlimmer: Ich bin nicht aggressiv, ich weiß gar nicht, was das ist! Diese Menschen quälen dabei oft ihre Kinder und Partner, führen Mitarbeiter hinters Licht und verspritzen unheimlich viel Gift. Aggressionsabbau muss körperlich durchgeführt werden. In der Bioenergetik können diese versteckten Giftspritzen aufgespürt und zum Ausdruck gebracht werden, etwa durch Schlagen auf Kissen oder Matratzen und durch Stimmgebrauch in Form von Lauten, Schreien oder Worten. Das entlastet Körper, Geist und Seele nachhaltig, führt zu Entspannung und bringt die Endorphine in den Kreislauf. Aggressivität ist ein natürliches Energiephänomen, ein innerer Impuls, der uns handeln lässt. Erst wenn sie unterdrückt wird, wird sie zur Gewalt.

Aggressivität kann nicht durch noch so schöne Traumreisen oder Rituale abgebaut werden. Solche Methoden besänftigen vielleicht die Seele für eine kurze Zeit, sie geben angenehme und vielsagende Einblicke in andere Welten und Seinszustände, aber solange die aggressive Energie als etwas Schlechtes abgekanzelt wird, weil nicht verstanden worden ist, was sie eigentlich heißt, wütet sie insgeheim und befällt schließlich die Gesundheit. Ad gredere bedeutet: auf etwas zugehen, etwas begreifen durch Berühren. Wenn der Wunsch zu begreifen/berühren, etwas anzufassen, in der frühen Kindheit gebremst worden ist, weil »was kaputt gehen könnte«, wird das Kind aggressiv, denn es möchte und muss die Welt be-greifen, um sie zu verstehen und mit ihr umgehen zu lernen. Verhinderung wird zur Behinderung und die zurückgehaltenen Impulse des Begreifens werden zu Gewalttaten, entweder gegen andere oder gegen sich selbst.

Was wir dabei lernen, ist, dass Gefühle einander bedingen: Wo Liebe ist, lauert auch der Hass, wo Freude ist, lauert auch das Leid. Wir können Liebe oder Freude gar nicht wahrnehmen, wenn wir die andere Seite nicht kennen. Je tiefer der Schmerz empfunden worden ist, umso tiefer erleben wir auch das Glück.

Je dunkler die Nacht, umso heller die Sonne. Das ist das Gesetz der Dualität, ohne die es keine Bewegung, kein Leben gibt.

Unsere Psyche ist durchsetzt von Egobestrebungen und das Ego ist zunächst auf Äußerlichkeiten aus, auf Erfolg, Macht, Gewinn, es strebt nach immer neuen, höheren Zielen, wovon eines auch die Erleuchtung sein kann. Unser wahres Selbst, unser unsterblicher Anteil, steht diesem Erfolgsstreben jedoch im Wege, es ist der ruhende Pol, die Stille in unserem Herzen, die unseren Mind in den Augenblicken der Selbstwahrnehmung besänftigen kann und zurückruft aus Verstrickung, Verirrung und dem Elend des Zweifels, zurück in die Innerlichkeit, wo wir zu Hause sind. (Ich gebrauche das englische Wort Mind als Kürzel für unseren Verstand, unsere Meinung, die von bestimmten gesellschaftlichen und kulturellen Einflüssen geprägt worden ist. Man kann ihn auch den tranceartigen Zustand unseres Alltagsbewusstseins nennen, wie Gurdjieff es getan hat.)

Es wird so viel darüber geredet, dass Liebe das Wichtigste im Leben sei. Dabei müssen wir lernen, zwischen der Liebe zu unterscheiden, die mit Sexualität verwechselt wird, die mit Brauchen und Geben, um zu bekommen, zu tun hat, und der »göttlichen Liebe«, von der wir das Universum erfüllt wissen und die sich in einer »reinen Seele« als Mitgefühl, als Fähigkeit zu wahrhaftiger Begegnung und Hingabe an die Schöpfung offenbart.

Die »wahre Liebe« meint oft nichts anderes als aktive oder passive Versorgung. Oft ist Elternliebe durchsetzt von »Gebrauchtwerden« als Lebensberechtigung oder Partnerliebe von Wünschen, Hoffnungen, Erwartungen und Versorgungsansprüchen. Alle diese Gefühle haben gar nichts mit Liebe zu tun. Wenn wir wahrhaftig sein wollen, müssen wir unterscheiden lernen und ehrlich zu uns selbst sein, um Gefühle weder zu verwechseln noch zu missbrauchen.

Als Methoden zur Reinigung der Seelenstruktur eignen sich alle Körpermethoden und die Techniken der Tiefenpsychologie sowie Meditation.

Reinigung des Weltbildes

Die Reinigung des Weltbildes geschieht von selbst während der Reinigung von Körper- und Seelenstrukturen, sie ist eine automatische Folge der Selbstwahrnehmung. Wir erkennen Programme, die unsere Haltung, auch unsere Körperhaltung, unser Verhalten und unsere Kommunikationsmuster bestimmen und unsere Beziehungen, Arbeitssituationen, unser Lebens- und Arbeitsverständnis geprägt haben. Reinigen heißt, wach, aufmerksam und ohne Vorurteil alle Glaubensinhalte gleich welcher Art, ob politisch, philosophisch oder mystisch, zu hinterfragen, in denen unsere Gefühle, unser Verstand und unsere Situation gefangen ist, unsere Intuition in Ketten liegt und unser Geist hungert. Das bedeutet nicht etwa Gesetzlosigkeit oder Anarchie, wie geistige Freiheit gerne von der Gesellschaft diskriminiert wird, sondern ein waches Umgehen mit der Realität. Es bedeutet ferner die Entwicklung von Gesetzen, die den augenblicklichen Forderungen des Lebens gerecht werden und nicht irgendwelchen Institutionen. Wie Jesus sagte: »Gesetze müssen lebendig bleiben und nicht toter Stein werden.«

Das Weltbild darf nichts Festgelegtes sein, es muss sich mit jeder neuen Erfahrung verändern können, so dass es sich eines Tages, wenn wir bereit sind, alle Weltbilder über Bord zu werfen, als eine umfassende Erfahrung dynamischer Weltordnung herausstellt, um einer tiefen, intuitiven Lebens- und Gotteserfahrung Platz zu machen, einer Rückbesinnung auf das in unserer Struktur enthaltene Urvertrauen. Das im Urvertrauen enthaltene Wissen kommt ans Licht, wenn wir Meinungen, Postulate, Programme und Einstellungen aufgeben. Die Meinungsänderung wird oft als Charakterlosigkeit diskriminiert. Aber Charakter ist eine von der Gesellschaft geforderte und honorierte Einschränkung von Erkenntnis und Bewusstsein und verhindert geistige Flexibilität.

Einsicht bekommt nur, wer hineinsehen kann. Einsicht kommt durch Erfahrung und nicht durch Lesen, Vorträge oder Informationsveranstaltungen. Wenn ich wissen will, wie ein Haus von innen aussieht, muss ich hineingehen. So ist es mit allen Erfahrungen.

Einsehen heißt forschen und wo soll Forschung stattfinden, wenn nicht zuerst in unserem eigenen Inneren, in welchem alles vorhanden ist, was wir brauchen, wissen sollen und in dem die Basis für Entwicklung angelegt ist? Der Körper ist unsere Basis, seine Gesetze sind die Naturgesetze persönlich, seine Bedingungen sind Lebendigkeit, seine Geschichte ist sein Schicksal, sein Ausdruck ist seine Befindlichkeit, seine Zukunft ist das Resultat unseres Handelns.

Weltbilder sind immer ungenau, einseitig und irreführend. Wir mögen die Schöpfung logisch oder chaotisch nennen, heilig oder teuflisch. Wie auch immer, diese Beurteilungen entspringen unserem Wahn, etwas verstehen zu wollen, was nur jenseits des Verstandes geahnt werden, mit der Seele wahrgenommen werden kann und das uns in die Knie zwingt im »dein Wille geschehe«, auch wenn wir nicht wissen, wen wir ansprechen. Nicht Glaube ist nötig, sondern Erfahrung, die uns zur wahren Religiosität führen kann. Hingabe ist nötig, nicht an irgendetwas oder irgendjemanden (wie das so oft in Beziehungen verwechselt wird), sondern Hingabe an sich selbst, an sein eigenes Sein, an die eigenen Gefühle, an das Wunderbare und Göttliche, das sich in unserem eigenen Inneren offenbart. Diese Arbeitswege führen in die Lebendigkeit.

Es geht bei der Arbeit an uns selbst nicht darum, uns zu verändern, denn das können wir gar nicht, es geht um Erweiterung, um Befreiung unserer Potentiale, um Verwirklichung, um Kreativität. Kreativ sein bedeutet, mit unseren Problemen klarzukommen, ohne sie zu verdrängen. Das wird in der kommenden Zeit von uns vermehrt verlangt werden und wer sich nicht wappnet und schult, wird untergehen. Unabhängig werden heißt, sich selbst der beste Freund zu sein, fähig zu sein, Probleme zu erkennen und zur allgemeinen Zufriedenheit zu lösen. Und es heißt, sich selbst zu lieben, sich als gleichberechtigtes Kind dieser Erde zu sehen, als jemanden, der etwas beizutragen hat zum Bewusstseinsprozess, der gerade global stattfindet und stattfinden muss.

Wenn innere Strukturen wahrgenommen werden, wenn der Weg nach innen tiefer geht, erweitert sich automatisch auch der Blick nach außen, denn wie in der hermetischen Weltsicht beschrieben, gilt: »Wie innen, so außen, wie oben, so unten.« Wenn wir die Sprache unseres Inneren verstanden haben, werden wir auch das Außen neu verstehen und der Wirklichkeit näher kommen. Dann werden wir die Wirklichkeit bewusst mitgestalten. Je mehr Menschen sich auf diesen Weg begeben, umso mehr wird diese Praxis um sich greifen und auch andere anregen, bei sich selbst mit der Suche nach Wahrheit und Selbsthilfe zu beginnen. Alle, die diesen Weg beschritten haben, sind ein Beispiel und müssen auch Beispiel sein.

Wir können niemanden dazu überreden, an sich selbst zu arbeiten, der das nicht einsehen kann, aber wir müssen und sollen anderen Rückmeldung geben und für die eigene seelische Hygiene sorgen, indem wir uns von unzumutbarer Unbewusstheit bei anderen distanzieren – auch wenn uns diese Menschen sehr nahe stehen, ja gerade dann.

Wir müssen Farbe bekennen, es muss zur Sprache gebracht werden, nach dem Motto: Wer schweigt, macht sich mitschuldig! Das gilt nicht nur auf dem politischen Sektor, sondern vor allem und zuerst im zwischenmenschlichen Bereich.

Verantwortung heißt antworten, heißt soziale Intelligenz entwickeln.

Wir sind unseren Mitmenschen unsere Gefühle und unsere authentische Stellungnahme schuldig. Es ist unsere Aufgabe, anderen zu helfen, nicht indem wir ihre Probleme regeln, sondern indem wir ihnen zeigen, wie Probleme klug geregelt werden können. Wir haben nur Verantwortung für uns selbst, aber wenn rings um uns herum verantwortungslos gehandelt wird, haben wir die Pflicht (ich gebrauche dieses Wort sehr ungern, denn es erweckt ungute Erinnerungen an Erziehungszwänge), das aufzudecken und zur Diskussion zu stellen. Dabei ist Diskussion nur der Anfang, denn man kann auch etwas zu Tode diskutieren, ohne den geringsten Erfolg zu erzielen. Wirkungsvoll sind Taten und persönliche Stellungnahmen, die über den eigenen Egoanspruch hinausgehen und das Ganze liebevoll im Auge haben.

Wenn die Vorarbeit, die Reinigung der Körper- und der Seelenstruktur, geleistet ist, löst sich das Weltbild auf und macht der Weisheit Platz. Der Kanal zu den tiefsten Ursachen ist dann geöffnet und es ist bewusst geworden: Das ist es, worauf es ankommt – bewusste Wahrnehmung und Handhabung der Energieströme, die unser Dasein versorgen.

Kapitel 4 Was wir in der Schule nicht gelernt haben und jetzt lernen müssen

Nichts schmerzt mehr, als sich selbst zu gebären. Aber was danach kommt, ist die größte Seligkeit des Lebens.

OSHO RAJNEESH

Ich möchte hier die Arbeitswege beschreiben, die jeder Mensch, jede Seele, durchlaufen kann, um ein befriedigendes und erfülltes Leben zu erlangen.

Arbeit klingt wenig anziehend, wer arbeitet schließlich schon gerne. Aber diese Arbeit oder Beschäftigung führt uns zu uns selbst, zu dem, was wir wirklich sind oder sein können, zu den wesentlichen Inhalten unseres Daseins. Wenn wir diese Inhalte gefunden haben, finden wir auch die Arbeit, die uns Freude macht, beziehungsweise wird uns die Arbeit, die wir tun, Freude machen, weil wir unsere Aufgabe und unseren persönlichen Einsatz als wichtig erkannt haben. Wir haben dann auch Erfolg und Erfolg macht Spaß. Wir müssen uns nur davor hüten, in die Falle des Erfolges zu gehen und zu vergessen, dass er nicht das Wichtigste in unserem Leben ist, sondern nur eine nette Beigabe.

In diesem Kapitel werden dreizehn Bereiche aufgeführt und erläutert, die dreizehn Wege oder Gebote, die uns aus der Beschränkung und Verstrickung in die Kreativität und die Vieldimensionalität unseres wahren Wesens finden lassen.

Die 13 Gebote des neuen Zeitalters

Ehrlichkeit:	Selbsterkenntnis	**4.1**
Aufmerksamkeit:	Wahrnehmung	**4.2**
Offenheit:	Gefühle	**4.3**
Mut:	Kommunikation	**4.4**
Wahrhaftigkeit:	Authentizität	**4.5**
Flexibilität:	Umgang mit dem Ego	**4.6**
Kreativität:	Projektionen	**4.7**
Hingabe:	Sexualität	**4.8**
Respekt:	Beziehungen	**4.9**
Stabilität:	Essenz	**4.10**
Gebet:	Meditation	**4.11**
Ehrfurcht:	Spiritualität	**4.12**
Demut:	Tod	**4.13**

4.1 Selbsterkenntnis

Wir müssen sein, wie wir wirklich sind, das ist der einzige Weg.

OSHO RAJNEESH

Selbsterkenntnis ist der erste Schritt zur Besserung, sagt ein altes Sprichwort.

Selbsterkenntnis heißt: Erkennen und Annehmen der eigenen Schwächen und Stärken, Erforschen der Ursachen unseres persönlichen Verhaltens, Verständnis für unser Verhalten, sich selbst verzeihen können und Liebe zu sich selbst entwickeln als Voraussetzung für Liebe zu anderen. Es heißt auch: Wahrnehmen der Sprache unseres Körpers und unserer Seele.

Was sagt mein Körper mir, was sagt mein Körper anderen? Was spricht meine Seele? Welche Gefühle entwickeln sich bei der Selbstbetrachtung? Unser Badezimmerspiegel zeigt uns nur unsere Maske, nicht unser wahres Gesicht. Was sehen meine Mitmenschen an mir, was ich nicht sehen kann?

Unsere Augen sind die am meisten konditionierten Sinnesorgane. Schon beim ersten Augenaufschlag nach unserer Geburt halten wir das, was wir sehen, für die Wahrheit und reagieren darauf. Dann benennen uns unsere Eltern und Erziehungspersonen die Phänomene der Welt. Alles bekommt einen Namen, eine Bezeichnung, die diese Dinge dann auch behalten. Doch dabei geht es nicht nur um die Benennung von Gegenständen, sondern auch um die Festlegung von Gefühlen. Wenn ein Kind sich beispielsweise hinter dem Rock der Mutter verkriecht, so vermutet die Mutter Angst. Das Kind hat vielleicht nur Herzklopfen, ist aufgeregt, neugierig oder verspielt oder möchte Aufmerksamkeit, es will gesehen und akzeptiert werden. Wenn die Mutter nun sagt: »Du brauchst keine Angst zu haben«, so nennt das Kind Herzklopfen von nun an Angst und verbindet alle Gefühle und Erregungen, die es damals beim Verstecken hatte, mit Angst. Später wird dieser Mensch dann glauben, Angst zu haben, wenn er Herzklopfen hat und schon ist sein Begegnungsverhalten festgelegt und seine Gefühle und Stimmungen sind in eine Schublade gesteckt. Herzklopfen heißt dann Angst statt Erregung oder Freude und die Tränen, die unter Umständen aus Ergriffenheit kommen, werden negativ bewertet. Weinen wird dann dem Schmerz statt der Ergriffenheit zugeschrieben.

Zur Selbsterkenntnis gehört vor allem das Erkennen der eigenen Schattenseiten, das Wahrnehmen unserer dunkelsten, verborgensten, verleugneten und oft schon vergessenen Inhalte. Es geht nicht nur um Hass, Eifersucht, Hochmut, Neid, Gier. Diese Gefühle können wir noch verstehen und uns auch verzeihen. Es geht auch um die unverzeihlichen – weil unverstandenen – Gelüste nach Rache und Mord, Gewalt, Vergewaltigung und Selbstzerstörung. Wer hat nicht schon einmal Mord- und Vernichtungswünsche gehabt bei Eifersucht? Auch wenn wir das weit von uns weisen und uns im Fernsehen beim Anblick von Gewalt, Mord und Totschlag das Gruseln kommt, es ist in jedem von uns vorhanden, sonst würde es uns nicht berühren. Nach dem Gesetz der Resonanz geht uns alles etwas an, was uns bewegt und berührt, auch wenn wir unverzüglich in Tränen ausbrechen ob der Scheußlichkeit der Verbrechen – auch dann! Gerade dann!

Grundsätzlich sind alle Möglichkeiten im kollektiven Unterbewusstsein vorhanden. Dieser kollektive Bodensatz oder -schatz zeigt seine Inhalte in Bildern, Träumen, Phantasien, Visionen oder Alpträumen. Sie tauchen auf, wenn eine neue Erkenntnis an die Tür klopft, und rufen uns auf, sie zu entschlüsseln. Ein Schlüssel ist die Intuition, jene schöpferische Energie, die oft mit der zweideutigen Bezeichnung »blühende Phantasie« entwertet wird, die aber einen direkten Anschluss hat an die universelle Weisheit, die in jedem schlummert. Die Intuition ist die Grundsubstanz der Kollektivseele.

Um unser soziales Verhalten zu erkennen, brauchen wir Begegnung und vor allem die Rückmeldung der Partner. In einer Zweierbeziehung ist das oft belastend. Ganz besonders dann, wenn wild und unbewusst drauflos projiziert wird und dabei Verletzungen entstehen, die nicht verziehen werden können, wenn ihre Ursachen nicht verstanden worden sind. (Mehr dazu im Kapitel *Projektionen*.)

Sich selbst schonungslos wahrzunehmen erfordert eine Menge Mut. Dieser Mut wird wach, wenn wir erkennen, wie wir uns selbst durch unbewusstes Handeln schaden. Wenn uns dann bewusst wird, was wir eigentlich wollen und brauchen, können wir uns auch der »Kritik« stellen, unserer eigenen und der unserer Mitmenschen, die uns den Spiegel vorhalten. Das »die Meinung sagen« wird oft als Kritik missdeutet, in Wahrheit kommt es meist aus dem Bedürfnis der Kontrahenten, einander zu erkennen und näher kommen zu können. Denn was ist es, was uns dazu treibt, uns aneinander zu reiben? Oft wird Streit nur provoziert, um sich anschließend zu versöhnen. Stattdessen können wir lernen, fair zu streiten oder noch besser, so offen miteinander umzugehen, dass Streit nicht mehr nötig ist, weil wir einander verstehen. (Siehe Kapitel *Kommunikation*.)

Zur Selbsterkenntnis gehört auch die Rückerinnerung an vergangene Zustände und Verletzungen, aus denen sich unser Verhalten erklären lässt.

Jedes Kind hatte Schwierigkeiten, schon das Ausgestoßenwerden aus dem Mutterleib war eine schmerzvolle Erfahrung, der weitere Zurückweisungen folgten. Wenn jemand behauptet, er habe eine sonnige oder schöne Kindheit gehabt, ist Misstrauen angesagt. Oft stellt sich dann heraus, dass der Betroffene sogar ganz besonders schlimme Erfahrungen machen musste und diese in die unterste Schublade seines Unterbewusstseins geschoben hat. Vielleicht erinnert er sich, dass er eigentlich »alles« hatte und verwöhnt wurde. Er hält diese

Tatsache für Glück und kann nicht wahrnehmen, dass gerade diese Verwöhnung eine Falle war, um die Liebe nicht vermissen zu müssen, die auszudrücken die Eltern nicht in der Lage waren. Stattdessen zeigten sie ihre Liebe in materiellen Zuwendungen.

Das Ausgestoßenwerden aus dem Mutterleib hat zwei Aspekte: Schock und Befreiung. Schock ist die Trennung von der Mutter, das Abnabeln, die Haltlosigkeit der Extremitäten, das eigenständige Atmenmüssen, die Kälte der Luft und das Gefühl der körperlichen Schwere. Befreiung ist das eigenständige Atmen, die Bewegungsfreiheit der Glieder und ein Gefühl der Ergriffenheit ob der Bedeutung dieses Augenblickes: Ich bin da, ich bin wichtig, ich beginne meinen Weg. Wenn die seelische Verbindung zur Mutter unterbrochen und nicht wieder aufgebaut wird, weil die Mutter zum Beispiel glaubt, das Kind merkt gar nicht, in welcher Welt es sich befindet, da es noch kein ausgebildetes Sensorium hat; wenn sie glaubt, Säugen und Wickeln genügen schon, entstehen tiefe Wunden der Enttäuschung, die bis zu andauernder Resignation führen können.

Oder das Kind wurde mit Liebe überschüttet, einer »Liebe«, die letztendlich ein Brauchen seitens der Mutter oder des Vaters war. Der Elternteil braucht – missbraucht – das Kind, um eine Aufgabe zu haben, um sich nicht mit Einsamkeit oder Sinnlosigkeit auseinander setzen zu müssen.

Je einschneidender eine Erfahrung oder Verletzung war, umso mehr musste sie verdrängt werden. Verdrängen und eine eigene Welt erfinden, Träume, Phantasien, Reisen in andere Wirklichkeiten als Flucht vor der Realität haben im Erwachsenenalter nichts mehr zu suchen. Es waren damals kreative Aktionen, jetzt aber geht es um das Erkennen der Realität und um kreative Bewältigung.

Auch können wir andere erst wirklich verstehen, wenn wir uns selbst kennen und verstanden haben, wenn wir den Computer kennen, der sich damals in uns entwickelt hat und der seine automatischen Reaktionen weiterhin in unser System streut. Wenn wir durch bewusstes Arbeiten an uns selbst lernen, diesen Computer auszuschalten bzw. unschädlich zu machen, wenn wir erkannt haben, dass der Computer immer zuerst spricht, bevor wir unsere der aktuellen Realität entsprechende Entscheidung treffen, können wir ihm auf die Schulter klopfen und zu ihm sagen: Gut, danke, Computer, dass du gesprochen hast, aber nun sehe ich nach, was ich selbst für mich will, jetzt!

Selbsterkenntnis bedeutet aber nicht nur, sein eigenes Verhalten zu erkennen und seine Fehler und Irrtümer zu diagnostizieren, sondern auch und eigentlich vor allem, das letztendliche Erkennen unseres wahren höheren Selbst, jener Anschlussstelle an die Schöpferkraft oder an das Göttliche, von dem wir ein Teil sind. Wenn dieses Erkennen stattgefunden hat, wirklich erfahren worden ist, lösen sich Probleme auf, die Identifikation mit dem Körper, mit dem Ego, mit dem Verstand, mit Gedanken, dem Charakter, Wünschen, Hoffnungen, mit Erfolg und Misserfolg, mit allem, was Leiden verursacht, und verschwinden. Dies lässt uns zurückfinden zum Kern unseres Daseins.

Unsere Seelenstrukturen sind nicht so sehr voneinander verschieden, dass wir uns nicht auch in allen anderen wiedererkennen könnten. Was uns voneinander unterscheidet, sind die verschiedenen neurotischen Ausformungen, unsere Trips, Tricks, Ticks und Verschrobenheiten, die jeder für seinen Charakter und für seine zu beschützenden Eigenarten hält.

Während dieses Erkenntnisvorganges entstehen Verständnis und Liebe, denn niemand kann sich dem Mitgefühl und der Anteilnahme verschließen, wenn die Verletzungen an den Tag kommen und der andere ohne seine Schutzvorrichtungen gesehen werden kann, wie er ist, wie und warum er so geworden ist, und wenn erkennbar wird, welche Möglichkeiten der Befreiung und des Wachstums sich anbieten.

Wir brauchen Freunde und nicht Richter, wir brauchen Unterstützung und nicht Verurteilung, wir brauchen Liebe und keine Projektionen.

Es geht nicht darum, dass du anfängst, deine Mitwelt, deinen Chef oder deine Kinder zu beschimpfen, sondern nur darum, dass du dir bewusst wirst, was dich plagt und wo deine Angst liegt. Es geht darum, Ängste, Wut, Verzweiflung und dergleichen bewusst zu machen und zu verarbeiten. Es ist unrecht, diese negativen Ausbrüche an unseren Mitmenschen auszulassen, denn sie haben meist nichts mit unserer Geschichte zu tun, sondern sind nur Auslöser alter Schmerzen. Wenn du damit nicht fertig wirst oder an eine Grenze kommst, an der du nicht weiterweißt, lass dich beraten, bevor du den Schmerz in noch tiefere Schichten des Unterbewusstseins vergräbst.

Am nachhaltigsten und lehrreichsten kann das in einer Selbsterfahrungsgruppe unter der Leitung eines geschulten und neutralen Lehrers stattfinden. Die Methoden der Selbsterkenntnis sind außer Körperübungen vor allem auch die Techniken des Encounters (siehe Seite 78). Diese zu erlernen und gemeinsam mit Freunden zu üben ist wünschenswert.

Übung
········

Jeden Tag eine Viertelstunde in den Spiegel schauen und mit sich selbst sprechen. Jeden Tag fünf Minuten lang aufschreiben, was uns spontan und ohne nachzudenken in den Sinn kommt.

Übung
········

Sich der Maske bewusst werden, die wir uns aufgesetzt haben, um nicht erkannt zu werden:
Lege deine Hände über dein Gesicht, so dass die Augen ganz bedeckt sind, und frage dich: Was möchte ich auf keinen Fall zeigen? Was darf niemand über mich erfahren? Was verberge ich hinter meiner Maske? Was kann passieren, wenn ich die Maske abnehme? Was werden dann die anderen über mich denken?

Ich bin sicher, dass Erinnerungen an die Kindheit auftauchen, als du versucht hast, dich zu verbergen, weil dein
wahres Gesicht nicht gewünscht war. Dann entspanne dein
Gesicht unter dem liebevollen Druck deiner Hände. Nach
ein paar Minuten nimm ganz langsam, in Zeitlupe, und behutsam die Hände von deinem Gesicht. Wenn du einen
Spiegel in der Nähe hast, schau hinein. Vielleicht sagst du
dann »Aha!« oder auch »Ich liebe dich!«. Vieles ist möglich.

Übung **F**ür die Selbst-Ständigkeit und für alle mit den Füßen zu-
sammenhängenden Einstellungen:
Stelle dich auf beide Beine und frage dich: Wie stehe ich
da? Wie stehe ich zu mir, zu anderen, zur Welt? Wie stehe
ich da vor anderen, vor der Welt? Wie stehe ich etwas
durch, etwas aus? Wie steht es mit mir? Wie gehe ich?
Welche Energie gebe ich meinen Beinen, meinem Weiter-
kommen? Wie geht es weiter, wie voran? Wie geht es
überhaupt? Wie soll es gehen? Welche Aussichten habe
ich?
Dann mache die Knie locker, ohne die Fersen vom Boden
zu heben. Bleibe so stehen und atme einige Minuten tiefer
als gewöhnlich. Spüre die Energie in deinen Beinen. Wenn
sie schmerzen, kann das heißen, dass sie Probleme mit den
oben gestellten Fragen haben. Stelle diese Fragen noch
einmal. Dann gehe mit deinem Gewicht auf die Ballen,
ohne die Fersen zu heben. Stelle dir vor, du drückst die Zehen in den Boden. Nach ein paar Minuten – bleibe in der
Position, so lange du es aushältst – gib das Gewicht auf die
Fersen, ohne die Zehen vom Boden zu nehmen. Verschiebe
dein Gewicht ein paar Mal nach vorne und nach hinten.
Spüre die Energie. Verlagere dann dein Gewicht nach links
und rechts. Wenn du genug Energie spürst, beginne zu
stampfen mit den Worten »Ich habe die Schnauze voll!«

oder »Denen werde ich's zeigen!« oder mit sonst einem Satz, der dir gerade einfällt. Und dann lasse dir zu Bewusstsein kommen, wovon du die Schnauze voll hast oder wem du etwas sagen oder zeigen willst. Überlege dir, warum du es nicht schon längst getan hast und weiter nicht tun wirst. Überlege dir: Was kann ich sofort ändern und wie kann ich es ändern?

Übung
··········

Encounter heißt Begegnung. In diesem Gruppengeschehen, das unbedingt von einer Fachkraft geleitet werden sollte, konfrontieren sich die Menschen miteinander. Sie werden gebeten, sich gegenseitig offen und ehrlich die Meinung zu sagen. Unter dem Druck der Gruppendynamik werden Gefühle hochgespielt und die Gruppenteilnehmer entschließen sich meist von selbst, ihren Gefühlen Luft zu machen. Soziales Verhalten wird deutlich und kommt auf den Tisch. Zunächst kann das für Teilnehmer unerträglich sein, aber je deutlicher wird, wie Schutzmechanismen aufgebaut worden sind, hinter denen sich das wahre Wesen versteckt hat, je klarer die Verletzungen zum Ausdruck kommen, die hinter einer Maske verborgen waren, umso mehr kann eingefahrenes und unsoziales Verhalten aufgegeben und unkonventionelles Miteinandersein geübt werden. Je heftiger die Gefühle hochschlagen, umso deutlicher wird, dass diese vehementen Ausbrüche und Ausdrücke unmöglich von einem Menschen ausgelöst werden können, der lediglich Gruppenteilnehmer ist und mit der Vergangenheit und der Geschichte des anderen nicht das Geringste zu tun hat. Alte Gefühlsreservoire werden aufgerissen, alte Narbe und Wunden bluten wieder, alte vergessene Schmerzen werden wach und ausgedrückt.
Der Therapeut ist dafür zuständig, sie in das Bewusstsein zu holen und in Worte zu fassen. Die Frage »Wen meinst du denn nun wirklich? Wen meinst du eigentlich? Wer hat

dich so verletzt?« bringt Erinnerungen ans Licht, der Schmerz kann ausgedrückt, losgelassen werden und schließlich sinken sich die beiden Kontrahenten, die sich zuvor wie Erzfeinde aufgeführt haben, in die Arme und bedanken sich für die gegenseitige Hilfe.

Dabei wird deutlich, dass es sich um eine Projektion gehandelt hat und dass immer, wenn besonders starke Gefühle hochkommen, Projektionen daran beteiligt sind. Außerdem können wir im Encounter Projektionen erkennen, d.h. jeder Teilnehmer kann erkennen, dass er die anderen durch seine gefärbte Brille sieht, und kann diese Brille ablegen und lernen, ohne Vorurteile zu sehen und zu handeln. Je deutlicher und projektionsloser unsere Wahrnehmung wird, umso klarer werden wir und desto intelligenter können wir unser Handeln danach einrichten und gestalten.

Wenn wir erkannt haben, wen wir wirklich oder wen wir auch noch meinen, ziehen wir uns nicht mehr jeden Schuh an und verwickeln uns nicht mehr so leicht in Dramen und Sensationen, sondern können unsere natürliche Kreativität und unser Lustpotential leben.

Übung

In einer Gruppe werden den Teilnehmern die Augen verbunden. Wir können dabei unter anderem die Erfahrung machen, dass wir Menschen, die wir eigentlich nicht leiden können, auf eine ganz neue Weise kennen lernen. Wir nehmen nämlich ihre Energie wahr und vergessen, was die Augen sehen und zu sehen gemeint haben.

Übung

Wir stellen uns vor, mit einer Gruppe eingeschlossen zu sein und keine Möglichkeit der Befreiung zu haben. Es gibt weder etwas zu essen noch eine Toilette! Wer wird überleben?

Oder wir stellen uns einen Schiffbruch vor, bei dem es nicht

genug Rettungsboote gibt. Wer darf in das Rettungsboot und wer bestimmt es?
Hier werden Macht- und Selbstwerttendenzen deutlich. Wer will überleben und wie? Wer gibt auf?

Übung
•••••••• **U**m zu erkennen, welchen Platz wir in einer Gruppe einnehmen, suchen wir uns jeder einen Platz im Raum. Wo will ich stehen? Was traue ich mir zu?
Variante 1: Ein Kissen liegt in der Mitte des Raumes. Auf Kommando laufen alle los. Wer bekommt das Kissen und mit welchen Mitteln?
Variante 2: In einer Notsituation muss ein Boss gewählt werden. Welche Qualitäten werden gebraucht? Welche Position ist die meine, welche vermeide ich? Wie bekomme ich, was ich haben will? Welche Rolle spiele ich überhaupt und was hat die Rolle in diesem Spiel mit meiner augenblicklichen Lebenssituation zu tun?

Übung
•••••••• **B**eziehungsaufstellung: Ein Teilnehmer sucht sich Mitwirkende für seine Lebenssituation und verteilt sie so im Raum, wie sie zu ihm und zueinander stehen. Es ist eine Momentaufnahme. Wir können erkennen, wo wir stehen und was wir verändern wollen. Wie will ich meine Situation verändern? Welche Mittel habe ich und wie wende ich sie an?
Diese Methode beinhaltet die meist überraschende Erkenntnis, dass die stellvertretend aufgestellten Personen genaustens erfühlen können, was mit dem Menschen, deren Platz sie einnehmen, los ist. Ein Beispiel für die Tatsache, dass wir mit allem verbunden sind, dass wir eigentlich alles wissen, dass wir uns nur auf unser Sensorium verlassen müssen, um diese Verbindung zu spüren. Man kann das übrigens auch mit Symbolen machen, die auf Papier gemalt werden und auf die man sich setzen oder stellen soll. Wir erfahren ihren Sinn durch aufmerksames Wahrnehmen.

Zu einer Therapie oder Selbsterfahrung wird sich nur derjenige entschließen, der ein gewisses Problembewusstsein hat. Wer immer noch glaubt, dass »die anderen« an seinen Misserfolgen, Schwierigkeiten und an seinem Pech Schuld haben, ist nicht reif für den Weg zu sich selbst und wird noch einige Zeit die Suppe, die sein Ego gekocht hat, auslöffeln müssen. Wer schon einmal den Verdacht hatte, dass auch er an seinem Schicksal beteiligt sein könnte, sollte nicht lange warten, denn von selbst regelt sich auf diesem Sektor gar nichts.

Die Zeit heilt keine Wunden, sie lässt vielleicht Gras darüber wachsen. Wirkliche Heilung kann nur geschehen, wenn die Leichen, die wir tief in unserem Seelenkeller versteckt haben, feierlich begraben worden sind und der Leichenschmaus stattgefunden hat. Versöhnung findet statt, wenn wir erkannt haben, dass nicht die »bösen anderen«, sondern auch wir selbst die Waffen für den Krieg geschmiedet haben.

Wahrhaftigkeit bewirkt die Reinigung der Seelenstruktur und führt zu Erkenntnis und klaren Entscheidungen.

Daher ist einer, wenn er erkennt, einer von oben.
KOPTISCHES THOMASEVANGELIUM

4.2 Wahrnehmung

Die Ätherwellen brausen immer, aber wir haben
den Empfänger abgeschaltet.

MARTIN BUBER

Die Wirklichkeit erkennen, wie sie ist, ohne Projektionen, ohne Verzerrung, Vorurteil oder Urteil. Wahrnehmung als existentielle Erfahrung, als das »Nehmen der Wahrheit«, ohne die Einschränkung des Verstandes, der Glaubensinhalte und der Konventionen. Aus der Wahrnehmung der Wirklichkeit entwickeln sich Kreativität und Intuition. Aus der Wahrnehmung der inneren Stimme wächst Vertrauen in die eigene Kapazität.

Wahrnehmung ist an unser Sensorium, an unsere Sinne gebunden. Wahrnehmung der Wirklichkeit ist eine Voraussetzung für vernünftiges Handeln. Wirklichkeit ist das, was wirkt. Wir nehmen sie nicht nur mit unseren Sinnen, unseren Augen und Ohren wahr, sondern mit unserem gesamten Körper. Unsere Sinnesorgane sind die groben Auffangstationen, die ihre Informationen an die inneren Organe und Funktionskreise abgeben, von wo aus die Informationen dann ins Gehirn gesendet werden. Unser Sensorium befähigt uns nicht nur, die äußere Welt wahrzunehmen, sondern auch die innere, das innere Universum, das mit dem äußeren Universum, dem Ganzen, über Schwingungen, Strahlungen und feinstofflichen Austausch – meist unbewusst – korrespondiert. So hat die Wahrnehmung von Licht mehrere Aspekte: Was wir mit unseren Augen sehen können – was unser Körper als Wärme empfindet. Weitere Welten erschließen sich aus dem Zusammenspiel unserer Wahrnehmungen körperlicher Art mit der Bedeutung von Licht als Heils- oder Erlösungssymbol. Und schließlich können wir in Zuständen der Weitsicht oder

Einsicht das Licht als Urerfahrung göttlicher Potenz erahnen, als Gnade oder wie wir dieses Geschenk bezeichnen wollen.

Ebenso ist es auch mit den Ohren. Wir hören nicht nur Töne, sondern nehmen gleichzeitig die Schwingungen wahr, die unser physisches und psychisches System erreichen und bewegen. Die Ohren allerdings sind die einzigen Sinnesorgane, die keinen Ausdruck haben. Alles, was in sie hineinkommt, trifft direkt unsere Seele und wirkt, auch wenn wir es nicht direkt wahrnehmen wie z.B. im Schlaf. Wir können die Ohren nicht verschließen.

Das gesamte Spektrum unserer bewussten und unbewussten Wahrnehmung hat Konsequenzen für unser Unterbewusstsein, ja für den ganzen physischen und psychischen Organismus. Wo gehen die Informationen hin? Und wo bleiben sie? Wie werden sie umgesetzt? Und vor allem: Werden sie verstanden?

Die Ohren haben durch die Eustachsche Röhre eine Verbindung zum Kehlkopf und damit zum fünften Chakra, dem ersten spirituellen Energiefeld des Körpers. Der Kehlkopf ist ein Instrument für Aufnahme (Essen und alle Arten von Zuwendung oder Konfrontation werden »geschluckt«!). Und er ist ein Ort für Abgabe, für Ausdruck, für Mitteilung und Kommunikation. Alles, was in uns hineinkommt, muss auf irgendeine Weise auch wieder heraus, das wurde schon mehrmals gesagt. Dieses fünfte Chakra arbeitet funktional und »gesund«, wenn ausgedrückt wird, was nach Ausdruck verlangt. Wenn das nicht geschieht, ist der Energiefluss, das innerkörperliche Kommunikationssystem gestört und verhindert seinerseits wieder die authentische Wahrnehmung. Denn wenn die sinnlichen Rezeptoren im Organismus blockiert werden durch Stauungen und Verhaltungen, wie sollen sie dann ihre Arbeit verrichten? Und wenn unsere Wahrnehmung gestört ist, funktioniert auch unsere Kommunikation – sowohl innen als auch nach außen – nur mangelhaft.

Um nun eine offene und unbehinderte Wahrnehmung zu gewährleisten, müssen (wie im Kapitel *Selbsterkenntnis* beschrieben) die Muster, Glaubensinhalte, Illusionen usw. als Störungen erkannt und ihre Manifestationen (Spannungen im Körper) aufgespürt und beseitigt werden. Der Blick muss befreit werden von Projektionen, Vorstellungen, Erwartungen und Hoffnungen.

Ich höre immer wieder Klienten seufzen: »Ja, soll denn bis jetzt alles falsch gewesen sein? Ich kann mich doch nicht – die Menschen können sich doch nicht – so entsetzlich geirrt haben. Dann war ja mein ganzes bisheriges Leben ein Irrtum!« Es war nicht umsonst! Es war dein Weg, der dich schließlich dorthin geführt hat, wo du jetzt gerade bist. Er wird zur Lüge, wenn du eigensinnig und verbissen an deinen bisherigen Erkenntnissen festhalten willst und diese Teilergebnisse für die ganze und unumstößliche Wahrheit hältst und nicht erkennst, was sie logischerweise sind: Stationen auf deinem Weg, die notwendig waren, um der Wahrheit näher zu kommen.

Wir unterscheiden zwei Arten von Wahrheit oder besser gesagt Wirklichkeit:

- Diejenige, der wir im täglichen Leben in der Zeitlichkeit begegnen und die durch die Wahrnehmung ins Bewusstsein tritt.
- Die ewige Wahrheit, die unveränderliche und zeitlose Existenz des Seins.

Die Wirklichkeit ist das, was wirkt. Und sie kann nur wahrgenommen werden, wenn unser Wahrnehmungssystem, unser Sensorium, gereinigt worden ist. Die Verschmutzung dieses Wahrnehmungssystems ist eine der Ursachen für Unfrieden, Krieg, Gewalt und Terror: Projektionen sind am Werk und es werden Schuldige gesucht, die dann bestraft werden müssen.

Eine verhängnisvolle Folge der idealistischen Auffassung des 19. Jahrhunderts ist die Idealisierung der Individualität und die Honorierung der Genialität als persönliche Leistung, wie sie z.B. im Starkult zu finden ist. Damit wurde die ganze Menschheit hinausgeworfen aus dem Vorraum der Wahrnehmung (des Für-Wahr-Erlebens) der universellen Einheit, der Wahrnehmung des Göttlichen in jedem Wesen, die uns in der Ekstase als außerordentliche Erfahrung begegnet. Kreativität und Genialität sind in jedem Menschen vorhanden, sie sind die eingeborenen Merkmale der Anwesenheit des Geistes, der sich jedoch nur dann frei entfalten kann, wenn die einschränkenden Maßnahmen einer lebensfeindlichen Erziehung und der daraus resultierenden Einstellungen nivelliert worden sind. Aber auch die Ekstase, so wichtig sie als Erfahrung ist, ist nur ein vorübergehendes Phänomen, das aufleuchtet und erlischt, je nach dem Wachzeitraum unseres Bewusstseins und unserer Bereitschaft zur Hingabe. Sie ist dennoch die erste Vorstufe, die geistige Vorarbeit für Erleuchtung oder wie immer wir das Aufwachen bezeichnen wollen. Übrigens ist auch Erleuchtung ein fortlaufender Prozess und kein endgültiges Ergebnis. So wie es nichts im Universum gibt, das unveränderbar wäre und sich nicht entwickelt.

Also: Unsere Sinnesorgane sind die Tore zur Sinnlichkeit, womit mehr gemeint ist als Sexualität und unreflektiertes Genießertum, das nur den eigenen Bauch kennt. Unsere Sinne sind die Tore zum Übersinnlichen, zu dem, was über die Sinne erfahrbar ist und über sie hinausgehen kann. Die so genannte »außersinnliche« Wahrnehmung, von der heute so viel geschwärmt wird, ist meist ein Konstrukt intellektueller Einflüsse und unseres Verstandes, es ist ein Ausflug in die Traum- und Phantasiewelt, die keine Grenzen kennt und in der sich unsere »Wahrnehmung« oft als Chimäre verwirklicht.

Chimären sind Gedankenkonstrukte, die im Astralreich Gestalt annehmen und durch Medien sogar sichtbar gemacht werden können. Übersinnliche Wahrnehmung hingegen, die über die Sinne hinausgeht, geschieht über die Antennen unseres Sensoriums. Diese Kommunikation ist sprachlos. Es gibt hier weder Lüge noch Irrtum, jedoch hängt die Interpretation vom Bewusstseinsgrad der Persönlichkeit ab und von ihrer geistigen Verfassung. Da jeder Mensch eine besondere Entwicklungsgeschichte hat, ist auch seine geistige Verfassung und Ausrichtung seiner persönlichen Erfahrung entsprechend ausgestattet. Es ist wie mit allen Wahrheiten: Sie wachsen auf dem Teilbereich, der gerade bearbeitet wird, und tragen die Früchte dieses Teils. Es gibt so viele Wege, wie es Menschen gibt, und dementsprechend unterscheiden sich die Erfahrungs- und Bewusstseinsebenen. Durch Kommunikation und Austausch können sich diese Ebenen annähern und unsere Seelen sich begegnen und neue Einsichten gewinnen und austauschen.

Unser Sensorium trifft von sich aus keine Wertungen. Wertungen kommen aus dem Verstand, aus unserem Mind, der von Normen, Dogmen, Gesetzen und Geboten der jeweiligen Population, in der wir leben, geprägt ist. Wir werden meist von Jugend an daran gehindert, unserem Sensorium Glauben zu schenken. Die Erwachsenen wissen es immer besser und verweisen Wahrnehmungen oft in den Bereich der Phantasie, der Kreativität oder schlimmstenfalls der Lüge. Wenn z.B. ein Kind spürt und sieht, dass die Mutter traurig ist, und fragt: Mama, warum bist du traurig? und die Mutter, die ihr Kind schützen will, sagt: Ich bin gar nicht traurig, dann zweifelt das Kind, wenn eine solche Situation öfter vorkommt, an seiner eigenen Wahrnehmung. Was zur Folge hat, dass es womöglich sein ganzes Leben lang sich selbst nicht traut, sich nichts zutraut und auch anderen misstraut. Das Urvertrauen ist irritiert und hat es dann schwer, sich zu erholen.

In jeder Familie der Geschichte wurde gelogen, verschwiegen, manipuliert. Nicht immer aus böser Absicht, sondern meist aus Nichtwissen, Angst, Verzweiflung, Notwehr, Hilflosigkeit. Die Charaktere, die dadurch entstanden sind, haben dieselben Intentionen, denn Kinder lernen von ihren Eltern und Erziehern. Von wem sonst?

Da wir hauptsächlich auf äußere Erfahrungen abgerichtet sind, weil sie unser leibliches Wohl schützen sollen, ist es notwendig, von einem bestimmten Zeitpunkt an, nämlich wenn die Signale auf Achtung stehen, den Weg der inneren Wahrheit zu suchen und unserem Mind das unbedingte Vertrauen zu entziehen. Der Satz von Wilson »Was immer der Denker denkt, wird der Beweisführer beweisen« ist ein peinlicher Hinweis auf unsere viel gepriesene Denkfähigkeit und Gedankenwelt. Er besagt, dass unsere Wahrnehmung davon bestimmt wird, was wir denken, und nicht davon, was wir wahrnehmen könnten, wenn unser Bild von der Wirklichkeit nicht schon feststünde, bevor wir wahrnehmen. Wenn ich an Geister glaube, erscheinen sie auch!

In der Wissenschaft ist inzwischen erwiesen, dass die zu untersuchende Materie sich im Untersuchungsvorgang verändert, so dass wir nicht wissen: Passt sie sich an, passen wir sie an, oder welcher Mechanismus wirkt hier? So dass wir niemals sicher sein können, nach all den Jahrtausenden menschlichen Suchens, wie die Wirklichkeit beschaffen ist und was wir glauben sollen, dürfen oder müssen. Dieser Satz von Wilson von der Bestechlichkeit des Denkens ist für viele Menschen schwer zu akzeptieren, vor allem von solchen, die immense Energie für ihre Ausbildung oder die Ausbildung ihres Charakters verschwendet haben. Die Position in der Welt, die Stellung und das Ansehen sind die wichtigsten Beweise und Bestätigungen ihrer Wichtigkeit und geben ihnen Macht, Autorität und Selbstwert. Selbst der kleinste Angestellte oder Arbeiter (nichts gegen diese Berufe!) muss seinem Posten diese Gewichtigkeit geben, um vor sich selbst, vor seinen Angehörigen, Freunden und Feinden bestehen zu können. Wenn sie auch größtenteils, wie die meisten Menschen, nicht wirklich selbst denken, sondern die Gedanken anderer, »Größerer«, leben, werden sie alles dafür tun, um diese Gedanken oder Visionen zu beweisen und dafür sogar in den Krieg ziehen. Wenn ihre Wahrnehmungsfähigkeit darauf abgerichtet ist, in einer von der Gesellschaft und dem Zeitgeist bestimmten Kulisse zu variieren, können sie ihrer individuellen Wahrnehmung nicht mehr trauen und der Zugang zu Intuition und Vision ist lediglich eine Bühne für Träume und Alpträume, die man bestenfalls in Kunstwerke umsetzen kann, die aber, je spezieller und wahrhaftiger sie sind, die breite Öffentlichkeit nicht mehr erreichen.

Sehend werden heißt aber auch nicht, alles zu wissen, sondern lediglich, Augen zu haben für die augenblickliche Situation. Wenn Gott oder das Universum wollten, dass wir alles wüssten, dann wüssten wir es. Unser Sensorium ist für diese Erde geschaffen, für die lebendige, ununterbrochene Verwandlung, in der sich auch unsere Sicht verändert und erweitert. Wohin, wissen wir nicht.

Meist sind es Unglücke, die uns zur Aufmerksamkeit aufrufen und unsere Wahrnehmung schärfen. Wenn jemand vor unserer Nase von einem Auto überfahren wird, werden wir aufmerksamer für unsere nächsten Schritte. Ansonsten leben wir in den Tag hinein, von unseren Projektionen, Illusionen, Träumen und mannigfaltigen Oberflächlichkeiten abgelenkt, bestimmt, verführt und getäuscht.

Insgeheim registriert unser Sensorium alles Geschehen um uns und hortet es, d.h. unser Unterbewusstsein ist wach, nimmt alles auf und schickt, meist zur rechten Zeit, Botschaften in unser Bewusstsein, wenn wir dafür bereit sind, das seelische System stabil genug ist, die Wahrheit dieser Botschaft, die oft eine bittere ist, zu verkraften, und unser Verstand intelligent genug, die Zerstörung unseres Weltbildes auszuhalten, zu verarbeiten und für neue Erkenntnisse Platz zu schaffen.

So ist es auch mit übersinnlichen Wahrnehmungen. Unser Verstand bringt sie in einen Zusammenhang, der an Wunder gemahnen lässt, denn Wunder waren immer schon beliebt und »beweisen« den Einbruch der Transzendenz in unsere Wirklichkeit. Wunder sind indessen nur Phänomene, für die unser Verstand keine Erklärung hat. Je mehr unser Sensorium erwacht, umso weniger müssen wir nach Erklärungen forschen, weil wir spüren, wahrnehmen, erkennen, ohne Begriffe dafür zu brauchen.

Jede Wahrnehmung ist ein Teil der Wahrheit. Nur unsere Konditionierungen hindern uns, die nackte Wahrheit zu erkennen als das, was sie ist. Festgefahrene Meinungen sind Bremsen für den erwachenden Geist. Meinungen repräsentieren Persönlichkeitsbilder, die sich bis in die Körperhaltung, ja bis in die Körperstruktur ausgeprägt haben und Signale aussenden, die auf die Umwelt wirken. Im Grunde spricht jeder Mensch nur über sich selbst und seine Ausstrahlung zeigt seine innere Haltung. Was gehört wird, hängt meist von dem ab, was gehört werden will. Jeder Zuhörer mischt seine eigene Einstellung in das Gehörte. Wer sich selbst erkannt hat, kann seine Meinungen aufgeben. Denn wer hat Recht? Jeder Mensch auf seine Weise.

Unser Körper als unser Medium muss geerdet sein.
Erdung bedeutet auf dem Boden der Tatsachen stehen, die Realität sehen, wie sie ist. Die Energien wahrnehmen, die von der Erde aus in unseren Körper einströmen und ihn stabilisieren. Das gnostische Wort »Wie oben, so unten, wie außen, so innen« gilt auch für unseren Körper.
Es ist wichtig zu kommunizieren, denn durch die Kommunikation mit anderen entstehen neue Situationen.
Viele Praktiken aus der Humanistischen Psychologie, aus den Exerzitien verschiedener Disziplinen alter Religionen, Kulten und Kulturen haben Methoden bereit, die körpereigene Dro-

gen freisetzen. Endorphine werden durch Muskelentspannung in den Kreislauf geschwemmt und produzieren Glücksgefühle, Gefühle des Aufgehobenseins, ja des Einsseins mit allem, was ist. Die Vorarbeit bringt oft Schmerz, der ausgedrückt werden muss. Erst dann kann Entspannung einsetzen, das Bewusstsein sich ausdehnen und Glückszustände erlauben.

Auch in Selbsterfahrungsgruppen kann die Wahrnehmung geschult werden. Schon allein die Beschreibung ein und derselben Person durch verschiedene Gruppenteilnehmer zeigt, wie unterschiedlich Wahrnehmungen sein können und wie sie zu unterschiedlichen Beurteilungen führen. Hier wird wieder deutlich, dass jeder Mensch immer nur sich selbst ausdrückt und nur das erkennen kann, was er im Grunde schon weiß. Durch das Beispiel der anderen Teilnehmer und das Wahrnehmen unterschiedlicher Verhaltensweisen, Meinungen und Zustände kann sich das Tor zu ganz neuen und unerwarteten Einsichten öffnen, die das Bewusstsein bereichern, erweitern, die Einstellungen verändern und Manifeste aufgeben lassen. Dabei wird die Persönlichkeit stabilisiert, so dass sie ihre Angelegenheiten auf eine neue Weise sehen und in die Hand nehmen lernt. Selbsterkenntnis ist mit Freud und Leid verbunden. Zuerst kommt das Leid, sich der Bedeutungslosigkeit bewusst zu werden, der Schwächen und der dunkelsten Verliese verdrängter Gefühle, derentwegen wir uns unwürdig fühlen. Wenn das hinlänglich geschehen, verstanden und akzeptiert ist, kommt die Freude im Erkennen der eigenen Bedeutung als gleichberechtigter Teilnehmer und Genießer lebendigen Wachstums und erleuchtender Erkenntnis.
Wachheit ist die Qualität des Geistes, der die Wahrnehmung differenziert und Realität von Traum, Wahn, Illusion und Projektion unterscheidet und der gelernt hat, die aus dem kollektiven Unterbewusstsein auftauchenden Symbole zu entschlüsseln.

Geh spazieren und sage in dir bei jeder Begegnung, ob mit Pflanze, Tier oder Mensch: Ich sehe dich – und ich spüre mich. Bleibe so lange dabei stehen, bis du dich auch wirklich spüren kannst.

Lege dich hin, geh mit deiner Aufmerksamkeit in dein Hara, dein Solarplexus-Chakra. Es liegt etwas unter deinem Bauchnabel, ca. 3 cm nach innen. Atme tief und gleichmäßig in dein Hara und stell dir vor, dort leuchtet ein Licht (du kannst dir auch eine Wärmequelle vorstellen). Das Licht breitet sich aus und durchströmt schließlich deinen ganzen Körper bis an deine Haut. Deine Haut ist die Grenze. Jenseits deiner Haut beginnt die übrige Welt. Dann lass das Licht über deine Haut ausstrahlen in den Raum, in dem du dich befindest, dann durch die Wände dieses Raums in den Kosmos. Dein Bewusstsein bewegt sich auf diesen Lichtstrahlen in die Weite des Alls. Du kannst darin herumreisen, kannst Landschaften und Wesen begegnen. Wenn du draußen genug gesehen hast, komm zurück in den Raum, in dem sich dein Körper befindet. Du siehst deinen Körper liegen, betrachtest ihn, streichelst ihn und gehst ganz langsam wieder in ihn hinein. Mach diese Ausdehnungs- und Rückbewegungsübung dreimal hintereinander in totaler Aufmerksamkeit. Wenn Gedanken kommen, lass sie da sein, aber nimm sie nicht wichtig, gib ihnen keine Energie. Spüre deinen Körper, wie er liegt, wie die Erde ihn trägt, wie er sich anfühlt.

Einatmen bis zur Grenze des Fassungsvermögens, die Luft innen behalten, dann über die Füße ausatmen (ca. 5 bis 10 Minuten).
Über die Füße einatmen (es sich vorstellen) und über den Scheitel ausatmen (Mitte des Schädels, ca. 5 bis 10 Minuten).

Stell dir eine Person vor und finde heraus, was du ihr sagen
würdest, wenn du den Mut dazu hättest. Schau nach, welche Befürchtung du hast, es auszusprechen. Dann besinne
dich: Wer hat dem Kind, das du warst, verboten, seine Gefühle zu zeigen und seine Wahrheit auszusprechen ... Und
dann sprich mit dieser Person aus deiner Vergangenheit
und teile ihr mit, dass du jetzt selbst entscheiden möchtest,
was du und wie du es ausdrücken willst, was du denkst
und fühlst. Diese Übung bekommt entschieden mehr
Gewicht und hat mehr Auswirkung, wenn sie in einem
geschützten Raum und mit emotionalem Ausdruck stattfindet (z.B. in einer Gruppe). Aber auch mit sich selbst zu
arbeiten hat Erfolg. Diese Übung kann mit allen Leuten
und zu jeder Zeit stattfinden. Wir kommen damit unserer
inneren Wahrheit näher. Wenn dabei Gefühle hochkommen, drücke sie aus oder agiere sie aus. Schlage mit einem
Kissen auf den Boden oder in eine Matratze oder tu, was
du willst.

Übung

Meditation: Atme. Beobachte deinen Atem. Wie weit
geht er in deinen Körper? Wenn du an eine Grenze stößt,
befrage diese Grenze danach, was sie bewacht und ob
sie bereit ist, sich zu öffnen oder zu erweitern. Wenn sie
sich verweigert, akzeptiere sie, streichle sie, nimm sie an.

Sie braucht dein Vertrauen. Wenn sie dir antwortet, folge
ihrem Rat.

4.3 Gefühle

Das reinste Erz wird im heißesten Tiegel gewonnen, und der Wildbach verlöre sein Lied, wenn wir die Felsen entfernten.

OSHO RAJNEESH

Gefühle sind seelische Bewegungen, die durch äußere Reize provoziert werden. Reize berühren unser Schwingungsfeld und erzeugen Reaktionen – die Gefühle.
Wir unterscheiden zwischen Gefühlen und Empfindungen.
Gefühle sind seelische Sensationen wie Liebe, Hass, Freude, Leid, Wut, Angst, Eifersucht, Neid, Mitgefühl, Trauer, Panik, Hochmut, Stolz und Vertrauen.
Empfindungen sind Körpersensationen wie Druck, Schmerz, Jucken, Brennen, Krämpfe, Stauungen, Spannung, Entspannung, Wohlsein usw.
Gefühle entstehen durch Begegnung. Wer oder was auch immer uns begegnet, löst in uns Reaktionen aus, unser Inneres wird angesprochen, wird bewegt, wie eine Fahne im Wind oder ein Blatt am Baum nach dem Gesetz der Resonanz. Die Seele ist das Instrument, auf dem gespielt wird, sie ist der Resonanzboden, der reagiert. Alles, was in uns hineinkommt, trägt Früchte, hat Konsequenzen; was nicht gebraucht wird, muss entlassen werden.
Ein Kind lernt von Erwachsenen mit Gefühlen umzugehen, sie auszudrücken, zu verschweigen oder zu verdrängen. Es ist abhängig, es braucht Liebe und Versorgung und muss sich deshalb anpassen. Ein Kind hat noch keine Möglichkeiten, um seinen eigenen Gesetzen zu folgen. Oft werden erst in der Pubertät die eigenen Gefühle wieder gespürt und ausgedrückt, was bis zur Destruktivität gehen kann. Oft dauert es Jahre, bis freies und soziales Verhalten gelernt werden kann, meist durch harte Lehren – wenn überhaupt. Viele unserer

Erziehungspraktiken erzeugen »Monster« oder »Marionetten«, die nur mehr auf massive Reize reagieren, aber keine fühlenden Wesen. Ob Gefühle überhaupt registriert werden, hängt von der Wahrnehmungsfähigkeit ab (siehe Kapitel *Wahrnehmung*).

Da in unserer Kindheit meist nur der Ausdruck der positiven Gefühle gewünscht und gefördert wurde, mussten wir den negativen Ausdruck verdrängen und vermeiden. Wenn er trotzdem herausbrach, mussten wir die Konflikte mit unserer Umgebung in Kauf nehmen. Durch die Konflikte wurden wir unbeliebt und ungeliebt, was auf die Dauer dazu führte, dass wir uns selbst nicht mehr leiden konnten.

Kinder weichen bei Druck oft in Traumwelten und Phantasiereiche aus, in denen sie ihre Wünsche und Hoffnungen in Abläufe verwandeln, die ihrem Einfluss gehorchen. Sie können damit spielen, sie verzaubern, alles zum Guten wenden, sie können sich imaginär rächen oder trösten. Gefühle werden dann nicht mehr als solche erkannt und schwelen in der Unterwelt der Seele, in jenem Zwischenreich des Unterbewusstseins, in dem die Waffen geschmiedet werden gegen die »böse Welt« oder gegen das eigene Leben.

Aus dem Unterbewusstsein tauchen sprunghaft Träume und Impulse auf, die uns berühren, erfreuen oder erschrecken. Sie können als Mordphantasien, als Perversionen oder auch als Verklärungsanwandlungen erscheinen, die in der Realität keinen Raum finden, weil unser Gewissen sie verbietet oder weil wir uns schämen, etwas zu zeigen, was nicht verstanden werden kann oder was wir selbst verachten oder für dessen Innigkeit wir uns schämen. Pathos ist meist verpönt und wird in die Kitschecke verwiesen. Aber: Jede Phantasie, jeder Traum oder Ausrutscher, jedes Fehlverhalten ist ein Hilferuf der Seele und signalisiert: Versteh mich doch!

Unausgedrückte und zurückgehaltene Gefühle führen zu Verklemmung. Dahinter steht die Angst vor Strafe, vor dem Ertapptwerden, vor der Blamage. Die Wirkung dieser Verklemmung zeigt sich im Ablauf von Beziehungen.

Wenn nur die so genannten positiven Gefühle gezeigt werden dürfen und die negativen zurückgehalten werden müssen, ist der Organismus gezwungen, auch die Atmung einzuschränken, denn tiefer Atem unterstützt Gefühlsregungen und Empfindungen, aktiviert sie und drängt zum Ausdruck. Wir beobachten das bei der Sexualität: Je näher wir einem Orgasmus kommen, umso tiefer und intensiver wird der Atem. Wenn er zurückgehalten wird, flachen Gefühle und Empfindungen ab, werden gebremst oder ausgeschlossen, so auch die so wichtige seelische Entladung und die spirituelle Erfahrung.

Gefühle und Empfindungen stehen in engem Austausch. Empfindungen sind der körperlich wahrgenommene, gespürte Teil von Gefühlen. Wenn wir Gefühle nicht mehr wahrnehmen, suchen sie sich stärkeren Ausdruck und stärkere Signale und können zu Krankheiten führen. Jede körperliche Wahrnehmung ist ein Signal und sollte beachtet werden und auf ihren seelischen Inhalt bzw. ihre Ursache hinterfragt werden. Wenn wir diese Ursachen frühzeitig erkennen, können Krankheiten verhindert oder auch geheilt werden.

Wenn wir z.B. im rechten Knie Schmerzen bekommen, können wir es fragen: Was willst du mir sagen? Und zuhören, was es sagt. Knie stehen für Loslassen, Aufgeben und Hingabe, aber auch etwas durchdrücken oder durchstehen wollen. Vielleicht haben wir sie zu stark durchgedrückt – oder zu viel durchgestanden – und nun sagen sie uns: Gib nach, gib dich hin, folge deinen Gefühlen, beuge das Knie. Das Kniebeugen wird oft mit Unterwerfung verwechselt. Unterwerfung ist ein Aufgeben der eigenen Kräfte und Impulse zu Gunsten einer höheren Macht. Sie bedeutet nicht Hingabe, sondern Schwäche und entwickelt in sich die Impulse der Rache. Hingabe ist nicht Hinnehmen aus dem Gefühl der Ohnmacht heraus, Hingabe ist ein Akt des Einverständnisses mit dem Geschehen. Das Knie beugen ist das Bekenntnis der Achtung und der Dankbarkeit gegenüber höheren Mächten, denen unser Dasein unterliegt.

Macht und Ohnmacht sind ein sich gegenseitig bedingendes Paar, aus deren Zwangszusammenhang wir uns nur befreien können, wenn wir Verantwortung für das übernehmen, was wir anstellen. Dann wird z.B. Ohnmacht nicht mehr als Machtlosigkeit erlebt, sondern als Folge unserer eigenen Entscheidungen, d.h. wir haben Fehler begangen, wir müssen die Folgen akzeptieren und tragen. Die Machtproblematik wird die Aufgabe dieses Jahrtausends sein: lernen, mit ihr umzugehen, ohne zu unterdrücken oder sich unterdrücken zu lassen, Freiheit zu leben, mit Verantwortung für das Ganze, Liebe zu leben ohne Bedingungen, Selbstverwirklichung ohne Egozentrik, Hingabe ohne Selbstaufgabe.

Wenn wir allerdings den Gesetzen der Natur und des Universums gegenüber Ohnmacht empfinden, dann ist zu fragen: Wer bin ich, dass ich mich gegen die ewigen Gesetze auflehnen darf? Akzeptieren, ja Hingeben ist angesagt.

Gerade Frauen verwechseln Hingabe oft mit Unterwerfung, was dann zu massiven Beziehungs- und Persönlichkeitskonflikten führt, die meist noch auf der falschen Ebene ausgetragen werden. Vorwürfe wie »Du bist schuld« sind Ausdruck von Vermeidung der Eigenverantwortlichkeit. Aber wie kann Hingabe stattfinden, wenn wir sie an Personen binden? Nur wer sich seinen eigenen Gefühlen und Empfindungen hingibt, kann sicher sein, dass er/sie nicht in Abhängigkeit gerät, sondern Herr/Frau seiner selbst bleibt.

Gefühle haben bestimmte Orte in unserem Körper. Die verschiedenen Lehrmeinungen weichen etwas voneinander ab. Ich beziehe mich hier auf die in der westlichen Welt und der Psychologie gemachten Erkenntnisse (Reich, Lowen, Boyesen etc.), da sie auf unseren Kulturkreis zutreffen.

Auch die Chakralehre ist hier nützlich, sie beschreibt die einzelnen Energiefelder des Körpers. All diese Festlegungen sind Versuche, etwas, was nicht wirklich zu pauschalisieren ist, in eine verstehbare Ordnung zu bringen. Wir dürfen dabei nie den Zusammenhang vergessen, den alle Energiefelder, alle Gefühle, alle Wesen untereinander haben, und wir können einsehen lernen, dass das eine das andere bedingt.

So sind Gefühle eng verbunden mit Gedanken, die Sehnsüchte, Vorstellungen, Hoffnungen, Wünsche, Weltbilder, Ansichten und Glaubenssätze erzeugen und befolgen. Je entfernter wir dem Ziel unserer Hoffnungen, unserer Wünsche sind, umso stärker wird das Verlangen, sie zu erfüllen. Wenn sie nicht erfüllt werden, spüren wir Schmerz, Ärger, Wut oder gehen in die Resignation und ein wahrscheinlich uraltes Programm erfüllt sich. Vielleicht ein Satz aus frühesten Tagen: »Ich kann machen, was ich will, ich kriege doch nicht, was ich brauche.« Oder ein anderer Schlüsselsatz kommt hoch: »Wenn ich groß bin, werd ich's denen zeigen« oder »Wahrscheinlich bin ich es nicht wert« oder ähnliche Manifestoren unserer Erfahrungen, die zu Mustern geworden sind. Wenn Ärger und Wut verdrängt oder, falls wir sie spüren, nicht geäußert werden, setzen sie sich als Spannung im Muskelgewebe fest. Sie bleiben so lange eingeschlossen, bis sie – mit ziemlicher Wahrscheinlichkeit zur unpassendsten Gelegenheit und an der falschen Person, meist einer schwächeren – herausbricht. Wenn unser (Choleriker-)Ärgerpotential überfüllt ist, werden wir oft wegen Kleinigkeiten rebellisch und der »Gegner« und wir selbst wundern uns ob der Gewalt des Ausbruchs. So drängen uralte Verlassensängste in neuer Verpackung heraus und vermischen sich mit dem aktuellen Ärger, der aktuellen Wut oder welchen Gefühlen auch immer. Oder sie bedrängen ein entsprechendes Organ, z.B. den Magen, der zu viel geschluckt hat, derart, dass es krank wird.

Der Verdauungs- und der Gefühlskanal sind identisch (Boye-

sen). Alles, was in uns hineinkommt, ob Nahrung oder feinstoffliche Energie, die durch Begegnung, Gespräche usw. entsteht, muss verdaut werden. Was im Organismus verbleibt,
was nicht verdaut werden kann und vor sich hinmodert,
macht Probleme. Aus Problemen werden Stauungen, aus
Stauungen werden Schmerzen, aus Schmerzen ergeben sich
Probleme mit der Umwelt.

Gefühle wollen und müssen ausgedrückt werden. Dieser Ausdruck findet oft nicht direkt statt, sondern kommt als Ironie,
Zynismus, Spitzzüngigkeit, als verdeckte Aggression oder Sti-
chelei heraus oder wird an Gegenständen, im Straßenverkehr
oder am eigenen Körper abreagiert. »Versehentliche« Verletzungen entspringen einer solchen Fehlsteuerung, einem Fehl-
ausdruck verdrängter Energien, die sich unverfängliche Kanäle suchen, um den inneren Druck auszugleichen, ohne dass
wir uns ihrer wahren Ursachen bewusst werden. In diesem
Falle wendet sich das Naturgesetz, dass alles Gegensätzliche
zum Ausgleich drängt, gegen den eigenen Körper. Der Ausgleich wird leider oft in Medikamenten gesucht statt im Bewusstwerden der Problematik.

Mit die wichtigste Erkenntnis bringt das Wahrnehmen und
Akzeptieren der so genannten »schlechten« oder »unreinen«
Gefühle wie Hass, Eifersucht, Neid etc. Man kann sagen, dass
verarbeitete »negative« Gefühle wie Hass oder Wut der Nähr-
boden sind, der Humus, auf dem die Energien der Tatkraft,
der Selbsterhaltung und Selbstbestätigung wachsen, wenn sie
erkannt und erlaubt werden. Wir erleben es in der Arbeit mit
Menschen immer wieder, dass auch die Liebe wieder zum Bewusstsein kommt, wenn Hass und Wut ausgedrückt worden
sind. Eine Liebe, die aus Verständnis entsteht und die wohl
mit der großen und ewigen Liebe zu tun hat, die in uns allen
vorhanden ist.

Wenn Wut und Hass freigesetzt werden in einem therapeutischen Prozess oder auch in einer diesbezüglichen meditativen

Übung, können die Energien, die notwendig waren, um sie zurückzuhalten, für progressive Arbeit und kreative Selbstverwirklichung verwendet werden. Liebe und Hass sind ein Geschwisterpaar. Wir können nur erfahren, was Hass ist, wenn wir auch die Liebe kennen, so wie es Tag ohne Nacht oder Leben ohne Tod nicht gibt. Erst wenn wir uns unserer Gefühle bewusst werden, können wir entscheiden, welche wir leben und welche wir aus unserem System entlassen wollen. Das ist eine Reinigungsarbeit.

Gefühle sind wandelbar und sterblich wie unser Körper, wie alle Materie, sie sind der feinstoffliche Verwandlungsmotor von Energie. Bewusstsein ist kein Zustand, sondern ein Vorgang, eine lebendige Verwirklichung von Energie. Die Arbeit, die wir zu leisten haben, ist die aufmerksame Wahrnehmung von Gefühlen und ihr adäquater Ausdruck. Ausdruck führt zu Flexibilität, zu Verwandlung, zu Reife und zur Erlösung. Vermeidung von Hass macht höflich, Gefühle zeigen aber macht schön, das Feuer des Lebens lodert in den Augen, die Aura klärt sich, Entspannung tritt ein und eine neue Art von Begegnung kann stattfinden. Liebe ist wie Wasser, das keine Eigeninitiative kennt, sondern dem Weg in die Tiefen folgt und sich der Strömung ergibt.
Die innere Reinigung, die Läuterung muss radikal und bedingungslos betrieben werden. Die Wasser des Ganges oder des Jordan genügen nicht zur Reinigung, sie sind nur ein Symbol dafür. Wir können nicht darauf warten, dass Wunder, Außerirdische oder irgendwelche transformatorischen Strahlen oder Schwingungen aus dem All uns retten – sie sind übrigens längst da, sie entbinden uns allerdings nicht der Eigenverantwortung und des eigenen Einsatzes. Wir selbst sind der im Fleisch wohnende Wille der Existenz und wenn wir ihren Signalen nicht gehorchen, kreieren wir unsere eigene Hölle. Wenn wir ihnen folgen, können wir den Weg der Erlösung,

zur Seligkeit, finden, die unabhängig und nicht mehr an einen Körper oder an die Materie gebunden ist.

Verwandlung ist ein Lebensprinzip, das Prinzip des Wachstums, das sich in alle Richtungen ausbreiten darf und selbst den Tod als Verwandlung, als Transformation, feiern kann.

Wenn das volle, blühende und totale Leben sich gesättigt hat, ist Transformation von Materie zu Geist ein kosmischer Orgasmus, ein Vorgang, dem alles Leben zustrebt.

Gefühle zeigen heißt, sich zu erkennen geben. Dies ist eine Voraussetzung zur Entwicklung des neuen Menschen in einer Gemeinschaft ohne Krieg und Gewalt, aber mit einer tiefen Verbundenheit mit der Schöpfung, die sich jedem authentischen Wesen als Liebe offenbart.

Erziehung sollte dazu dienen, den Kontakt mit der Wirklichkeit und die Verarbeitung von Gefühlen zu unterstützen, statt Marionetten zu erzeugen. Sie sollte dazu beitragen, die Kräfte zu mobilisieren, die Lebendigkeit, die Flexibilität stabilisieren. Das mag sich wie ein Widerspruch anhören, aber Flexibilität, die Fähigkeit des intelligenten Ausbalancierens, ist eine Voraussetzung der inneren Stabilität. Mit Stabilität ist nicht Starrheit gemeint, nicht das Festhalten an Meinungen und dem Status quo, sondern die Rückbesinnung auf unseren inneren Kern, der unantastbar und unsterblich ist, der unsere Kraftquelle ist, aus der wir schöpfen und Schöpfer unseres Schicksals werden.

Eine notwendige Übung mit sich selbst, mit der Familie, Beziehungen, Freunden, Kollegen ist der Abbau von Aggressionen. Denn die ansteigende Aggressivität, die nicht zuletzt in Fernsehsendungen vorgelebt wird, braucht Entlastung.

Wenn Kinder und Erwachsene täglich Gewalthandlungen mitansehen, glauben sie, dass diese zum Leben gehören, dass sie lernen müssen, ohne Schuldgefühle zu töten, um z.B. ein guter Verteidiger für das Vaterland zu werden. Aggression ist oft eine Folge von Angst, Verzweiflung und Minderwert.

Aggressionen und Gewaltausbrüche sind nicht nur Resultate von Erziehung und »falscher« Vorbilder, sondern entstehen in den ersten Lebensjahren durch Verweigerung, Liebesentzug, ungerechte Behandlung, Vernachlässigung, Achtlosigkeit etc. Das Kind wird wütend, darf seine Wut aber nicht angemessen ausdrücken, wird dafür bestraft oder missachtet. Wo bleibt die Wut? Sie setzt sich fest und wird zu Muskelverspannungen in den jeweiligen Körperteilen oder Organen. Trotz etwa macht verspannte Oberschenkel und Gesäßmuskeln, Lust zu Gewalt versteckt sich im oberen Rücken und den Oberarmen. Da jeder Körperteil eine seelische Zuordnung hat, betreffen die seelischen Wunden genau diesen Teil. Wenn nun im späteren Leben diese alten Narben angesprochen und berührt werden durch aktuelle Situationen, mischt sich der alte Ärger, die alte Wut oder Verzweiflung in den aktuellen Ärger und verstärkt ihn entsprechend, so dass meist nicht verstanden werden kann, wieso ein so »geringer« Anlass oft so eine gewaltige Explosion verursacht. Deshalb ist es unrecht, den ganzen Müll unseren heutigen Partnern, Kindern, Freunden und Feinden überzuschütten. Es ist notwendig, ihn an einem neutralen Ort los zu werden.

Wir haben nicht gelernt mit Aggressionen umzugehen, deshalb müssen wir es jetzt lernen. Um den eigenen Aggressionen auszuweichen, gehen wir entweder in die Hilflosigkeit, in das Nicht-spüren-Wollen oder in Kleinkindverhalten, Depression, Schuldzuweisungen, Krankheit. In jeder Depression steckt ein riesiges Gewaltpotential. Auch Überaktivität, Machtstreben, Besserwisserei, Egozentrik, unkontrollierte Motorik sind Zeichen von versteckter Aggressivität.

Ähnliches gilt für »positive« Gefühle. Wenn Liebe nicht ihren Ausdruck finden kann, steigert sie sich bis zur Leidenschaft und in manchen Fällen zur Perversion. Alles, was übersteigert wird und nicht den angemessenen Ausdruck findet, sucht sich Auswege, die oft in ihren Formen schädlich, peinlich oder einfach unnötig sind und nicht nur den Beteiligten Schaden bringen, sondern dem Ganzen.

Die Gefühlskontrolle bzw. -stagnation ist auch die Ursache für das trostlose Bild, das im Allgemeinen und in dieser Zivilisation Alterungsprozesse begleitet. Die Menschen werden unansehnlich, ja höflich und maskenhaft, statt reif und schön. Die Art von Schönheit, die Reife mit sich bringt, ist nicht mehr gefragt. Genau wie rotbackige Äpfel gezüchtet werden, die keinen Geschmack mehr haben, wird alten Menschen eine Maske aufgedrückt, die den Verfall kaschieren soll, denn Jugend ist das Ideal. Ideale sind für die Seele tödlich, sie verhindern Reife, Erkenntnis, die Hingabe an das Leben und Erleuchtung.

Nun sagen viele Leute: »Ja, das ist ja ganz gut und schön, aber ich kann doch nicht immer und überall meine Gefühle rauslassen, da ecke ich doch nur an.«

Das ist richtig. Es geht auch nicht darum, überall herumzuzetern, sondern es geht um authentische Kommunikation (siehe Kapitel *Kommunikation*).

Irgendwann kommt ein jeder Mensch an die Grenze, an der er sich der Verantwortung stellen muss, an sein Gewissen. Unser wahres Gewissen, Gewiss-sein, ist ein unabhängiges Organ unseres wahren Selbst, das sich dem Leben verpflichtet fühlt und selbst ein Teil des Geistes der Schöpfung ist. Es auf die Dauer zu verdrängen, so wie das Verdrängen der Gefühle, ist nicht möglich, es waltet im Geheimen und verfolgt uns bis in unsere letzte Stunde oder aber es erscheint als Schmerz, als Weh, als Heimsuchung, als Gewalterfahrung, die unerkannt in unser Leben hineinwirkt und Erlösung verhindern kann. So wie die Verdrängung der Gefühle unseren Körper krank macht.

Therapeutische Methoden, ob nun mit oder ohne Hilfe, um

Gefühle aus ihrem Kerker zu befreien, gibt es viele. Alle Methoden der Humanistischen wie der Transpersonalen Psychologie sind hierfür geeignet.

Eine der wichtigsten Funktionen hat die Verstärkung des Atems. Atem ist Leben, je tiefer wir atmen, umso lebendiger werden wir, Gefühle verstärken sich und verlangen nach Ausdruck. Die Angst vor ungewolltem, unakzeptiertem Ausdruck kann zu Asthma führen, bei dem das Ausatmen zurückgehalten wird.

Es ist oft schwer, Gefühle voneinander zu unterscheiden und zu trennen. Oft genug passiert es, dass ein Gefühl in das andere übergeht, z.B. Freude in Schmerz, Lachen in Weinen, Angst in Wut und umgekehrt. Da wird lieber die Kontrolle eingeschaltet, bevor die »schlechten« Gefühle herauskommen. Aber was passiert dann mit den »guten«? Der Gefühlsbereich ist eine Einheit, man kann ihn sich wie einen Sack vorstellen. Der Sack ist unser Torso, vom After bis zur Kehle, oben am Hals ist er zugebunden und wird kontrolliert. Wenn wir ihn oben öffnen, um positive Gefühle zu zeigen, kommen jedoch vielleicht auch die negativen mit heraus und wir können sie in der Eile des spontanen Ausdrucks nicht trennen. Wie können wir das verhindern? Gar nicht! Also halten wir den Sack lieber zu und da wir wissen, dass z.B. Liebe drin ist, spielen wir dieselbe, im Spielen und Simulieren haben wir schließlich Übung. Da kann es dann auch vorkommen, dass der Sack sich mir nichts dir nichts öffnet und die Liebe überströmend herausquillt, ganz besonders, wenn wir sehr verliebt sind. Aber damit kommen auch die unliebsamen Störenfriede herauf und »stören den Frieden«. In einer längeren Beziehung ist das unvermeidlich und unsere Partner sagen: »Der oder die hat sich ja entpuppt.« Wäre es da nicht besser, gleich von Anfang an offen zu sein, unsere Gefühle zu zeigen, um unsere Partner und uns selbst vor unliebsamen Überraschungen zu schützen?

Dann wissen sie und wir schon vorher, was uns blüht, können uns darauf einstellen und nehmen die Ausbrüche nicht mehr so tragisch, sondern erinnern uns, dass jeder spontane Ausbruch immer ein gerüttelt Maß an alter und unverarbeiteter Geschichte beinhaltet, die mit uns nichts oder nur bedingt etwas zu tun hat. Allerdings muss man sich davor hüten, bei solchen Gelegenheiten abwehrend zu sagen: »Das hat mit mir nicht das Geringste zu tun!« Denn das wäre falsch. Als Auslöser sind wir in jedem Fall zuständig, etwas »Wahres« ist also immer dran.

Übung
....

Lege dich auf den Rücken, höre meditative Musik und beginne mit deiner rechten Hand deinen Bauch im Uhrzeigersinn zu streicheln: auf der rechten Seite nach oben, über dem Bauchnabel nach links, links wieder runter zum Schambein, ganz langsam. Atme tief und beobachte deine Gefühle. Wenn Tränen kommen, lass sie laufen, ohne darüber nachzudenken, ob es Tränen des Schmerzes oder der Freude sind. Wenn Lachen aufsteigt, lass dich lachen, erlaube jedes Gefühl, jede Empfindung. Mache die Übung so lange, bis Weichheit und Frieden in deinen Körper einkehren.

Übung
....

Höre Musik, die Marienvesper von Monteverdi oder Bach, Vivaldi, jedenfalls etwas Feierliches.
Setze dich im Schneidersitz auf den Boden, Hände neben dem Körper, und beginne, mit dem Oberkörper so weit wie möglich zu kreisen. Atme tief bei geöffnetem Mund und lasse beim Ausatmen den Vokal A über deine Lippen kommen. Das Ganze mindestens 20 Minuten bis zu einer halben Stunde. Dann lege dich auf den Rücken, entspanne dich und sage die Worte: Dein Wille geschehe! Und lasse geschehen, was geschieht.

Übung **D**ie härtere Version, die allerdings nur in einer geschlossenen Gruppe empfehlenswert ist:
Stehe zur Musik eine halbe Stunde lang auf einem Bein, drücke den Schmerz aus, aber gib nicht auf. Dann lasse dich fallen, entspanne dich und sprich die Worte: Dein Wille geschehe! oder einfach nur: Ja.
Diese Variante der ersten Übung eignet sich für hart gesottene Mystiker, Sportler, Therapeuten, kurz für Leute, die sich für wer weiß wie fortgeschritten halten und glauben, so etwas nicht mehr nötig zu haben. Aber gerade die haben es nötig, ich spreche aus eigener Erfahrung.

Übung **D**ie gebräuchlichste, aber auch zeitaufwändigste Übung ist die Meditation, nämlich sitzen und den Atem beobachten. Die Aufmerksamkeit geht über die Atemwege nach innen. Meist kommen wir so auch an unsere Gefühle. Wenn Gedanken kommen, lasse sie kommen und gehen wie vorbeiziehende Wolken und gehe zurück zur aufmerksamen Atmung.

Übung **D**ie Dynamische Meditation von Osho Rajneesh führt schneller als die Sitzmeditation zu Ergebnissen. Die genaue Anleitung ist in einschlägigen Buchhandlungen zu haben.
Sie beinhaltet fünf Phasen:
Chaotisch atmen
Katharsis
Mit erhobenen Armen springen und dazu das Mantra »HU« rufen
Bewegungslos stehen
Tanzen

Meditation kann jeder für sich alleine machen. Zu Beginn sollte man jedoch besser eine Zeit lang mit einem professionellen Meditationslehrer üben, denn man kann dabei an

Grenzen kommen, für die wir keine Erklärung mehr finden; Phantasien und sogar Wahnvorstellungen sind möglich und Wahnhandlungen sind dann nicht mehr weit. Der Alleingang in die Wüste ist gefährlich, der westliche Mensch ist darauf nicht vorbereitet. Meditation führt, wie jede intensive Übung, nach innen.

So ist es auch mit Übungen, die in Büchern beschrieben werden, einschließlich diesem Buch – sie führen nur so weit, wie der Übende bereit ist, sich einzulassen. Wenn Abwehr auftaucht wie: »Das hat ja doch keinen Sinn!« oder: »Kenne ich schon, brauche ich nicht mehr!«, dann steht fast immer die Angst dahinter, ohne Schutz in Bereiche hineinzurutschen, aus denen wir den Ausweg nicht kennen. Es geht aber nicht um Auswege und auch nicht um Umwege, sondern um Durchbruch.

Wenn ein Therapeut aufgesucht wird, so ist es notwendig, jemanden zu finden, der selbst schon in seine eigenen Tiefen hinabgetaucht ist. Er muss fähig sein, seine eigenen Schwächen von denen seines Klienten zu unterscheiden. Vertrauen muss bestehen, so dass der Klient sich aufgehoben fühlt.

Eine beliebte Abwehrbehauptung ist: »Ach, das mit meiner Mutter hab ich schon verarbeitet, das brauche ich nicht mehr.« Je größer die Abwehr ist, umso sicherer kann man sein, dass das dahinter stehende Problem keineswegs be- oder verarbeitet ist. Ebenso ist es mit Reaktionen wie: »Das hat mit mir nichts zu tun, das ist deine Angelegenheit.« Auch hier gilt nach dem Gesetz der Resonanz: Was uns trifft, hallt wider.

Es kommt vor, dass dem Therapeuten vorgeworfen wird, das Feuer zu schüren und die Leute dazu zu bringen, Aggressivität oder Gefühle zu entwickeln, die eigentlich gar nicht vorhanden sind. Dazu wäre zu sagen: Man kann aus einem Krug nur dann Wasser herausschütten, wenn es darin ist. Es ist die *Aufgabe* des Therapeuten, das Feuer zu schüren und herauszulocken, was sich versteckt hat und innerlich Schaden anrichtet.

Um mit Gefühlen umgehen zu lernen, könnte in Schulen folgende Übung eingeführt werden:

Gleich morgens, vor dem Unterricht, darf die ganze Klasse laut schreien, den Lehrer beschimpfen, die Eltern beschimpfen, einfach alles tun, was ihnen einfällt. Dies dauert 10 Minuten, wobei der Lehrer das Gleiche tut. Dann wird schallend gelacht.

Das Ganze kann man als Ritual sehen, in welchem Spannungen abgebaut werden, um das kindliche Gemüt für die Lernaufgaben frei zu machen. Wenn sich Kinder ausgeleert und befreit haben, können sie besser aufnehmen, was gelehrt wird. Diese Übung fördert nicht die Aggressivität, wie es vielleicht interpretiert werden könnte, sondern im Gegenteil, es baut sie ab, wenigstens für die nächsten Stunden.

Dieselbe Übung, in etwas abgewandelter Form, sollten Eltern mit ihren Kindern zu Hause machen:

Wir legen ein oder mehrere Kissen zwischen die »Kontrahenten« und beide Parteien brüllen sich an. Wobei Eltern darauf achten sollten, dass ihre Partei nicht übermächtig wird, denn die Kinder, da sie die Schwächeren sind, müssen den Vorrang haben. Hinterher umarmen wir uns und bitten einander um Verzeihung für zugefügte Ungerechtigkeiten und Unachtsamkeiten.

Das Zeigen von Gefühlen und der Abbau von »negativen«, d.h. abgelehnten Gefühlen kann gerade für Kinder hilfreich sein, um in dem Zwischenraum zwischen Aggression und Schauspielerei sogar Humor zu entwickeln, denn Theater macht Kindern immer Spaß. Wenn sie dabei Gefühle los werden, dient das der ganzen Familie und fördert die Lernimpulse. Denn ein fröhliches Kind ist aufnahmefähiger und hat Lust schlau zu werden. Dies gilt auch für Erwachsene. Sie sollten irgendwann der Seelendramatik auch Humor beimengen und sich mit einem Lachen in die Arme sinken. Das heißt: Umwandlung der Tragödie in eine Komödie.

Es ist z.B. sehr hilfreich und klärend, wenn Eltern die Vorwürfe ihrer Kinder annehmen, ihre eigenen Fehler zugeben und sich entschuldigen. Schwächen zeigen ist eine Stärke, die das gegenseitige Vertrauen unterstützt.

Beispiel für die Verarbeitung von Gefühlen, die bei einer Trennung entstehen können

Anna wurde von ihrem Freund, Liebhaber, Ehemann ... verlassen. Sie weint, sie jammert, ihre Gefühle überfluten sie. »Wieso? Er war der schönste, beste Mann meines Lebens, ich werde dies nie verkraften.«

Diese Gefühle des Verlassen- und des Ausgeliefertseins sitzen hinter dem Brustbein, oberhalb des Herzens, es ist die Verzweiflung, in der wir uns lange aufhalten können, ohne einen Ausweg zu finden. Wir idealisieren die Beziehung, wir würden alles in Kauf nehmen, wenn sie wieder funktionieren würde ... usw. An dieser Stelle sitzen Selbstmitleid und Wehleidigkeit, hier sitzt die kindliche Forderung des Versorgtwerdens, der Verantwortungsabgabe und der Schuldzuweisung.

Erst wenn die Eigenbeteiligung am Trennungsvorgang geahnt oder verstanden worden ist, kann die zweite Phase eintreten, die lautet: »Wieso kommt dieser Typ dazu, mich Superfrau zu verlassen? Das war sowieso nicht alles nur Honiglecken, ich bin froh, dass es vorbei ist. Ich könnte ihn ...« usw. Aus der Verzweiflung ist Hass geworden. An dieser Stelle müssen wir lernen zu differenzieren: »Das und jenes war super, dies und das war schlecht. Gut, dass es vorbei ist, nicht noch mal sowas. Tschüs! Danke für das, was ich durch dich gelernt habe.«

Das Danke ist sehr wichtig. Der entsprechende Körperteil für die Wut ist der Solarplexus, das Sonnengeflecht im Oberbauch, in welchem sich nach der Chakralehre der Wille und die Wut befinden. Wenn diese Region gereinigt ist, kommt die entscheidende Phase der Trauer, die im Bauch sitzt. Erst hier, wenn die Gefühle in den Bauch gerutscht sind, kommt das tiefe Schluchzen, das von Schmerzen befreit. Und dann kommt auch die Liebe, das Einsehen und das Verständnis zurück. Diese drei Phasen müssen durchlaufen und ausgelebt worden sein, um den Organismus von Schlacken und Behinderungen zu befreien. Erst dann – wenn wir uns wirklich verabschiedet haben – sind wir bereit und fähig eine andere und bessere Beziehung einzugehen.

4.4 Kommunikation

Wenn Menschen nicht mehr miteinander reden,
besteht bereits Krieg.

MARTIN BUBER

Wie gehen wir miteinander um, ohne Feindschaft oder Krieg zu provozieren, sondern Freundschaft und Frieden?

Kommunikation bedeutet Austausch, gegenseitige Mitteilung, Verständigung. Sie dient der Sachlage, der Wirklichkeit. Jeder Mensch hat andere Bilder, andere Vorstellungen, einen anderen Einstieg in die Realität und jede Mitteilung kann uns helfen, unsere Einsicht und unser Verständnis zu korrigieren und zu erweitern, zu vervollständigen und der Wahrheit näher zu kommen sowie ihren unliebsamen und liebsamen Tatsachen zu begegnen, sie zu verkraften und sie zu begrüßen.

Mit die peinlichste Entdeckung, die wir an uns selbst machen, ist das Erkennen unserer Fehleinschätzungen. Das ist einer der Gründe, weshalb wir Recht behalten wollen, denn mit dem Eingeständnis unserer Irrtümer glauben wir uns zu blamieren und uns dem Gelächter der anderen preiszugeben.

Aber das Eingestehen der eigenen Schwächen und Irrtümer ist im Grunde ein Zeichen von Stärke und der Bereitschaft zu lernen. Wer nicht mehr lernt, leistet dem Alterungsprozess und der Schrumpfung des Gehirns Vorschub. Geistige Flexibilität ist die Voraussetzung für Erkenntnis, Wachstum und Bewusstsein. Flexibilität bleibt lebendig im Austausch und stirbt im Dogma. Sie ist eine Bedingung für Weisheit, jener Dimension der Gnade, die an das Bewusstsein und die Akzeptanz des Vergänglichen gebunden ist. Die Wege der Verständigung, des Verständnisses, sind die Wege des Herzens. Wer nicht an die Grenzen des Verstehbaren kommt, wird die Tür zur Transzendenz nicht öffnen.

Kommunikation braucht gleichberechtigte – nicht unbedingt gleich gesinnte – Partner. Das heißt, dass wir uns nicht über die anderen stellen, sie bevormunden oder uns selbst beweihräuchern, sondern einander zu begegnen suchen wie Gleichberechtigte, wie Partner, mit Achtung, Respekt und Verständnis.

Kommunikation ist Information, Forschung auf jedem Gebiet. Forschung, nicht um Schafe oder Menschen zu klonen, um in den Schöpfungsprozess einzugreifen, sondern um immer tiefer den Schöpfungsprozess selbst zu begreifen, um neue und tiefere Einsichten zu erlangen und um zurückzufinden zu den Ursachen, aus denen wir uns entwickelt haben, zu der Substanz, aus der wir gemacht sind und die sich zu immer neuen Seinsformen entwickelt und immer tiefere Einsichten gewährt (siehe Merkur als Psychopompos, Seite 40).

Kommunikation muss gelernt und geübt werden, ohne Politik, ohne Scheinheiligkeit, ohne Machtstreben und Leistungszwang und vor allem ohne die Missachtung der Naturgesetze. Wir müssen wieder lernen, mit der Natur zu kommunizieren, statt sie beherrschen zu wollen, auf ihre Signale zu achten und verantwortlich mit ihr umzugehen. Verantworten heißt zunächst einmal antworten. Wenn wir auf eine Begegnung, eine Konfrontation oder eine Herausforderung nicht antworten, geben wir der Situation, uns selbst und dem Gegenüber keine Chance zur Klärung. Wir lassen sie oder ihn einfach stehen, verweigern die Teilnahme. Wir missachten seine Intentionen, die immer, auch wenn sie uns unangebracht oder sogar verbrecherisch erscheinen, ein Aufruf, ja ein Hilferuf sind. Je stärker sich der Gegner macht, umso mehr Angst steckt hinter seinen Geschützen. Wenn wir nicht antworten, entziehen wir uns der Verantwortung und verweigern Erkenntnis. Und dann brauchen wir uns nicht zu wundern, wenn Waffenarsenale sich füllen.

Wie auf der politischen Ebene Probleme abgehandelt werden, steht nicht in der Macht des Einzelnen. Was aber in unserer Macht steht, ist: Konflikte in unserem persönlichen Leben zu lösen und damit ein Beispiel zu sein.

Zuschauer, die nicht eingreifen, machen sich mitschuldig.

Die meisten Menschen kommunizieren auf einer gefühlsfernen und verstandesmäßigen Ebene: Meinungen werden ausgetauscht, statt Gefühle offenbart.

In der Politik ist das der Tenor, auch wenn sich die Politiker zum Zeichen ihrer Freundschaft gegenseitig auf die Wangen küssen. Diese Formalitäten sind von machtpolitischen Zielen und wirtschaftlichen Interessen bestimmt. Auf der Meinungsebene sind wir oft Feinde, auf der Gefühlsebene können wir Freunde werden. Wenn Seelen sich begegnen statt Marionetten, findet wirklicher Austausch, findet echte Begegnung statt. Das muss gelernt und geübt werden – im Freundeskreis, in der Familie und schließlich auch in der Arbeit. Immer wieder werde ich gefragt: Ja, aber wie gehe ich mit meinem Chef um? Dem kann ich doch nicht sagen, dass er ein Idiot ist.

Ich sage dir, dein Chef ist kein Idiot, sondern lediglich unbewusst, verängstigt (auch wenn er es selbst nicht weiß und auch niemals zugeben würde). Er ist vielleicht wie ein Kind, das seine Position behalten will, weil er keine andere Alternative kennt, als Macht auszuüben, Geld zu verdienen und zu arbeiten wie ein Teufel. Wenn du ihn – und das kann man üben und lernen – aus deinem Herzen heraus betrachtest, wirst du ihm anders begegnen können und womöglich sein Herz berühren, so dass er eine andere Begegnungsform mit dir finden kann. Dies Aus-dem-Herzen-heraus-Sehen funktioniert nur, wenn wir es »reinen Herzens« tun, aus Mitgefühl und Verständnis heraus. Wenn wir es manipulativ anwenden wollen, um unseren Vorteil herauszuschlagen (das grenzt an schwarze Magie), wird es nicht funktionieren, denn auch dein Chef hat ein Sensorium und wird dir nicht trauen. Halte ihn nicht für blöd, dein Hochmut wird dich stolpern lassen.

Kommunikation hängt zu gleichen Teilen von allen Beteiligten ab. Jedes Herz ist erreichbar, jede Seele offenbart sich, wenn wir ihr mit der rechten Einstellung und mit Liebe begegnen statt mit Hochmut, Hass, Besserwisserei oder Angst.

Um diese Art der Kommunikation, d.h. »soziale Intelligenz«, zu lernen, bedarf es der Bereitschaft, sich selbst erst einmal zu öffnen, zu zeigen, sich zu stellen, auszusetzen und sich zu vertreten. Den Mut dazu gewinnen wir, wenn wir einmal ausprobiert haben, wie wunderbar es ist – und dies nicht nur in Liebesbeziehungen –, wenn Menschenseelen sich wirklich begegnen und nicht Marionetten, Masken, Schauspieler oder Politiker.

Es geht auch nicht darum, wie ich immer wieder betonen muss, in der Welt herumzuschreien und Menschen zu beleidigen. Wenn jemand übermäßige Wut und Verzweiflung in uns auslöst, sollte diese in einer Gruppensituation, therapeutisch geführt, ausagiert werden (wie in Kapitel 4.3 *Gefühle* schon beschrieben).

Es gibt heute genügend Fachleute für Kommunikationstraining. Der immer wieder angeführte Einwand »Therapie brauchen nur die Kranken« ist eine Verkennung der tatsächlichen Situation. Man kann diese Schulung auch nicht eigentlich Therapie nennen, sie ist ein notwendiger Bewusstseinsentwicklungsprozess. In Konferenzen oder Talkshows sind solche Probleme nicht zu lösen. Wir lassen ja schließlich Bäcker oder Finanzfachleute auch nicht an die Pulte der Geistes- oder Naturwissenschaften. Um im Großen etwas zu verändern, müssen wir im Kleinen – bei uns selbst – anfangen. (Wenn eine Zelle nicht funktioniert, muss diese behandelt werden und nicht die äußere Form des Körpers oder seiner Kleidung.) Deshalb ist es notwendig, authentische Kommunikation zu lernen.

Dann schleppen wir nicht ewig Gedanken mit uns herum wie: »Das hätte ich eigentlich sagen müssen oder jenes tun sollen.« Innere Wachheit entsteht, wenn wir aufhören, über irgendwelche Gefühle zu urteilen, wenn wir sie erlauben und ausdrücken. Wir hören dann auf zu warten und zu warten, bis der innere Druck hoffentlich von selbst verschwindet oder sich so multipliziert, dass wir die ganze Welt zertrümmern könnten und glauben, alle anderen seien schuld an unserer Misere. Choleriker haben darin Erfahrung, Leisetreter gehen in die Empfindungslosigkeit und wundern sich dann, dass ihre Scheinheiligkeit so wenig honoriert wird und dass ihre Gefühle langsam absterben und sie nur noch auf heftige Sensationen reagieren. Sie sehen sich Fernsehsendungen an, an denen sie dann stellvertretend ihre Gefühle abreagieren zu können glauben. Das kann nicht die Lösung sein. »Sanftmut ist die geduldige Vorbereitung einer effektiven Rache«, sagt Ken Wilber.

Wenn wir einander wirklich begegnen wollen, von Seele zu Seele, ist authentische Kommunikation der einzige Weg.
Beziehungen können geklärt werden, bevor sie schal geworden sind und sich schließlich als zerbrochen erweisen, als leer gewordene Gefängnisse, in denen wir aneinander vorbeileben. Eines Tages werden dann sogar die Gefängnisse akzeptiert, denn besser zusammen in einem Gefängnis zu vegetieren, im Schutz und der Sicherheit der Begrenzung, in der Wärme der Höllennähe, als alleine draußen in der bösen Welt, in der niemand was von einem will.
Wie sollen wir verstanden werden, wenn wir uns nicht verständlich machen? Wie soll eine gute Zusammenarbeit entstehen, wenn wir nicht offen miteinander reden? Wie sollen wir miteinander umgehen, wenn wir wichtige Teile unseres inneren Seins voreinander verstecken, z.B. den Zorn. Immer noch gehört der Zorn zu den sieben Todsünden. Jesus jedenfalls

hat in seinem Zorn die Händler aus dem Tempel ausgetrieben. Der heilige, der gerechte Zorn ist ein Kehrbesen, der die Atmosphäre für wirkliche Verständigung und Begegnung reinigt. Der Tempel – unser Körper – ist ein heiliger Ort, den wir freischaufeln müssen von Unrat und Nichtigkeiten. Und es ist heilsam, auch unsere Mitmenschen auf ihren Unrat aufmerksam zu machen, nicht indem wir sie ermahnen, sondern indem wir Vorbild sind. Da kann es schon auch vorkommen, dass wir in Zorn geraten, wenn Übergriffe stattfinden und die Beziehung gestört wird, an der uns etwas liegt.

Der Unterschied zwischen Wut und Zorn ist folgender: In der Wut kommen unverarbeitete Wutinhalte aus uralten Tagen heraus und verderben den gerechten Zorn mit unsachlichen und unangemessenen Vorwürfen und treffen meist die falsche Person. Wut gehört nicht in die Öffentlichkeit, sondern sollte anderswo, womöglich in einer therapeutischen Situation, aufgearbeitet werden, auf jeden Fall aber so, dass niemand Schaden nimmt.

Zorn, gerechter Zorn, ist die Aktion (nicht Reaktion) einer lauteren Seele, ist verarbeitete Energie aus der Gewissenhaftigkeit einer verantwortungsbewussten Identität. Zorn ist Verantwortungs- und Klärungsbereitschaft für die aktuelle Situation, Zorn kommt aus dem Hintergrund der Liebe zur Wahrhaftigkeit und zum Leben. Zorn wird niemals das Ganze verurteilen, sondern immer nur den schädlichen Teil einer Sache. Beispielsweise ist kein Mensch durch und durch schlecht und böse, denn seine Seele, sein höheres Selbst ist, wenn auch unbewusst, ein Teil der Schöpfung und daher zu respektieren. Vielleicht ist er gerade in seiner Andersheit, in seiner Auffälligkeit ein Zenstock, der uns selbst Bewusstheit beibringen will, von einer höheren Macht gesandt, um uns anzusprechen und auch, um ihm zu helfen, sich selbst zu regulieren.

Warum sinken sich die Menschen immer nur bei Todesfällen in die Arme oder bei anderen Katastrophen? Weil die Einbrüche des Schicksals an den Seelen rütteln und die Herzen öffnen und wir uns erinnern, dass wir einander brauchen, dass wir uns unverblümt begegnen möchten. Warum nicht öfter eine Umarmung, ein gutes Wort, ein Liebes- oder Achtungsbeweis? Menschen, die sich auf diese Weise entwickeln, werden sicherer und intelligenter. Intelligenz ist keine angeborene Qualität, sondern kann sich durch innere Befreiung entfalten, Menschen werden erfolgreicher und glücklicher. Glücklicher in dem Sinn, als sich ihr Leben intensiviert, sie können auch kleine Anlässe mehr genießen und müssen nicht auf die großen Ereignisse warten. Sie können ihre Probleme schneller erkennen, verarbeiten und werden mit Schicksalsschlägen besser fertig. Sie haben Freunde, die wie er oder sie ihren eigenen und einmaligen Weg gehen und einander in schwierigen Stunden beistehen und das nicht nur als Tröster, die nur das Weinen unterbrechen, sondern als Helfer, die das Weinen unterstützen, weil sie wissen, es muss raus. Alle Tränen müssen geweint werden, bevor innere Ruhe einkehren kann. In diesem Prozess, und das ist das Wichtigste, finden sie, befreit von Dogmen, von poetischem Mystizismus und naturfernen Gesetzen, ihre wesenseigene Religiosität. Das wäre die Gemeinschaft, dem Zeitalter des Wassermanns gemäß, in dem Brüderlichkeit – Schwesterlichkeit – Menschlichkeit und Spiritualität der Würde des Seins gerecht werden könnten – mit allen uns zur Verfügung stehenden Mitteln, mit unserem Willen und der Fähigkeit zur Hingabe an das, was uns gegeben ist.

Diese Arbeit ist deshalb so wichtig, weil sie mit dieser neuen und direkten Art, die sonst nur bei seelischen Erschütterungen durch das Schicksal passiert, eine neue Art des Miteinanderseins kreiert. Denn alles, was von Menschen gemeinsam getan und entworfen wird, ob wunderbar oder größter Blödsinn, findet Nachahmer, ist ansteckend, hat Breitenwirkung, wie wir aus der Geschichte wissen (Morphogenetische Felder).

Wir brauchen Gemeinschaften, in denen Offenheit, Authentizität, Integrität, Mitgefühl und praktischer, sozialer Verstand geübt werden, in denen die Mitglieder für sich selbst Verantwortung übernehmen und ihre Freunde darauf aufmerksam machen, wenn sie auf einem Trip sind. Unter Trip oder Tick verstehen wir neurotisches oder zwanghaftes Verhalten.

Zur seelischen Hygiene, die jeder praktizieren sollte, gehört, niemanden an sich heranzulassen, der unlautere Potentiale, wenn auch unbewusst, einschleusen möchte. In diesen Fällen ist eine entschiedene Stellungnahme notwendig. Es ist sinnlos, Beschuldigungen auszusprechen, denn diese werden Widerstand und Trotzreaktionen auslösen. Hierbei nützt nur, zuerst mal von sich selbst, von dem eigenen Unbehagen zu sprechen. Nicht in dem Sinn: »Mir geht's schlecht mit dir ...«, sondern: »Ich habe Interesse an dir, an unserer Zusammenarbeit, an unserer Begegnung, lass uns zusammen herausfinden, was wir voneinander wollen, voneinander haben können und wie wir uns näher kommen können, ohne uns gegenseitig zu verletzen.«

Es geht auch nicht darum, alt gewordene Eltern zu beschimpfen und anzuklagen, denn sie haben es nicht verdient, sie waren nur Handlanger unserer Entwicklung. Diese Aggressionen können in einer Therapie abgebaut werden. Die Regression, das Zurückversetzen in kindliche Gefühle, die dabei stattfindet, zielt auf die Kindheitseltern, die es heute gar nicht mehr gibt, denn jede Ära hat ihre eigenen Zustände, Notwendigkeiten und Gesetze und kann nicht in die Gegenwart verpflanzt werden. Dennoch können und sollen die alten, verkapselten Spannungen aus den Kindertagen abgebaut und verarbeitet werden.

Aber das heißt nun wieder nicht, dass alte Menschen unbedingt geschont werden müssen und als lernunfähig abklassifiziert werden sollen. Damit werden sie zum alten Eisen geworfen. Auch sie sind meist noch lernfähig und haben es verdient, bevor sie das Zeitliche verlassen, noch mit ihrer Einstellung und ihrer Haltung konfrontiert zu werden. Sie brauchen dich und das nicht erst auf dem Totenbett, sie brauchen deine Liebe. Es geht im neuen Zeitalter, im Zeitalter des Wassermanns, das schon begonnen hat und seine Lichter und Schatten vorauswirft, um Brüderlichkeit, um Mitgefühl und Verständnis, Eigenschaften, die sich durch Kommunikation einstellen. Und es wird um die Auseinandersetzung mit der Macht gehen: Wer hat sie, wie wenden wir sie an, was müssen wir tun, um sie zum Wohle aller auszuüben. Merkur, der Meister der Kommunikation, wird heute durch die Presse und alle Kommunikationswege vertreten. Geheimnisse werden aufgedeckt, Wahrheiten und Lügen werden verkündet, wir müssen sie mit der Intensität und der Verantwortlichkeit unseres Bewusstseins klären.

Es gibt Leute, die glauben, wenn Wut oder negative Worte ausgedrückt werden, würde das die Atmosphäre verschmutzen. Ganz im Gegenteil, die Atmosphäre wird durch unausgesprochene Spannungen vergiftet und reinigt sich, wenn Spannungen ausgedrückt und verarbeitet werden, wie sich die Luft nach einem Gewitter reinigt.

»Gott braucht nicht nur deine Hände, sondern auch deinen Mund!«

Klugheit, die neben der Weisheit wohnt, bestimmt die Effektivität und die Reife unserer Kommunikation und kreiert Freundschaft.

Es gibt in der Esoterik ein wundervolles Zeichen für Kommunikation, nämlich das Hexagramm oder Davidsstern, das Symbol für die Begegnung von Geist und Materie. Die beiden Elemente, das Göttliche und das Irdische oder das Geistige und das Materielle, begegnen sich in einem Stern.

In der Kabbala wird das Hexagramm als das Zeichen des »vereinten Schaffens im Gegensätzlichen« bezeichnet. »Nur das Positive (Göttliche) im Verein mit dem Negativen (Materie) bringt den Weltbau zustande.« (Spiesberger, *Magische Praxis*).

Positiv und negativ sind hier nicht Wertungen, sie bezeichnen lediglich die beiden Pole Geist – Materie, oben – unten.
Es ist heute angesagt, sich unmissverständlicher auszudrücken, um Fehldeutungen zu vermeiden. Die Bibel beispielsweise ist voll von zweideutigen, d.h. ungenauen und zu Missauslegungen verführenden Bezeichnungen. Jedes Zeitalter muss sein eigenes Verständnis entdecken, das sich aus der Summe vergangener Deutungen ergibt. Auch dafür ist Kommunikation notwendig und gerade unser Zeitalter, das Zeitalter der totalen Möglichkeiten des Austauschs, ist eine Aufforderung zur Neugestaltung des menschlichen Seins.

Übung   **L**ege deine linke Hand auf deinen Solarplexus und beginne mit dem Zeigefinger der rechten Hand auf eine imaginäre Person zu deuten. Sprich dabei das Wort »Du« aus – so lange, bis ein Satz daraus wird. Schaue dir an, wen du damit wohl meinst und weshalb du das, was soeben aus deinem Mund gekommen ist, der Person nicht selbst sagst.

Übung   **N**imm ein Kissen zwischen deine Hände und drücke es, so intensiv du kannst, während das Du! Du! Du! so lange und so intensiv ausgesprochen wird, bis ein Satz daraus wird. Dann wiederhole den Satz, bis ein neuer kommt und so fort. Dabei ist es gut, die Stimme zu erheben und alles auszudrücken, was dir in den Sinn kommt. Danach kannst du darüber nachdenken, wie du das hier Gesagte der Person selbst sagen kannst oder möchtest und wenn nicht, warum nicht. Sollte die Person schon tot sein, so kannst du dennoch mit ihr sprechen, es geht nicht nur darum, ob du gehört wirst, sondern darum, dass aus dir herauskommt, was gesagt werden muss.

Übung
••••••••Eine Übung, die allen Menschen, Partnern, Familien, Freunden gut bekommt. Diesem Reinigungsritual sollten sich aber nur Menschen unterziehen, die wissen, dass sie projizieren. (Siehe auch Kapitel 4.7 *Projektion.*)
Die beiden »Kontrahenten« setzen sich gegenüber auf den Boden, zwischen sich ein großes Kissen. Sie sagen zuerst: »Ich möchte dir alles sagen. Ich bitte dich, es anzunehmen. Ich möchte dir auch meine Wut/meinen Ärger/meine Liebe geben, alles was in mir ist.«
Dann reden beide gleichzeitig, ohne zuzuhören, was der andere sagt, brüllt oder flüstert – keine Diskussion. Das geht eine Stunde lang, mit allen Mitteln des Ausdrucks. Anschließend verneigen sich die Partner und bedanken sich mit den Worten: »Danke, dass ich dir alles sagen und dir auch meine Wut/meinen Ärger/meine Liebe geben durfte. Du weißt, dass ich dich liebe.«

Wer seinem Nächsten schmeichelt, der spannt ihm ein Netz über den Weg.
SALOMON 29/6

4.5 Authentizität

Die Klugheit wohnt neben der Weisheit.

SALOMON

Authentisch zu sein heißt: Wir zeigen uns, wie wir wirklich sind und nicht, wie irgendjemand aus unserer Gegenwart oder Vergangenheit uns haben will oder haben wollte. Authentisch zu sein heißt, Masken und Mimikris abzulegen. Nur wer sich authentisch zeigt, kann annehmen, dass wirklich er/sie geliebt wird und nicht seine Masken, sein Ansehen, seine Rolle oder seine Position. Authentisch heißt, zu sich selbst zu stehen.

Als wir klein waren, mussten wir unsere Gefühle verbergen, wir setzten uns Masken auf. In Wahrheit steht dahinter ein verzweifeltes Kind, das seine wahren Gefühle verstecken, ja vergessen musste. Viele haben sich hinter Verweigerung, Trotz, Krankheit oder Lernschwäche verzogen, auf jeden Fall gezeigt, dass etwas nicht in Ordnung ist, es aber nicht entsprechend ausgedrückt.

Wenn wir uns nicht ausdrücken, bleibt es der Umwelt überlassen zu raten, was eigentlich gemeint ist: »Die anderen müssen doch merken, wie es mir geht!«, denken noch viele Erwachsene. Das ist eine kindliche Erwartung, die Haltung eines Babys, das sich noch nicht artikulieren kann und auf das Feingefühl der Mutter angewiesen ist. Diese Hoffnung ruft Leute auf den Plan, die sich gerne verantwortlich zeigen. In der Übernahme der Verantwortung für andere schwingt jedoch eine Machtergreifung mit, die das »Opfer« im Stadium des Kleinkindes oder des unreifen Dummen halten will, um sich selbst als großartig zu erleben und ungehindert seine eigenen Egoziele verfolgen und verwirklichen zu können. Vorsicht vor Tröstern! Vorsicht vor Schmeichlern!

Authentisch zu sein ist eine Entscheidung, die zur Reife des Menschen beiträgt, der die Verantwortung für sich selbst zu übernehmen bereit ist und klaglos die Konsequenzen seines Handelns annimmt. Reife hat nichts mit dem so oft gepriesenen üblichen Erwachsensein zu tun, das praktiziert wird, um Positionen zu ergattern oder zu halten. Positionen sind grundsätzlich Persönlichkeitsfallen, die Lüge, Vortäuschung, Verschleierung von Realität und von Beziehungen unterstützen.

Authentizität bedarf wacher Aufmerksamkeit uns selbst gegenüber. Wenn wir die Trips und Tricks kennen, mit denen wir uns selbst und unsere Mitmenschen zu vernebeln suchen, und gleichzeitig verstehen, dass sie Unannehmlichkeiten mit sich bringen, statt Freude und Freundschaft, werden wir sie aufgeben wollen. Wer seine Lage erkannt hat und nicht handelt, ist schlichtweg dumm!

Authentisch sein heißt sich zu öffnen, verletzbar sein, bereit sein für offene Kommunikation, das heißt auch, den Finger auf die Unklarheiten anderer zu legen, um der Wahrheit und der Begegnung willen. In diese Kategorie fällt, wenn auch oft unbewusst, der Tratsch. Es gibt zwei Arten von Tratsch: den der üblen Nachrede, um andere zu schädigen, und den merkurischen Drang, alle Informationen zu veröffentlichen und ans Tageslicht zu bringen, die nötig sind, um Klarheit in Situationen zu bringen (siehe Merkur, Seite 40, 111).

Klarheit ist nötig, um Entscheidungen zu fällen, die allen nützen. Fromm, gut, rechtschaffen und heilig zu sein hat nur dann eine authentische Qualität, wenn auch die entgegengesetzten Seiten sein dürfen – wie bei Jesus, der die Fälscher in heiligem Zorn aus dem Tempel warf. Authentisch zu sein heißt auch, den eigenen Fehlern und Macken, unserer Angst, unserer versteckten Gewalttätigkeit usw. gegenüber offen zu sein und zuweilen Humor zu entwickeln, wenn uns wieder einmal unser Hang zu Mimikri und Drama einen Strich durch die Rechnung gemacht hat und wir uns in Rollen, Masken und Selbstbetrug verrannt haben. Der Humor, das Lachen über uns selbst, über die Bockbeinigkeit unseres Mind, trägt sehr dazu bei, das Schauspiel zu genießen, das wir inszeniert haben. Ein Schauspiel, bei dem der Narr seine Hauptrolle durchsetzen darf und den Beifall erntet, der seiner Rolle zukommt. Aber: Bist du deine Rolle oder bist du der Narr oder der Zuschauer? Und: Kannst du auch mal über dich und deine Tricks lachen?

Was uns hilft und gleichzeitig verrät, ist die Körpersprache, die wir weder beeinflussen noch korrigieren können. Sie ist der intuitive Ausdruck unserer Seele, unserer inneren Befindlichkeit und sagt außerdem etwas über die Entschlüsse, die wir in unseren ersten Lebensjahren getroffen haben, aus.
Unsere Körpersprache können wir auch durch Schauspielunterricht nicht ändern. Sie ist die eingefleischte, zu Fleisch gewordene Haltung unserer Einstellung aus unseren ersten Lebensjahren. Authentisch sein heißt nicht Recht haben, aber wir haben ein Recht darauf, authentisch zu sein. Von seinem Standpunkt aus hat jeder Recht. Aber es geht nicht um Recht haben, es geht nicht um Macht oder eine persönliche Wichtigkeit, sondern um gemeinsame Wahrheitsfindung und die beginnt mit der Selbsterkenntnis. Unser Badezimmerspiegel genügt nicht, wir brauchen die anderen, die uns von unseren Trips herunterholen.
Kinder lernen von ihren Eltern und halten den ganzen Blödsinn, der oft in den Familien betrieben wird, für die richtige und einzige Form des Lebens und der Gemeinschaft. Sie lernen zu heucheln, zu lügen, zu täuschen und zu manipulieren. Viele Eltern glauben, ihre Kinder schonen zu müssen, sie streiten im stillen Kämmerlein oder gar nicht. Kinder sind aber nicht dumm, sie spüren genau, wenn es zwischen den Eltern nicht stimmt. Warum also nicht offen streiten und sich offen

versöhnen, statt zu leiden, zu sticheln und Gift zu verspritzen, von dem man nicht weiß, woher es kommt? Es ist für Kinder nicht einfach, in einer Atmosphäre groß zu werden, in der die Gefühle weder gefühlt noch ausgedrückt werden. Wie sollen sie ihre eigenen Gefühle spüren können und ihnen trauen, wenn sie kein Beispiel von authentischem Ausdruck vorgelebt bekommen?

Öffnen können wir uns zunächst nur, wenn wir sicher sein können, verstanden und mit all unseren Ungereimtheiten angenommen zu werden. Wenn wir einmal gespürt haben, dass wir nicht verurteilt und verachtet, sondern verstanden worden sind, weil diese schattenhaften Eigenschaften in *allen* Menschen vorhanden sind und weil sie eine Ursache haben, gewinnen wir schließlich die Kraft, uns auch draußen in der Welt zu zeigen, wie wir sind, was wir denken und fühlen. Dann können wir durch ehrliche, liebevolle und authentische Kommunikation auch andere Menschen dazu animieren, ehrlicher, liebevoller und authentischer zu werden (siehe Kapitel 4.3 *Gefühle*). Durch Verstehen entstehen Freundschaft und Liebe statt Feindschaft und Krieg. Voraussetzung dafür ist die innere Reinigung.

Viele Menschen wissen gar nicht, was sie fühlen, und treffen ungern Entscheidungen. Also müssen sie lernen, sich selbst zu erkennen und zu sich zu stehen. Wenn wir unser Sensorium aktivieren, wenn unser System durchlässig und empfänglich wird, stehen wir mehr auf dem Boden der Tatsachen und handeln von hier aus authentisch und klug.

Der Unterschied zwischen Klugheit und Schlauheit ist der: Klugheit entspringt der Liebe zu allem Lebendigen und zum Frieden, Schlauheit hat die Manipulation im Kopf, sie will den Sieg und nicht die Verständigung. »Die Schläge des Freundes meinen es gut, die Küsse des Hassers sind trügerisch« (Salomon 27/6). Sei also achtsam den Menschen gegenüber, um zu erkennen, was sie wirklich von dir wollen.

Zum Authentischsein gehört auch zu gehen, wenn eine Beziehung ausgereizt und keine Verständigung mehr möglich ist. Eine radikale Trennung kann zur Besinnung beitragen, denn sie ist immer auch schmerzlich. Und Schmerz ist ein Weckruf, der heißt: Ändere etwas in deinem Leben!

Auch die Unschuld ist eine Qualität des Authentischseins, sie bedeutet reinen Herzens zu sein, bedeutet Klarheit und Verantwortlichkeit. »Seid wie die Kinder«, sagte Jesus, d.h. seid offen, unschuldig und voller Vertrauen.

Sei mutig! Mut ist das Ende der Verzweiflung, wie Versöhnung das Resultat der Erkenntnis ist.

Übung
··········

Finde heraus, wem du eigentlich schon lange die Meinung sagen wolltest und weshalb du es nicht getan hast. Dann übe es mit einem Kissen, das vor dir auf dem Boden liegt. Wenn du deine Überreaktion abgebaut hast, überlege, wie du mit dieser Person umgehen kannst, ohne sie zu beleidigen, zu beschuldigen oder zu verletzen. Und mache dir bewusst: Wie du in den Wald hineinrufst, so schallt es heraus. Zu einem Konflikt gehören immer zwei und du bist am Konflikt und am Resultat deiner Beziehung beteiligt und bist verantwortlich.

Übung
··········

Stelle dich vor einen Spiegel, schau dir, ohne mit der Wimper zu zucken und ohne rot zu werden, in die Augen und sage dir deine Meinung über dich!

Übung
··········

Stell dich nackt vor einen Spiegel und betrachte deinen Körper. Finde heraus, was dir gefällt und was du nicht magst. Erinnere dich, wer diese »unschönen« Anteile verurteilt hat, und werde dir bewusst, dass gerade sie deine Verletzungen beinhalten. Streichle sie, lobe sie, nimm diese Wunden an, denn sie können zu Wundern werden, wenn du ihnen die Chance gibst, sich zu offenbaren. Die Frage

»Warum zeige ich mich nicht so, wie ich bin?« musst du dir selbst beantworten.

In der Körpersprache gilt: Da, wo zu viel Masse ist, liegt ein Schmerz begraben, da, wo zu wenig Masse ist, besteht ein Energieloch, das heimlich blutet und etwas braucht.

»Welche Tat der Mensch tut, zu solchem Dasein gelangt er.« (Upanishad)

Übung Lege deine Hände auf ein Energieloch, die Stelle an deinem Körper, die verhungert aussieht oder am wenigsten Substanz aufweist. Atme dorthin und stelle nach einigen Minuten tiefen Atmens die Frage: »Was ist dein Schmerz, bitte sag es mir.« Oder: »Was brauchst du, bitte teile es mir mit.« Wenn Tränen kommen, dann erlaube dir zu weinen. Und halte ein Zwiegespräch mit dieser Stelle deines Körpers, wie eine Mutter, die zu ihrem Kind spricht. Tröste sie, streichle sie, versprich ihr, dich mehr um sie zu kümmern.

4.6 Umgang mit dem Ego

Das Ego stirbt, wenn du es siehst.

GURDJIEFF

Ego nennen wir die Ich-Struktur, die durchsetzt ist mit gesellschaftlichen Normen, Gesetzen, Dogmen, die mit eigenen, daraus resultierenden Erfahrungen identifiziert sind. Die wichtigen und hilfreichen Eigenschaften des Ego sind Willensbewegungen, die dem eigenen Fortkommen, der Realisation des praktischen Lebens dienen. Wir brauchen das Ego, um zu überleben und für uns und unsere Familien bzw. Kinder zu sorgen. Seine störenden und letztlich zerstörenden Eigenschaften (zerstörend deshalb, weil sie auf Dauer unser Energiesystem blockieren) müssen erkannt und hinterfragt werden. Wir müssen unterscheiden lernen zwischen unserem Ego und unserem wahren Selbst. Wir sind nicht unser Ego, wir haben es. Es soll unser Diener sein und nicht unser Herrscher. Das Ego kennt nur sich, es beharrt auf seinen Erfahrungen und entwickelt enorme Kräfte, um seine Ziele durchzusetzen. Dem Ego zugeordnet ist der innere Computer, d.h. die Muster und Programme, die wir uns »erarbeitet« haben und die wir für unser wahres Wesen halten, für unsere persönlichen Eigenschaften und für die Bedürfnisse unserer Seele. Das Ego besteht auf Charakterfestigkeit. Aber gerade diese hindert uns, uns der pausenlosen Verwandlung alles Lebendigen anzupassen.

Das Ego muss zunächst aufgebaut werden, dazu dient die Erziehung. Selbstbewusstsein, Selbstwert, Selbstakzeptanz und Disziplin sind die Grundlagen für eine gesunde Egoentwicklung, die dem Menschen hilft, seinen Platz im Leben, im Beruf und in der sozialen Welt zu finden. Wenn dieser Prozess stattgefunden hat, können wir beginnen, dem Ego seinen Platz zuzuweisen. Diese Arbeit erfordert Disziplin.

Disziplin ist auch eine Egoqualität. Wenn wir allerdings unser Ego nicht als das erkennen, was es eigentlich ist, wird die spirituelle Energie der disziplinären Eigenverantwortung ins Leere laufen und nur den weltlichen Erfolg unterstützen.

Die meisten Menschen werden von ihrem Ego bestimmt, halten es für ihre wahre Natur. Erst wenn wir damit an Grenzen gestoßen sind und besonders im sozialen Zusammenhang Schiffbruch erlitten haben, fangen wir vielleicht an, uns selbst zu betrachten und unsere Verhaltensweisen zu hinterfragen. Wenn wir mit unserem Ego identifiziert sind und unsere Programme für unsere ererbten, rechtmäßigen und uns gemäßen Eigenschaften halten, werden wir unfähig sein, über unseren eigenen Kochtopf hinauszusehen, wir werden unsere Rechte verteidigen und Kriege, gleich welcher Form, anzetteln. Eine der gefährlichen Eigenschaften ist die Machtbestrebung. Wir erfahren, dass Macht Privilegien bringt, dass Macht an Masse gebunden ist (sprich Materie – Geld – Besitz), und deshalb versuchen wir, Materie anzuhäufen. Die Mächtigsten regieren die Welt! Das Ego ist gegen Bewusstseinsentwicklung, denn es glaubt, bereits Bewusstsein zu haben. Es hält sein Weltbild für das einzig richtige und ist wenig bereit, seine Meinung zu ändern und neue, transformierende Erfahrungen zu machen. Wer den Weg des Bewusstseins betritt, stolpert auf Schritt und Tritt über sein Ego. Es hat überzeugende Argumente, es kennt alle Tricks, seine Macht zu behalten, um nicht zur Selbsterkenntnis zu kommen, es sucht mit Eifer Schuldige und beeinträchtigt sich selbst in seiner Selbstherrlichkeit, von der es alle Welt überzeugen möchte. Erst wenn wir in unserer Egobezogenheit total auf die Nase gefallen sind und uns allein auf dem Felde vorfinden wie Herrscher, die keine Freunde mehr haben, sondern nur noch hoch bezahlte oder hoch gelobte Unterwürflinge, kommen wir vielleicht zur Einsicht.

Die meisten Leute hingegen verbittern, verkümmern, finden Schuldige, denn die Welt ist ja »sooo schlecht«. Ihr Ego versucht, sie über alle Klippen hinwegzuschwindeln, und am Ende sind sie Gefangene ihrer Egozentrik, die sich in weltlichen Erfolgen sonnen oder an Misserfolgen zerbrechen. Besonders im Alter, wenn gesellschaftliche Erfolge ausbleiben, zum Beispiel bei Rentnern, wird der Zusammenbruch des Ego als Misserfolg gedeutet und führt oft zu vorzeitigem Aufgeben, also zum vorzeitigen Tod. Unbewusstheit wird zur Maske, Charakterfestigkeit wird zur Verlogenheit, Meinungen zum Schwachsinn. Das Ego will unter allen Umständen siegen, überleben, herrschen. Wir können es nicht einfach so ablegen, denn wir brauchen es auch, aber wir können und müssen uns von ihm distanzieren und lernen zu unterscheiden: Welche Impulse kommen aus meinem Ego und welche aus meinem eigentlichen Wesen, meinem wahren Selbst?

Da das Ego seine Wurzeln tief in unser Energiesystem hinunterwachsen ließ und seine Kraft aus dem System bezieht, müssen wir tief hinabtauchen in jene Zonen, jene Kraftquellen, die auch das Ego ernähren, um dem Ego seine Vorherrschaft zu entziehen. Spirituelles Wachstum kann nur stattfinden, wenn es aus den tiefsten Quellen gespeist wird, aus der Substanz des Lebens, die keine Verwässerung, keine Fälschung, keine Vergiftung gestattet. Das Ego bedient sich unseres Computers, es schöpft aus alten Erfahrungen und projiziert alte Situationen ins Jetzt. Da sich aber nichts auf der Welt auf dieselbe Weise wiederholen kann (denn die Weltenuhr dreht sich weiter und findet immer neue und nie da gewesene Situationen vor, die sich zwar mit alten Erfahrungen vergleichen lassen, aber dennoch neue Aspekte und Zusammenhänge aufweisen), müssen wir vorsichtig sein mit Vergleichen, Projektionen und Übertragungen. Wir müssen also lernen, auf jede Situation angemessen zu reagieren, ohne auf angelernte Verhaltensmuster zurückzugreifen, sondern der augenblicklichen Lage entsprechend zu handeln. Wenn die Schleusen in die Vergangenheit geöffnet und Verhaltensmuster des Ego erkannt worden sind, zerbrechen wir nicht mehr an so genannten Schicksalsschlägen, sondern können neue Verhaltensweisen erarbeiten. Aber auch diese dürfen nicht zu neuen Mustern werden.

Ungehinderte Egoentfaltung verhindert Liebe, Freundschaft, Bewusstsein und Erlösung. Der therapeutische Prozess, um das Ego zu identifizieren und ihm seine Stelle als Diener zuzuweisen, ist schmerzhaft. Das Ego leidet. Aber es ist eine Tatsache, dass nur das Ego leiden kann, unser wahres Selbst ist unverletzlich, gehört der Ewigkeit an und hat seine Wurzeln im All. Das Ego hingegen hat seine Wurzeln im verletzten Selbstwert. Wenn seine Bastionen angegriffen werden, leidet oder kämpft es, sucht Schuldige und/oder verzweifelt an der bösen Welt.

Wenn Egos aufeinander prallen, gibt es Krieg, wenn Verständigung stattfindet, kann Frieden erarbeitet werden. Dazu ist soziale Intelligenz nötig. Wenn uns Autoritätsprobleme im Wege stehen, gibt es keine Einigung. Autoritätsprobleme beinhalten Trotz (»Wenn du es willst, mach ich es erst recht nicht!«) und hindern uns zu lernen. Um unser Bewusstsein zu erweitern, muss der Wille nach Erkenntnis und Wahrheit so stark geworden sein, dass wir uns freiwillig gewissen Exerzitien und Reinigungsritualen unterziehen.

Ebenso müssen unsere Erziehungssysteme hinterfragt werden. Immer noch werden die Kinder und Jugendlichen auf Leistung getrimmt, Genialität wird gefordert, Konkurrenzverhalten gefördert. Konkurrenzverhalten macht Feindschaft. Wie kann Leistung gefördert werden ohne die Belohnung für Bessersein? Wie kann Qualifikation getrennt werden von Beurteilung und Verurteilung? Wie können wir menschliche Werte in den Vordergrund stellen, ohne Strebsamkeit zu hindern, ja wie kann Strebsamkeit eingesetzt werden ohne die Aussicht auf Machtgewinn? Wie werden wir Menschen, die miteinander arbeiten und nicht gegeneinander?

Übung
••••••••• **D**ies ist eine Arbeit mit dem Daumen, der in der Körpersprache das Ego und seine Durchsetzungskraft symbolisiert. Dabei arbeiten zwei Personen zusammen, der eine »behandelt« den Daumen des anderen, d.h. er bewegt den Daumen nach seinem eigenen Gutdünken und Rhythmus und nimmt keine Rücksicht auf die Tendenzen des Daumens. Diese Übung muss eine gewisse Zeit lang (mind. 20 Minuten) durchgeführt werden, so dass der Klient die Gelegenheit bekommt, mit Gefühlen des Überwältigtwerdens, der Macht- und Hilflosigkeit konfrontiert zu werden und den dazugehörigen Schutzmechanismen bzw. Entschlüssen, sich von niemandem mehr »etwas gefallen zu lassen«. Dies ist ein sehr tief gehender Prozess und sollte von Laien nicht ohne therapeutische Begleitung durchgeführt werden, wie überhaupt solche Anleitungen, wie sie oft in Büchern angeboten werden, gefährlich sein können, denn sie können Probleme hochholen, mit denen man gelernt haben muss umzugehen. Andererseits hören die meisten Menschen sowieso auf, wenn sie an Probleme stoßen, deren Verarbeitung sie sich selbst nicht zutrauen. Dies soll eine Warnung sein und gleichzeitig eine Herausforderung, sich seinen Ego- und Autoritätsproblemen zu stellen.

Übung
••••••••• **B**eginne bei einer Begegnung, wenn du sprichst, eine Zeit lang jeden Satz mit »Ich«. Du wirst vermutlich bald verstummen, wenn dir bewusst wird, was wichtig zu sagen ist und was nicht. Auch unter Freunden ist das ein wirkendes Gesellschaftsspiel. Oder: Beide Däumchen drehen und dabei »Ich« sagen, ca. 20 Minuten lang. (Je länger du eine Übung machst, umso effektiver wird sie.)

Es ist bei obiger Übung auch nützlich, nach einiger Zeit zu sagen: »Ich brauche ...«, so lange, bis du sagen kannst, was du brauchst. Anschließend schieb deine Hände unter die Achseln, so dass die Daumen geschützt sind, atme tief und gib deinen Daumen deine ganze Aufmerksamkeit, lass sie sprechen, hör, was sie sagen. Es können auch Erinnerungsbilder ohne Worte oder Zustände, für die du noch keinen Namen hast, auftauchen. Wichtig ist zu erkennen, dass die Entwicklung deines Ego wichtig war, dass Autoritätskonflikte und Selbstwertgefühle daran gekoppelt sind, dass sie mit Macht und Ohnmacht zu tun haben und die entsprechenden Gefühle und Erinnerungen hochholen können. Dann lass dich darauf ein, es zu spüren, und erforsche, was sie mit deinem augenblicklichen Leben zu tun haben. Wie erlebst du Macht und Ohnmacht in der augenblicklichen Phase deines Daseins? Bei diesen Übungen mit dem eigenen Körper können wir viel über unser Inneres erfahren, es annehmen oder verwerfen, es verändern oder bewahren, je nachdem, was du gerade für sinnvoll hältst.

Man kann diese Übung auch während einer Arbeitspause am Schreibtisch machen. Erwarte dabei keine großen Erleuchtungen, versuche das Feine und Zarte wahrzunehmen, die leisen inneren Strömungen, genieße das Weichwerden deiner Muskulatur. Das Entscheidende dabei ist, deiner Wahrnehmung zu trauen und deiner inneren Stimme, deiner Stimmung, zu folgen, denn sie führt dich immer an den richtigen Ort, an dem Erkenntnis und Transformation stattfinden können. Die Dauer einer Übung ist, wie gesagt, oft entscheidend für ihren Ausgang und Erkenntniserfolg.

Übung .... **S**etz dich im Schneidersitz auf den Boden. In dieser Haltung können sich Beckengelenke entspannen, kann sich das Becken öffnen und die Energie, ob nun Prana, Chi oder sonst wie genannt, kann ungehindert durch den Körper fließen. Wenn du den Schneidersitz nicht kannst, dann übe ihn. Am Anfang darfst du dir ein Kissen unter die Knie schieben, denn die Sehnen und Halterungen der Beckengelenke sollen nicht überfordert werden, sie sollen nicht schmerzen, sondern sich langsam lockern lernen, mit Geduld. Dann nimm mit drei Fingern deiner rechten Hand das äußere Gelenk deines linken kleinen Fingers und fang an, dieses Gelenk ganz sanft zu massieren, zu bewegen. Höre dabei meditative Musik und atme tief durch, 20 Minuten lang.

Der kleine Finger steht für Sexualität und für Spiritualität. Diese beiden Bereiche sind auf der geistigen Ebene eng miteinander verbunden: Sexualität als die Verwirklichung ekstatischer Zustände im Körper, als Basis für die Vertiefung spiritueller Erfahrung. Auch diese Übung kann, wenn du sie intensiv und ernsthaft betreibst, tief in dein System eingreifen. Im Gegensatz zur Daumen-Ego-Problematik kannst du hier in einen Zustand von Hingabe, ja zu Auflösungsempfindungen kommen. Aber auch Ängste können auftauchen, deren Ursachen zu hinterfragen sind. Wenn wir uns dabei diesen Ängsten überlassen, lösen sie sich meist von selbst auf. Überlasse dich diesen Wahrnehmungen und sag innerlich entweder »ja« oder das Mantra ES IST: Dann lege deine linke Hand auf dein Hara (das Energiezentrum über deinem Nabel) und die rechte Hand schützend auf die Linke. Nach einer Weile wechsle die Hände um, so dass deine beiden Hände, deine beiden Seiten, sich symbolisch unterstützt fühlen. Deine aktive, vitale, rationale männliche Seite schützt dabei deine passive rezeptive, intuitive weibliche Seite und umgekehrt.

Bis hierher sollst du kommen und nicht weiter,
hier sollen sich legen deine stolzen Wellen.
HIOB 37/11

4.7 Projektionen

Nichts ist konstant – nur der Wandel.

HERAKLIT

Eine Projektion ist die Übertragung einer Erfahrung aus einer vergangenen Situation in das Jetzt. Beispiel: Jemand hat die Augen eines Menschen, der uns einmal sehr verletzt hat, und schon dichten wir ihm auch die Eigenschaften dieses Menschen an.

Wir glauben etwas erkennen und beurteilen zu können, weil es seiner Form und seines Ausdrucks nach einer Sache oder Situation aus unserer Vergangenheit ähnelt. Aber wie schon gesagt – nichts auf der Welt wiederholt sich auf dieselbe Weise, kein Blatt ist mit einem anderen Blatt identisch, jede Situation und jede Form ist neu, einmalig und unwiederholbar und ist gebunden an eine ganz bestimmte Zeit. Es ist gefährlich, unbewusst zu projizieren, denn wir beeinflussen damit das Geschehen und zwingen es womöglich, auf eine ähnliche Weise abzulaufen, statt es sich aus sich selbst heraus entwickeln zu lassen und neue Möglichkeiten zu erlauben. Ja, wir sorgen geradezu dafür, dass wir Recht behalten und unsere Meinung, unsere Ahnung oder Vorahnung bestätigt wird. Wer wäre nicht gerne Hellseher? Wenn wir uns aus alten Erfahrungen feste Meinungen gebildet haben, sind wir nicht offen für neue Erfahrungen und das »Ich hab es ja gleich gewusst« wird zur magischen Formel, die unerwartete Eigenbewegung behindert.

Dennoch können wir an anderen das erkennen, was wir von uns selbst erkannt haben. Wenn wir wissen, was eine Nase ist, bezeichnen wir auch andere Nasen als Nasen. Wenn wir wissen, wie Butter schmeckt, können wir Butter identifizieren. Aber ein Mensch ist nicht nur über seine Nase zu definieren, sondern ist ein unvergleichliches und einmaliges Sammelsurium von Eigenschaften, Formen und Potenzen.

Jeder Mensch projiziert von Natur aus, er lernt durch Vergleichen, durch Unterscheiden und Differenzieren. Da der Mensch am meisten beeindruckbar in seiner Kindheit ist, geschehen dort auch seine haltbarsten Prägungen und Konditionierungen und die Grundmuster für seine Projektionen.

Das Bewusstwerden von Projektionen ist besonders notwendig in Beziehungen und Partnerschaften. Wenn wir den Partnern Eigenschaften andichten, die wir von unseren Eltern oder anderen Erziehungspersonen kennen, die aber der Wirklichkeit nicht entsprechen, gehen unsere Forderungen, Erwartungen und Bitten an eine falsche Adresse. Wenn Gefühle ins Spiel kommen, die durch den Partner zwar aufgewühlt, aber ursächlich nichts mit ihm zu tun haben, kann keine Verständigung und kein Verständnis erfolgen.

Ein Beispiel für eine klassische Projektion: Wir sehen im Fernsehen eine Mordgeschichte, der Mörder sieht in irgendeiner Weise einem unserer Bekannten ähnlich und schon stellen wir Überlegungen darüber an, inwieweit dieser Bekannte womöglich nicht nur in seinem Äußeren dem Mörder gleicht.

Ja, sagen dann manche Leute, dann kann ich ja meinen Gefühlen, meinen Eindrücken, meinen Wahrnehmungen nicht mehr trauen! Was stimmt denn dann wirklich und was stimmt nicht? Dann ist ja alles nur Schein und Trug, Illusion, Wunschdenken, Irrtum, an was kann ich mich denn dann überhaupt noch halten?

Genau das ist es – an gar nichts! Das Einzige, was gewiss ist, ist der Boden, auf dem wir stehen, das Stück Erde unter unseren Füßen, unsere Füße und der Körper, der sich über den Füßen aufbaut – jetzt – in diesem Augenblick der Wahrnehmung, immer nur JETZT. Unsere augenblickliche Wahrnehmung ist unsere Wahrheit, die sich mit jedem Augenblick ändern kann und neue und andere Wahrheiten ans Licht bringt. Es gibt nichts Endgültiges, nichts Bleibendes, es gibt nur die ununterbrochene Verwandlung, von einem Zustand in einen anderen.

Wir können nichts festhalten und uns an nichts festhalten, das ist es, was zutiefst begriffen und akzeptiert werden muss. Auch in unserem Körper passiert ununterbrochen Verwandlung, Zellen sterben ab, neue Zellen bilden sich. Auf dieses Geschehen haben wir keinen Einfluss. Ja, wir können es noch nicht mal beobachten, wir sehen es nur an seinen Auswirkungen an unserer Oberfläche: Falten im Gesicht nehmen zu, Muskelpartien erlahmen usw. Auch unsere Geistesblitze haben die Qualität des Wandelbaren, sie gelten nur für diesen Augenblick und wenn wir sie ausdehnen und auf andere Zustände und Zeiten übertragen wollen, werden sie zur Lüge. Wir verstehen immer nur das, wofür wir gerade reif sind. Projektionen können uns dazu anhalten, zu vergleichen und Unterschiede zu erkennen, Veränderungen und Wachstum oder Rückgang wahrzunehmen, aber sie dürfen nicht dazu herhalten, unsere augenblicklichen Gefühle und Zustände auf Menschen oder auf Situationen zu übertragen, die eigentlich dazu da sind, uns neue Perspektiven zu eröffnen, unser Bewusstsein zu erweitern und unser Dasein kreativ zu gestalten. Es ist ja durchaus so, dass sich Schwingungen, Gedankenformationen, Bewusstseinsebenen aus dem geistigen Weltgefüge in unser Leben einmischen, denn jede Seele hat eine Antenne dafür (morphogenetische Resonanz). Doch wie wir sie interpretieren, hängt von unserer Erdung ab und von dem seelischen Zustand, in dem wir uns gerade befinden. Und da es so viele Niveaus gibt wie Menschen – wer kennt die wirkliche Wahrheit? Jede Botschaft ist immer punktuell und gilt nur für diesen Augenblick. So ist es auch mit den Satoris, den berühmten und begehrten übersinnlichen Erfahrungen; sie wiederholen sich nie auf dieselbe Weise, sondern spiegeln immer unsere augenblickliche Befindlichkeit.

Selbst die Aussagen der Weisen vergangener Epochen unterliegen unseren Projektionen, wir legen sie so aus, wie es uns gerade passt. Wenn Jesus vom Königreich Gottes spricht, was stellst du dir darunter vor? Wie er es wirklich gemeint hat, können wir nur vermuten oder diese Aussage dazu benutzen, unser eigenes inneres Königreich zu entdecken, das mit dem ewigen, zeitlosen Königreich des Himmels korrespondiert, was immer das heißen mag. Für mich oder für viele von uns heißt das: mich angeschlossen fühlen an das Universum, eingebettet sein in das Geschehen und mitwirken am Prozess des Daseins, vertrauensvoll und mit Demut. Diese beiden Eigenschaften dürfen dabei nicht Ziel werden, denn damit produzieren sie Stress. Wenn Ziele und Vorstellungen losgelassen und die Existenz angenommen werden kann, wie sie ist, geschehen sie einfach.

Projektionen können helfen, soziale Intelligenz zu entwickeln. Wenn wir erkennen, dass Formen gewisse Inhalte transportieren, z.B. ein Baum die aufsteigende Lebensenergie vorführt, die sich in den Blättern verströmt (meine Interpretation), oder eine besonders vorspringende Nase außergewöhnliche Neugier bedeuten kann, kann uns bewusst werden, dass alle Eigenschaften in jedem Wesen vorhanden sind, nur in verschiedenen Ausformungen, Konstellationen und Intensitäten. Dann können wir daran arbeiten, unterentwickelte Bereiche zu entwickeln, schlafende Kräfte aufzuwecken und verletzte Teile zu heilen. Soziale Intelligenz ist einzusehen, dass wir aufeinander angewiesen sind und nur gemeinsam wachsen können: Jeder unterstützt jeden. Wie in einem Wald, in dem Bäume sich gegenseitig stützen und schützen, aber auch verschwinden, wenn es für die Gesamtheit nötig ist. Das will heißen: zur rechten Zeit gehen können, wenn das Leben, der Auftrag erfüllt und die Möglichkeiten ausgeschöpft sind.

In therapeutischen Prozessen werden Projektionen dazu benutzt, um zunächst Gefühle hochzuholen. Jemand flippt an einem anderen aus, die beiden werden miteinander konfrontiert und aufgefordert, ihre Gefühle, Vermutungen, Verdächtigungen – kurz alles, was ihnen in den Sinn kommt – auszudrücken, zu intensivieren (siehe Kapitel *Authentizität*, siehe Encounter in Kapitel *Selbsterkenntnis*). Sie werden letztendlich erkennen, welche Person aus ihrer Vergangenheit wirklich gemeint ist und was projizieren bedeutet.

Es geht hier vor allem um Respekt vor der anderen Person, der anderen Seele, der anderen Meinung und der anderen Identität. Es gibt unvereinbare Gegensätze zwischen Menschen, die wir akzeptieren müssen. Wenn wir Recht behalten wollen, gibt es Krieg. Auf der Meinungsebene wachsen Feinde, auf der Seelenebene sind wir Freunde. Projektionen sind Krücken, aber keine Pfeiler, auf denen sich ein Tempel aufbauen ließe.

Vergiss nicht: Immer wenn du etwas erwartest, hast du ein Programm – wenn du ein Programm hast, kannst du ge- oder enttäuscht werden.

Übung
·········
Schau dir Fotos in einer Zeitschrift an oder Leute in der U-Bahn und bilde dir ein Urteil über sie.
Du kannst sicher sein: Du hast immer nur dich selbst gesehen!

Übung
·········
Nur in einer geleiteten Gruppe zu empfehlen: »Der heiße Stuhl«. Der »Delinquent« sitzt auf einem gesonderten Stuhl vor der Gruppe, die Knie etwas auseinander und die geöffneten Handflächen nach oben gekehrt auf den Knien. Hinter ihm steht ein Helfer und legt seine Hände auf die Schultern, oder, wenn es spannend wird, eine Hand auf das Herz des Klienten. Jeder Teilnehmer sagt dem Delinquenten seine negative Meinung. Nach ca. 10 Minuten

kommt die gute Meinung der Teilnehmer. Am Ende werden die Teilnehmer aufgefordert, wer will, zu dem Delinquenten zu gehen und ihn zu berühren – oder was immer dabei geschieht. Die letzte Frage ist: Welche Eigenschaften, die du dem Delinquenten zugeschrieben hast, kennst du von dir?

Flexibilität, die der Einsicht in den Mechanismus von Projektionen entspringt, befreit von Gewohnheiten, Zwängen, Fixierungen und Hilflosigkeit.

Übung **Z**u zweit: Setzt euch gegenüber und schaut euch in die Augen bei sanfter Musik. Wenn ihr es lange genug macht, werdet ihr die erstaunlichsten Veränderungen sehen. Dann sprecht darüber und erzählt euch, was ihr gesehen habt. Und jeder beobachtet, ob und welche Beschreibung ihm etwas sagt. Erforsche, was dieses Bild mit deinem Leben zu tun hat.

Ich lasse dich nicht, du segnest mich denn.

MOSE 1/32

4.8 Sexualität

Das Tao ist das, von dem man nicht abweichen kann;
das, von dem man abweichen kann, ist nicht das Tao.

LAOTSE

Sexualität ist
- ein natürlicher, notwendiger und selbstverständlicher Ausdruck der Hormonproduktion, die der Arterhaltung dient.
- als Lust- und Freudespender eine wichtige Beigabe für Liebe und Partnerschaft, für Selbstwahrnehmung und Bewusstseinsentfaltung.
- eine Basis für spirituelle Erfahrungen als unterste Stufe der Ekstase, die zu höheren geistigen und religiösen Erfahrungen führen kann.

In einigen gängigen Religionen wird Sexualität verteufelt und diese Verteufelung wird als Machtinstrument benutzt. Indem Hölle, Fegefeuer und Verdammung als von Gott eingesetzte Strafen angedroht werden und der »rechte« Weg vorgeschrieben und gepriesen wird, werden die Menschen in Schablonen gezwungen, die den einzigen Sinn haben, sie regierbar, ausbeutbar und unmündig zu halten. Was ist das für ein Gott, der Menschen mit Geschlechtsorganen geschaffen hat, die sie dann nicht benutzen dürfen? Wozu sind diese denn da?
Sexualität ist eine göttliche Gabe, um Wesen zu produzieren: »Gehet hin und mehret euch!« Und wenn wir genug gezeugt haben, ist sie immer noch vorhanden. Wozu? Sie dient der Lust, der Freude, dem Vergnügen.
Wenn es die Lust nicht gäbe, würde niemand Sex machen. Sie ist die angenehme Begleiterscheinung der Zeugung und der existentiellen Begegnung von Menschen, die im anderen sich selbst spiegeln und erkennen wollen und können. Dass Lust etwas Teuflisches ist, haben die Kirchenväter erfunden, begin-

nend bei Moses, fortgesetzt bei den Essenern, Christen usw. Diese Haltung findet sich in allen Gemeinschaften, in welchen Religionspolitik getrieben wird und getrieben worden ist, um Untergebene das Fürchten vor der Macht der Institutionen oder der Macht eines gestrengen Gottes zu lehren. Ein Gott, der von Experten »gechannelt« worden ist und der in seiner unermesslichen Güte angeblich immer bestimmte Völker bevorzugt hat. (Channeln heißt Anrufung und Bitte um Antwort. Mehr dazu siehe Seite 196ff.)

Unsere Gottesvorstellung hat sich erweitert, viele von uns wissen: »Das Universum bildet seinen Körper« (Kabbala). Geschlechtsorgane sind ebenso göttlich wie Ohren, Nieren, Nasenlöcher und Herzen. Also kann die erste und oberste Sünde nur sein, nicht anzuerkennen und anzunehmen, was Gott gegeben hat. »Du sollst Gott nicht trotzen«, steht in der Bibel, was doch wohl heißt, du sollst annehmen und benutzen, was dir gegeben ist.

Noch im 19. Jahrhundert durften die Frauen, außer den Huren, keinen Orgasmus haben. Ich will hier nicht über das Patriarchat reden, seine Auswirkungen sind hinlänglich bekannt und sind ja langsam am Abklingen, wenigstens in unseren Breitengraden sieht es danach aus. Junge Menschen werden aber auch heute noch unwissend in die Welt geschickt, sie lernen zwar, dass Same und Ei zusammenkommen müssen, um Lebewesen zu erzeugen, jedenfalls bei Bienen, aber nicht, wie man es macht, wie man zu einem befriedigenden Orgasmus kommt, welche Übereinstimmungen körperlicher und seelischer Art vorhanden sein müssen und wie man Übereinstimmung – Stimmung – erzeugt. Da Kommunikation nur zum Austausch von Meinungen und nicht von Gefühlen gedient hat, werden meist auch im sexuellen Bereich Gefühle nicht besprochen. Stimmung hat etwas mit Stimme zu tun, womit nicht nur Geräusche der Stimmbänder gemeint sind, sondern auch die Stimme des Herzens, die Stimme der Seelen, die sich im Austausch von Körpersäften begegnen wollen. Denn was sind Körpersäfte anderes als der materialisierte Wille der Schöpfung, die Begegnung, Austausch und Kommunikation braucht, um sich zu realisieren.

»Gott braucht nicht nur deine Hände, sondern auch deine Organe.«

Die Angst von Eltern und Erziehern vor zu früher sexueller Betätigungen der Kinder ist nicht nur eine Tabufrage, sondern auch, und das ganz berechtigt, Angst vor zu frühem Nachwuchs. Aber gerade deshalb muss eine vernünftige Sexualerziehung stattfinden und keine Angstmacherei wie »Bring mir ja kein Kind nach Hause!«

Wie eine vernünftige Sexualerziehung vor sich gehen soll, können wir an alten Kulturen ablesen, z.B. bei den Trobriandern, bei denen es eigene Häuser gab, in denen die Halbwüchsigen erzogen und eingeweiht wurden. Oder bei den Indianern, die Einweihungsriten veranstalteten, bei denen die Söhne von Männern zu Männern und die Töchter von Frauen zu Frauen erzogen und eingeweiht wurden.

Die Rituale dienten dazu, den Heranwachsenden Respekt und Ehrfurcht vor den Gesetzen der Natur beizubringen, die immer als göttliche Gesetze angesehen wurden und die man nicht missbrauchen durfte. Aber wenn Kindern die sexuelle Betätigung, die zunächst als Masturbation stattfindet, um den Körper kennen zu lernen und auszuprobieren, verboten wird, stauen sich Gefühle an, nicht zuletzt gegen die Erwachsenen. Was das weiterhin bedeuten kann, erleben wir täglich im aggressiven Verhalten vieler Menschen, in Vergewaltigung und Missbrauch, im Zuwachs von Verbrechen, im aggressiven Straßenverkehr und in den Vorführungen des Fernsehens schon am Nachmittag, wo Sexualität auf die oberflächlichste und die gefühlloseste Weise propagiert und demonstriert wird. Wenn wir uns ferner vor Augen bzw. Ohren halten, mit welchen Worten die Sexualorgane und Sexualpraktiken bezeichnet werden, entweder medizinisch-sachlich oder obszön, müssen wir uns fragen: Was hat das wohl für Wirkungen? Wie kann sich ein Kind davor schützen?

Es gibt im Deutschen keine Worte für Vagina oder Penis, die Achtung oder gar Hochachtung vor Organen ausdrücken würden, die schließlich Leben erzeugen im Namen Gottes, im Namen der Schöpfung und im Namen unserer Bestimmung – selbst Schöpfer zu sein.

Wenn es nur noch um die Abreaktion von Gier geht, um Aufbau von Selbstbewusstsein durch Menge, wenn es nur noch um Theater, Selbstdarstellung, Machtdemonstration und Gewalt geht, wie sollen Heranwachsende den feinstofflichen, seelischen Anteil von Austausch erfahren und lernen, zu sich selbst zu finden, statt andere zu manipulieren, zu verletzen, zu missachten und zu missbrauchen? Gewaltsame Zurückhaltung kann zur Vergewaltigung führen.

Gewalt erzeugt Gewalt. Die Natur ist letztendlich stärker als menschliche Gesetze, Verbote, Tabus und Strafandrohungen. Die Natur ist unerbittlich, unbestechlich und erbarmungslos, sie verschafft sich ihre Rechte ohne Rücksicht auf Verluste. Was interessiert es einen Vulkan, wenn er bei seinem Ausbruch Städte vernichtet? Was interessiert es eine Schlange, wenn das Kaninchen, das sie frisst, sein Leben lassen muss?

Die Natur hat nichts anderes im Sinn, als sich selbst zu verwirklichen. Wir müssen Triebe akzeptieren und dennoch lernen, zwischen unseren Trieben und dem Geist der Schöpfung zu unterscheiden, der nicht nur die Natur im Sinn hat, sondern als ihr Urgrund Erkenntnis und Bewusstsein in den Wesen entfacht, in denen die Organe angelegt sind und die Weisheit ermöglichen. Das heißt nicht, dass wir die Gewalttätigkeit in uns und anderen entschuldigen sollen, sondern heißt: Wie verhindern wir Gewaltansammlung in einem Menschen und wie können wir sie entladen, ohne dass sie Schaden anrichtet? Schaden an sich selbst und an anderen? Das heißt, wir müssen lernen, unseren Verstand zu benutzen. Alles muss gelernt und studiert werden, rechnen, schreiben, lesen usw. Aber die Praktiken der Liebe müssen Anfänger sich selbst beibringen, auf der Straße oder im Fernsehen erfahren. Wenn wir bedenken, dass mit die wichtigste Ausdrucksform des eigenen Wesens und der Lebensfreude keine Förderung oder Belehrung erfährt, wie können wir erwarten, dass reife und erfüllte Menschen daraus hervorgehen? Je mehr wir die Gesetze der Natur missachten, umso deutlicher wird die Energie, die in ihnen steckt, zum Ausbruch kommen, nämlich mit Gewalt.

Der Zusammenhang von Sex und Gewalt hat oft auch folgenden Ursprung: Das Kind wird geprügelt und die Schläge auf den Hintern bewirken außer Schmerzen eine Durchblutung des Muskelgewebes und damit auch eine Durchblutung der nahe gelegenen Geschlechtsorgane. Das hat zur Folge, dass Geilheit bzw. Lustgefühle entstehen. Und schon ist für alle Zukunft der Zusammenhang von Lust und Gewalt manifestiert, ob nun in der Realität oder als Auslöser von Lust durch Phantasievorstellungen. Diese machen meist Schuldgefühle und damit ist der ganze Liebesaustausch moralisch belastet. Dieser Mechanismus kann in der Regel auch bei Bewusstwerdung nicht aufgelöst werden, aber als Lustauslöser durch Phantasie durchaus akzeptiert werden, wenn diese Inhalte als Teil einer gesellschaftlich bedingten und allgemeinen Seelenstruktur begriffen worden sind. Das heißt, wir können dem Zeitgeist nicht entrinnen, wir können ihn nur erkennen und ihn in Frage stellen, um neue bewusstseinsfördernde Inhalte zu entwickeln.

Die Sexualerziehung muss sich grundlegend auf die Bedürfnisse der jungen Menschen einstellen und ohne Verbote und Tabus, aber mit Vorschlägen praktischer Entladungsmöglichkeiten, die sexuelle Triebfeder als natürliche und gottgewollte Gegebenheit akzeptieren. Gleichzeitig müssen Wege aufgezeigt werden, die eine vorzeitige Zeugung verhindern. Das ist eine der wichtigsten Aufgaben der Erziehung, die zwar schon diskutiert und angegangen worden ist, doch wenn die Erzieher verklemmt sind, wie können sie junge Menschen belehren und überzeugen? Wie können sie ihre Schüler in eine bessere und gesündere Welt begleiten und Vorbild sein, wenn sie selbst noch unter dem Druck ihres Gewissens stehen, das sie noch nicht in seiner Tiefe und Relevanz erkannt und reguliert haben?

Eine der entscheidenden Ursachen von Gewalt, Krieg und Perversion ist die Unterdrückung natürlicher Lebensimpulse. Was heute propagiert wird, ist schneller Sex, möglichst in allen Variationen. Wichtig ist die Einschaltquote, die allerdings auch ein Pegel für die geheimen Bedürfnisse des Publikums ist.

Ist das die Ausbeute der sexuellen Revolution, die mit Wilhelm Reich zu Beginn des Jahrhunderts so hoffnungsvoll angefangen hat und sich heute im Konsumchaos erniedrigt? Ekstase wird mit Rausch verwechselt und kann durch überhöhte Geschwindigkeit ersatzweise produziert werden. Sie braucht keine Besinnung mehr noch Selbsterkenntnis, Hauptsache, der grauenhafte Alltag wird für einige Zeit vergessen. Einstweilen ist die Sexualität ein Geschenk der Götter an unsere Aufmerksamkeit, mit der wir durch Lustentfaltung fähig werden, das Tor zu höheren Erkenntnissen zu öffnen. Durch die tiefe Entspannung, die nach einem intensiven Orgasmus eintreten kann, wird die Wahrnehmung intensiviert und geht manchmal über die Grenzen des bisherigen Erfahrungsraums hinaus, Gefühle der Dankbarkeit, sogar religiöse Gefühle können sich einstellen, nicht nur dem Partner/der Partnerin gegenüber, sondern gegenüber der Existenz.

Ich erinnere mich an eine entlaufene Nonne, die in eine unserer Paargruppen kam und erzählte, dass noch zu Beginn des

Jahrhunderts in jenem Schweizer Bergdorf, in dem sie aufgewachsen war, die Bräute zur Hochzeit ein großes Laken überreicht bekamen, das ihren ganzen Körper bedeckte. Nur an der gewissen Stelle war ein besticktes Loch angebracht, in welches dann der Bräutigam seinen Penis stecken durfte.

Wenn Sexualität nicht normal ausgelebt werden darf, treibt sie Blüten, die der »Normale« als Perversion bezeichnet, und genau dies beschreibt auch diese Geschichte. Perversion ist nichts anderes als das Ausweichen einer zarten Seele gegen den Druck von Verboten. Auch Homosexualität ist immer noch als pervers verschrien. Es ist jedoch durchaus denkbar, dass es eine Maßnahme des Geistes der Erde ist, der Überbevölkerung entgegenzutreten, die der Erde schadet. Wahrscheinlich ist es ein Zeugungsstopp, der, jenseits von Verurteilung und Perversion, den Willen der Schöpfung vollzieht – wie es in Tierpopulationen zu beobachten ist.

Unfruchtbarkeit ist in einem ähnlichen Sinne zu betrachten und als auferlegtes Geschick zu akzeptieren, das mehr soll, als kinderwillige Eltern zu frustrieren. Da wäre es dann wohl angebracht, sich zu fragen: »Warum gerade mir, was habe ich zu lernen?«, statt sich aufzulehnen und alle möglichen Versuche zu unternehmen, doch noch Kinder auf die abenteuerlichste Weise zu produzieren.

Auch Orgasmusunfähigkeit hängt oft mit der mangelnden Sexualerziehung zusammen. Weitere Ursachen sind psychologischer Art: Mangel an Selbstwert, Angst vor Kontrollverlust, Angst vor Nähe und dem Vereinnahmtwerden, Erfahrungen von Missbrauch und Vergewaltigung, Vorherrschaft von Gedanken und Erwartungen, Unfähigkeit sich selbst zu genießen, sich auszudrücken und nicht zuletzt die Angst, zutiefst erkannt zu werden. In solchen Fällen helfen weder Pillen noch gutes Zureden, weder Rituale noch Tantragruppen, da helfen nur gezielte Therapien, die Ursachen aufdecken können. Auch Körperübungen, die den Beckenboden öffnen, sind hilfreich, sollten aber zunächst nur mit einem Therapeuten oder Lehrer durchgeführt werden, denn die Übung wird abgebrochen, wenn im Alleingang Schmerz oder Leid auftauchen. Für den Gang in die Tiefe brauchen wir Begleiter, Führer (siehe Merkur als Psychopompos, Seite 40), die den Weg kennen und uns auch wieder heraufführen können.

Um die Sexualität aus den Fesseln dogmatischer Glaubensinhalte und verwässerter Freizeitbeschäftigung zu befreien, muss eine generelle Aufarbeitung traumatischer Erfahrungen stattfinden. Wenn Sex Sünde oder Fetisch ist, geht er an seiner Bestimmung vorbei. Heute ist es eher so, wenigstens was die Fernsehwerbung anbelangt, dass er in den Mittelpunkt des Daseins gerückt wurde, um Nahrung, praktische Hundeleinen oder Ferienhäuser anzupreisen. Eine angemessene Einordnung ist nötig. Sexualität kann nicht wirklich frei werden, wenn nicht unverzüglich Beziehungen, Lebensgemeinschaften, Ehen, Familien neue Inhalte bekommen und das ganze gesellschaftliche Gefüge in Frage gestellt wird. Prinzipien wie Verantwortung, Treue, Verpflichtetsein müssen neu formuliert und neue Wege des Zusammenlebens gefunden werden. Wenn in einem bislang funktionierenden Gefüge wie die letzten zweitausend Jahre auch nur eine Stelle undicht, unglaubwürdig wird oder ausfällt, hat das für das Ganze Folgen. Das Chaos, das in unserem System ausgebrochen ist, zeigt seine Zerstörungen nicht nur in Beziehungen, Familien, Nationen, sondern auch in der rigiden und zerstörerischen Handhabung der Ressourcen der Erde.

Weil die Einstellung zur Sexualität die empfindlichsten Seelenfunktionen beeinflusst und geschädigt hat, ist sie auch der Schlüssel zum Tor einer neuen Weltsicht und -ordnung. Dort, wo die tiefsten Wunden geschlagen worden sind, wächst der intensivste Widerstand und die Revolution bricht aus. Die »sexuelle Revolution«, die von Wilhelm Reich vorausgesagt worden ist und im 20. Jahrhundert auch gewirkt hat, ist ein Kind der sozialen Revolution, die mit der französischen Revolution ihren Anfang genommen hat.

Doch jetzt ist angesichts der Erdsituation eine Läuterung angesagt, wie sie bereits von Menschen, die sich des göttlichen Kerns der Lebensgesetze bewusst geworden sind und nach einer tieferen Form des Austauschs trachten, in tantrischen Praktiken gesucht wird. Auch von daher wird sich eine neue Einstellung zu Zeugung und Lust ergeben. Nicht zuletzt zwingen die verschiedenen Krankheiten, die durch Sex übertragen werden, zu einem verantwortlichen Umgang mit dieser Energie, die das Leben bedeutet.

Die Worte, die im Alten Testament für sexuelle Begegnung stehen, lauten: »Er hatte sie erkannt«! Was doch wohl bedeutet, über den sexuellen Austausch hat er ihre Seele wahrgenommen.

Wenn wir die Begegnung des weiblichen und des männlichen Anteils innerhalb einer Wesenheit betrachten, die echte Einheit bedeutet, so ist es durchaus so, dass der männliche Anteil derjenige ist, der Erkenntnisprozesse formuliert, während der weibliche Anteil auf die intuitiven und sensorischen Qualitäten eingestellt ist. Sie brauchen einander, ihr Austausch ist wichtig, denn es kann nur das bewusst werden, was kommuniziert und zu einer geistigen Aussage formuliert werden kann. Ein wunderschönes Bild für diesen Prozess ist die hinduistische Geschichte von Shiva und Shakti. Sie sind die beiden Gottheiten, die den Bewusstseinsprozess darstellen, der in der Vereinigung geschehen kann und soll. Shakti sitzt auf dem Schoß von Shiva, ihre Geschlechtsteile (hier Joni und Vashra oder Lingam genannt) sind vereinigt, sie halten sich in den Armen, die Oberkörper so weit von einander getrennt, dass sie sich in die Augen schauen können. Shakti ist diejenige, die Fragen stellt, Shiva ist derjenige, der die Fragen beantwortet. Das heißt nicht – wie vielleicht die männlichen Leser frohlocken mögen – dass Shiva der Klügere von beiden ist, derjenige, der alles sowieso schon weiß, sondern dass Shiva seine geistige Kapazität nur entfalten kann, wenn er mit seiner Partnerin in Liebe vereint ist, ihre Fragen empfängt und aus dieser Begegnung – männlich-weiblich gleich Verstand und Intuition – Fragen und Antworten entstehen.

Genauso, wie aus der Befruchtung im sexuellen Austausch ein neues Wesen kreiert wird, eine dritte Existenz sich bildet und vervollständigt, entstehen aus dem geistigen Austausch Erkenntnisse und Energiefelder, die in die Zukunft hineinwirken, das weitere Leben bestimmen und zu weiteren Erkenntnisversuchen auffordern. Der Fortgang des Lebens ist das Ziel des Lebens.

Die Problematik der Sexualität wird in Gruppenprozessen besonders deutlich. Zwar werden jede Menge Tantragruppen angeboten, die eine neue Einstellung und vor allem Praxis versprechen, nur leider ziehen sie vorwiegend Menschen an, die Schwierigkeiten mit ihrer Sexualität haben und glauben, ein paar Übungen und Rituale reichen schon. Vor allem hoffen viele, dort die geeigneten Sexpartner zu treffen, mit denen sie dann mal eine gute Zeit haben, oder sogar Lebenspartner zu finden, indem sie die Gruppe als eine Partnervermittlung ansehen. Tantra indessen ist eine Philosophie, eine religiöse Einstellung, die nur insofern mit Sex zu tun hat, als sie lehrt, das Leben als das zu nehmen, was es ist, alles zu erlauben und alles zu leben. Es hat die spirituelle Bedeutung, über den genitalen Orgasmus hinauszuführen zum so genannten kosmischen Orgasmus. Dabei geschieht eine ganzkörperliche orgiastische Entspannung, die mit dem genitalen Orgasmus, d.h. krampfartiger Entladung, nichts mehr zu tun hat. Auch der Samen wird nicht ausgestoßen, sondern im eigenen Körper verarbeitet bzw. in andere Bahnen gelenkt. Dahinter steht ein höchster geistiger Anspruch, der jenen Menschen, die Sexprobleme oder Partnerprobleme haben – weswegen sie ja in solche

Gruppen laufen und sich schnelle Befriedigung ihrer Wünsche und Ziele erhoffen – überhaupt noch nicht nahe gebracht werden kann, weil die Voraussetzungen fehlen. Was erreicht werden kann, ist, dass sie ansatzweise eine normalere Einstellung zur Sexualität bekommen. Tantra ist eine Praxis, die eine tiefe Einstimmung auf das eigene höhere Selbst braucht und mit landläufiger Geilheit nicht das Geringste zu tun hat. Tantra ist praktische Religion. Um sie üben zu können, muss der Boden dafür bereitet sein.

Eine der Schattenseiten der »sexuellen Revolution«, die noch nicht aufgearbeitet und reguliert worden ist, scheint das »sexuelle Wildern« zu sein, das in vielen Fällen die Unfähigkeit darstellt, in eine Beziehung zu treten, zu dieser zu stehen und sie – trotz Schwierigkeiten und Widerständen – auszuleben. Wir gehen damit dem Spiegelbild aus dem Weg, in welchem wir uns erkennen könnten. Alles, was wir damit vermeiden, bleibt als Schattenbild in unserem Unterbewusstsein und fordert irgendwann und irgendwie seinen Zoll an der Schwelle der Erkenntnis. Dem Bedürfnis unserer Seele nach Erlösung entkommt niemand!

Nichts gegen Geilheit, sie ist in bestimmten Lebensphasen ein wichtiger Motor und muss ausgelebt und darf genossen werden, um irgendwann, wenn wir genug haben, d.h. gesättigt sind (das ist wichtig!), jener Sehnsucht zu folgen, die uns die wahren und unauslöschlichen Befriedigungen, den wahren inneren Frieden und die Unabhängigkeit von äußeren Umständen bringen. Geilheit ist die unbewusste Sehnsucht der Seele, im Austausch von Körpersäften Erlösung zu finden. Voraussetzung ist wieder, wie für alle Wachstumsprozesse, die innere Reinigung, die Befreiung von unmenschlichen und unnatürlichen Gesetzen und Geboten und die tiefe und transformierende Erkenntnis göttlicher Ordnung in den Funktionen des Körpers und der gesamten materiellen Welt.

Das kann nicht mit dem Kopf, mit dem Verstand gesteuert werden, indem wir sagen: »Ab heute lebe ich meine Sexualität, überhaupt meine Gefühle, so, wie es von der Natur vorgesehen ist.« Denn die Moralgesetze, die Ge- oder Verbote, sitzen tief in unserem Unterbewusstsein, wirken in unserem Körper, sie tauchen als Energie und sogar als Personen wieder auf, vor allem dann, wenn das Thema aktuell ist und wir deren Einwände, die uns im Nacken sitzen, überhaupt nicht gebrauchen können. Es muss also eine Konfrontation und Auseinandersetzung mit diesen Personen stattfinden. Nicht persönlich, sondern stellvertretend, um die Problematik von ihnen zu trennen, so dass wir uns auch von diesen Personen trennen können und unterscheiden lernen zwischen den Einstellungen dieser Personen und der – dennoch und trotz allem – bestehenden Liebe zu ihnen, zu ihrem wahren Wesen. Denn auch sie haben aus gutem Glauben gehandelt und waren selbst Verführte.

Wenn wir erkannt haben, dass alle Einschränkungen den Auftrag haben, sie zu überwinden und unsere Lebensgeister und Selbsterhaltungskräfte zu mobilisieren, können wir jenen Menschen, meist unseren Eltern, die uns erzogen, sozialisiert, bestimmt und verletzt haben, auch vergeben. Dieses Vergeben kann nicht mit dem Kopf geschehen (denn der ist mit Vergebung schnell bei der Hand), sondern nur mit dem Herzen. Erst dann lösen sich auch unsere Probleme.

Diese Reinigungsarbeit bringt, wenn sie ernsthaft betrieben worden ist, eine totale Intensivierung der Sexualität und der Orgasmusqualität. Wir lernen dann auch zur rechten Zeit die Gedanken auszuschalten oder ihnen wenigstens die Priorität zu nehmen und uns unseren Gefühlen und Empfindungen zu überlassen, uns ihnen hinzugeben, statt einem Partner/einer Partnerin oder einer Situation.

Die wichtigste Bedingung für Orgasmusfähigkeit ist die Entspannungsbereitschaft des Beckenbodens. Die sagt unter anderem auch etwas über die Fähigkeit aus, für sich selbst zu sorgen, über Selbst-Verständlichkeit und Selbstwert. Wenn es da nicht stimmt, d.h. wenn wir nicht geerdet sind, ist unsere Realitätsbezogenheit gestört, sind wir in erhöhtem Maße abhängig von anderen und glauben oft auch, dass unsere Partner für alles Mögliche verantwortlich sind – vor allem für unseren Orgasmus. Orgasmusfähigkeit ist zudem sehr davon abhängig, wie wir unsere Gefühle zeigen und unseren Empfindungen Ausdruck geben, ob wir zu ihnen stehen und wie wir miteinander kommunizieren. Auch in der Sexualität ist es notwendig, sich verbal auszutauschen. Statt dem Partner zu sagen, was wir brauchen, überlassen wir es ihm meist, das zu erraten. In der Schule lernen wir das Ausdrücken unserer Gefühle und Empfindungen jedenfalls nicht.

Da der Beckenboden eng mit den Oberschenkeln und dem Po zusammenhängt, ist der ganze Bereich zuständig. (Ein knackiger Po ist übrigens keine Gewähr für Orgasmusfähigkeit, eher im Gegenteil.) Je entspannter wir beim Sex werden, umso intensiver werden die Empfindungen und die Gefühle, umso tiefer und erfüllender wird der Orgasmus und die Wahrnehmung der Befriedigung, der Sättigung und der Zufriedenheit.

Wenn auch nur ein einziger Körperteil in Spannung ist, überträgt sich das auch auf andere Körperteile und beeinflusst ihre Inhalte. In den Gesäßmuskeln z.B. ist oft Trotz festgehalten. Das Kind durfte nicht aufstampfen und seine Meinung oder Bedürfnisse durchsetzen. Die Wut darüber bleibt in der Gesäß- und Oberschenkelmuskulatur und, besonders bei Frauen, der Hüftmuskulatur eingeschlossen. Sie taucht immer wieder dann auf, wenn disziplinäre Forderungen an uns gestellt werden. Wer sich seines Trotzes nicht bewusst ist, lernt schwer, denn der innere Widerstand erstreckt sich auf alle Bereiche, auch den des Intellekts. Erst wenn der Trotz aufgegeben werden kann, können neue Wahrheiten erkannt und verwirklicht werden.

Auch von der Fruchtbarkeit ist zu sprechen. Verantwortung dem Planeten und den Lebenden gegenüber ist nötig. Viele Tierarten scheinen vernunftbegabter als Menschen, sie stellen ihre Nachwuchsproduktion ein, wenn ihr Lebensraum knapp wird. Sie haben allerdings auch keine Kirche über sich, die Gottes Wort so drehen kann, wie die Politik es will, sondern folgen dem Geist der Natur.

Die Botschaft von Gott ist gewiss kein festgelegtes und unumstößliches Paradigma, seine Botschaften sind zeitgemäß und kommen aus der Notwendigkeit der ewigen Verwandlung, die ein Gesetz des Lebens ist.

Die sexuelle Revolution muss ein neues Ziel bekommen, wenn wir nicht im Menschenwald ersticken wollen. Ein neuer Weg ist zum Beispiel auch die tantrische Praxis, die Ejakulation vermeidet und stattdessen eine Art von Orgasmus schenkt, die den ganzen Körper mit Entspannung durchflutet. Man kann lernen, die Energie, die sich normalerweise durch Ejakulation entlädt, im Kundalinikanal des Rückgrates von unten nach oben, ins dritte Auge, zu leiten. Diese Praxis wird von östlichen Weisheitslehrern für Männer über vierzig empfohlen, denn der häufige Samenausstoß ist eine ungeheure Energieverschwendung. Die Samenflüssigkeit bzw. die Konsistenz des Samens enthält wertvollste Stoffe, die dem alternden Körper entzogen werden und ihn frühzeitig schwächen.

Der Kundalinikanal oder der »hohle Bambus« ist der Energiekanal, der zu beiden Seiten des Rückgrates verläuft und materielle und geistige Energie miteinander verbindet, zum dritten Auge führt und von dort aus schließlich, wenn der Weg frei geworden ist, durch das oberste Chakra in die geistige Welt, in den Kosmos strömt.

Der körperliche Orgasmus ist die unterste Stufe ekstatischer Zustände auf dem Weg zum »kosmischen« Orgasmus. Der kosmische Orgasmus ist nicht an die Sexualität gekoppelt, sondern ist die orgiastische Auflösung des Ego und das Einschwingen auf die Bewegungen kosmischer Realität. Er ist das sporadische Einssein mit dem Spirit, dem Geist der Schöpfung. Manche bezeichnen dieses Geschehen auch als Gotteserfahrung, auf die auch Jesus hingewiesen hat: »Der Vater und ich, wir beide sind eins.« Manche bezeichnen dieses Geschehen als Satori.

Der kosmische Orgasmus ist nicht zu beschreiben, man muss ihn erleben. Er ist kein sexueller Orgasmus, sondern ein orgiastischer Zustand, der Körper, Seele und Geist in einen Wahrnehmungsraum spiritueller Verbundenheit mit allem Sein, mit dem Göttlichen transportiert. Solange unausgedrückte und vor allem unbewusste Aggressivität in unserem Körper steckt, ist diese Erfahrung nicht möglich. Bewusstes Sein ist notwendig. Es beginnt erst, wenn wir absichtslos geworden sind, d.h. einfach, ohne Bedingungen, ohne Ansprüche, sondern dankbar, demütig und offen.

Einstweilen ist dafür zu sorgen, dass die Sexualität entfaltet werden darf, dass Lust und Lebensfreude unser Leben würzen und unsere Partnerbegegnungen sich zu aufregenden und transformierenden Ereignissen gestalten, in denen wir die Hochzeiten genießen und die Tiefzeiten durch geeignete Methoden verkürzen lernen, z.B. durch authentische Kommunikation, durch Übungen, Meditationen, durch Bewusstwerdung unserer wahren Natur und unseres Eingebettetseins in ein universelles Prinzip, das uns schützt und fördert.

Um den Beckenboden zu lockern und für Sex bereit zu machen, gibt es viele Übungen aus der Bioenergetik. Alles, was Beine, Oberschenkel, Po und Bauch entspannen kann, ist geeignet. Um Entspannung zu erreichen, müssen die entsprechenden Partien zuerst *ge*spannt werden. Oftmals bereitet das

Schmerzen und dann blocken wir ab. In den Muskelspannungen sitzen, wie immer wieder betont, alte Geschichten begraben. Die Auseinandersetzung mit der Vergangenheit ist dann angesagt. Wir müssen uns fragen: Was haben uns unsere Eltern über Sex erzählt? Wie haben wir unsere Eltern als Partner erlebt? Wie haben sie uns von unseren Genitalien fern gehalten? Dann wird es notwendig, uns von diesen Inhalten zu befreien.

Übung　　Um zu Hause den Beckenboden zu lockern: Beide Partner legen sich gegenüber auf den Rücken, heben ihre Beine und drücken die Fußsohlen aneinander. Der Kopf liegt flach auf dem Boden, die Arme sind neben dem Körper ausgestreckt. In dieser Position fahren sie 20 bis 30 Minuten gemeinsam Rad. Dann legen sie die Beine über bzw. unter die Beine des Partners, so dass sie die Fußgelenke des anderen mit ihren Händen umspannen können. Einfach liegen, die Entspannung und die Berührung wahrnehmen, die Fußgelenke haben einen direkten Draht zum Beckenboden. Angenehme sanfte Musik unterstützt den Entspannungsvorgang. Symbolisch kann das vielleicht als »Zu sich selbst stehen, zu seinen Gefühlen und zu seiner Sexualität stehen« gedeutet werden. Der sich vielleicht anschließende Sex kann ekstatisch sein.

Übung　　Einer der Partner liegt auf dem Bauch, der andere legt sich mit dem Rücken auf dessen Rücken. Nach angenehmer Musik bewegen sich beide lustvoll, möglichst intensiv, so wie es gerade Spaß macht.

Übung　　Diese Übung und die nächste sind auch für sich alleine eine gute Möglichkeit, den Beckenboden zu entspannen und lustvolle Empfindungen zu wecken.

Auf dem Rücken liegend, die Füße auf dem Boden, werden die Knie angewinkelt. Das Becken heben und die Fäuste unter die angehobenen Fersen schieben. Es ist wichtig, dass das Becken ganz hoch gehoben wird, so dass es nach einiger Zeit zu zittern beginnt und sich womöglich konvulsivische Zuckungen oder Bewegungen einstellen. Dann ist der Psoas angesprochen, jener Muskel, der, neben anderen, für den Orgasmus zuständig ist. Der Psoas ist ein Muskel, der in der Gürtellinie, neben der Wirbelsäule, zu beiden Seiten derselben beginnt und quer durch den Bauchraum zum Schambein reicht. Dort umspannt er mit einem Arm das Schambein, mit dem anderen den Schenkelhals. Wenn sich dieser Muskel entspannt, erzeugt er von sich aus, wie ganz von selbst, Bewegungen, die beim Koitus notwendig und wünschenswert sind. Das Becken bewegt sich vor und zurück, ohne Willensbeteiligung der Rückenmuskulatur und ohne Anstrengung. Dies ist allerdings eine Übung, die Zeit braucht und nur für so genannte Fortgeschrittene möglich ist.

Übung
....

Mit leicht gebeugten Knien auf beiden Beinen stehen. Es kann und soll sich Spannung in den Beinen und im Beckenboden bewusst machen. Diese Spannung kann nach einigen Minuten abgebaut werden, indem wir die Hände zu Fäusten schließen, mit den Beinen aufstampfen und schimpfend herumrennen. Sätze wie: »Ich habe die Schnauze voll!« oder: »Das lass ich mit mir nicht machen!« eignen sich gut. Ausdruck ist wichtig, entspannt und macht Spaß.

Übung
....

Eine der tantrischen Techniken, die eine intensive Begegnung nachzuvollziehen hilft, ist die oben beschriebene Sitzhaltung von Shiva und Shakti, bei der sich beide in die Augen schauen und den tantrischen Energiekreislauf vollziehen (siehe Seite 148). Dieser Kreislauf beginnt mit der Konzentration auf den Beckenboden, in welchem die Sexorgane festgewachsen sind. Die Energie wird durch tiefes Einatmen durch die Sexorgane an der Wirbelsäule nach oben entlang bis in den Hinterkopf hochgezogen, an der Schädelbasis entlang nach vorne ins dritte Auge geleitet und von dort aus ins dritte Auge des Partners gesandt. Von diesem Punkt aus geht sie an der vorderen Körperhälfte nach unten in sein Sexzentrum, herüber zum eigenen Beckenboden, den eigenen Sexualorganen. Dann beginnt der Kreislauf wieder von vorne.

Dies ist allerdings eine Methode, die nur von Menschen ausgeführt und durchgehalten werden kann, die einen weit gehenden Reinigungsprozess ihrer Körperstruktur und ihres Weltbildes hinter sich haben, die sich spontan entspannen können, die gelernt haben, ihre Aufmerksamkeit ohne Unterbrechung zu fokussieren. Meditation sollte schon ein Bestandteil geistiger Übung geworden sein. Vorsicht ist geboten für Scheinheilige, die sich nicht trauen ihre tierischen Seiten zu leben, sondern gleich heilig werden wollen. Die erste Voraussetzung für Tantra ist das »Sichausgetobt-Haben«, wie Buddha es getan hat, bevor er sich in sich selbst zurückzog.

Hingabe an die eigenen Gefühle (nur das ist wirklich Hingabe) ist eine Voraussetzung für Orgasmus und Ekstase. Ekstase in jeder Form ist eine spirituelle Qualität.

4.9 Beziehungen

Echte Verantwortung gibt es nur, wo es wirkliches
Antworten gibt.

MARTIN BUBER

Beziehungen gehören zu den Hauptlernfeldern unseres Lebens. In der Begegnung mit anderen erfahren wir uns selbst und unsere Mitmenschen. Je näher wir einander kommen, umso intensiver wird die Konfrontation, umso dringender wird der Austausch. Besonders Liebesbeziehungen und Lebensgemeinschaften bringen uns an unsere Grenzen. Prägungen und Muster bestimmen den Modus und die Resultate. Da Gefühle intensiviert werden, kommt es zu Hoch- und Tiefzeiten, denen wir uns hoffnungslos ausgeliefert fühlen, wenn wir uns nicht bewusst werden, welche Motive Anziehung und Abstoßung bestimmen. Dann beginnt über kurz oder lang der Kampf um Oberwasser, der Kampf um Bestätigung, Anerkennung, um Gleichberechtigung und Liebe. Dieser Kampf ist in jeder Beziehung ein Motor, der das Getriebe in Gang hält, der die Gegensätze verdeutlicht und die Einheit anstrebt. Es heißt: Gegensätze ziehen sich an, wir suchen im Partner immer das, was wir selbst nicht haben, etwas, das uns ergänzen oder bestätigen soll.

Die Partnerwahl geschieht nach dem Prinzip der Projektion. Wir verlieben uns, weil wir entweder etwas Wunderbares wiederholen möchten oder aber alte Verletzungen zu heilen versuchen und weil wir spüren, dass dies der Partner für die nächste Lernaufgabe ist. Wir trachten danach, vom Partner hauptsächlich das zu bekommen, was wir als Kind vermisst haben, wonach wir noch immer lechzen, und um endlich die Genugtuung zu erlangen: Ich bekomme, was ich brauche, wenn ich es nur richtig will und richtig mache. Es ist ein Versuch, unsere Wünsche endlich zu erfüllen, um unsere Sehnsucht zu stillen und ganz besonders unseren Selbstwert aufzumöbeln, der den Erfolg braucht. Die andere Seite, die tiefere Seite des Verlangens, ist die geheime Sehnsucht unserer Seele nach Erledigung alter Schulden, Programme und Geschäfte, die einer Erweiterung unseres Bewusstseins im Wege stehen. Denn die Seele kennt ihr Ziel: Erlösung.

Jede Seele weiß: Gefühle sind der Weg, wir müssen ihn gehen. Das spirituelle Anliegen der Seele ist: erkennen. Heute wissen wir, Beziehungen bleiben lebendig, wenn sie unsicher, wenn sie gefährdet sind, wenn wir uns dessen bewusst sind, dass die Verbindung jederzeit beendet werden könnte, durch Sinnänderungen, Verführungen oder durch den Tod. Sicherheit ist der Tod für Beziehungen, wie Sattheit der Tod des Hungers ist.

Ganz deutlich wird das in Not- oder Kriegszeiten, wenn Angst und Unsicherheit die Intensität von Beziehungen verlangen, die Menschen halten sich aneinander fest. Aber nichts ist gefährlicher als das Klammern, denn dann ist Entwicklung erschwert, die Beziehung verläuft symbiotisch, wiederholt Mutter-Kind-Mechanismen und verläuft entsprechend schmerzlich. Nicht die Liebe ist dann der Inhalt solcher Verbindungen, sondern Brauchen. Wenn wir brauchen, liefern wir uns aus und geben dem Partner Macht. Macht – Ohnmacht, Ausbeutung oder Ausgebeutetwerden endet entweder in Resignation oder in Trennung. Trennung oder Tod führen den Verlassenen oft in die Hoffnungslosigkeit eines verlassenen Kindes, das noch nicht gelernt hat, selbständig zu leben. Wie viele alte Witwer stehen hilflos vor dem Küchenschrank und wissen nicht, wo sie den Löffel finden. Wie viele alte Witwen starren entsetzt auf das Bett neben dem ihren, das sie jetzt nicht mehr zu machen brauchen, denn ihre Lebensaufgabe ist dahingegangen, sie werden nicht mehr gebraucht. Jedermann weiß, Liebesgefühle verstärken sich, wenn das Objekt fern, gefährdet an Leib und Leben oder sonstwie unerreichbar ist. Dann steigern sich die Gefühle zur Leidenschaft, die jedoch wieder abklingt, umso schneller, je gleichförmiger die Kommunikation wird.

Gefühle entstehen oft durch Mangel: Wir lieben, weil wir brauchen, wir hassen, weil wir nicht bekommen, wir leiden, damit wir Helfer finden, oder, wenn das nicht gelingt, damit die Partner ein schlechtes Gewissen kriegen, und wenn auch das nicht hilft, entschließen wir uns vielleicht endlich, selbst stark und gesund zu werden. Viele bleiben aber auch in ihrem Leiden stecken und gehen daran zu Grunde.

Am verheerendsten wirken sich Ideale auf Beziehungen aus. Die Liebesideologie vergangener Jahrhunderte produziert Verlogenheit, Resignation, Bitterkeit.

Wir sind verführt, missbraucht und fehlgeleitet worden, wir haben uns verfangen in den Fallstricken eines Weltbildes, das mit unserer Realität nicht mehr vereinbar ist. Indessen – Irrtümer und Umwege können bereinigt bzw. verziehen werden. Wir müssen es nur riskieren, unsere Muster und Meinungen zu hinterfragen und unseren Energiekanal zu reinigen.

Liebe fällt nicht einfach so vom Himmel, wenn wir auch manchmal wie vom Blitz getroffen ein Wesen anstarren, das uns wie vom Himmel gefallen und für uns bestimmt erscheint. Das ist dann die viel gepriesene und begehrte Liebe auf den ersten Blick, die oft nicht hält, was sie versprochen hat. Aber dann ist halt der Partner/die Partnerin schuld, er/sie hat sich »entpuppt«. Dieses »Es ist, als ob wir uns schon immer kennen«, wer hat es nicht schon erfahren, ist ein verführerischer Satz, der uns glauben macht, dass wir füreinander bestimmt sind, dass Gott oder das Schicksal uns zusammengeführt hat – was sicher auch zutrifft, denn sonst hätten wir uns nicht getroffen. Nur die Bedeutsamkeit wird oft übertrieben, denn alle Begegnungen haben diesen Aspekt.

Wenn dieses Ideal des Füreinander-bestimmt-Seins oder das Versprechen »Ich liebe dich ewiglich« eine kleine Wendung bekäme in Richtung »Für eine bestimmte Zeit«, würden Trennungen vielleicht nicht mehr so schmerzlich und nicht mehr so endgültig sein. Denn es ist ohnehin nur für eine bestimmte Zeit, dass wir auf Erden wandeln und miteinander sein können, und im Hinblick auf die Endlichkeit könnte Freundschaft entstehen, was sowieso die einfachere Beziehungsform und auch die weniger schmerzliche ist, weil Sexualität und Besitzgier eine weniger große Rolle spielen. Und Freunde kann man viele haben und lieben. Dann könnte auch etwas vorsichtiger mit der Erzeugung von Nachwuchs umgegangen werden, was letztlich auch für die Erde eine Entlastung bedeuten würde.

Was heute in den Medien, besonders im Fernsehen, produziert wird, trägt nicht dazu bei, Realitätsbewusstsein in Beziehungen anzuregen. Tiefe oder gar Verständnis ist nicht angesagt, die Liebespartner scheinen sich fressen zu wollen, indem sie schon mit offenen Mündern aufeinander zustürzen und sich gegenseitig anknabbern. Die Begegnung der Lippen wird weitgehend vermieden, hier begegnen sich vorwiegend Zähne und Zungen, was den oralen und aggressiven Charakter des Küssens verdeutlicht. Dann, nach mehrmaligem Zubeißen, sinken die Paare nieder oder einer legt den anderen flach und unverzüglich folgt ein leidenschaftlicher Orgasmus. Das ist das, was junge Menschen über die Liebe erfahren: unverzüglich zur Tat schreiten, keine Einstimmung, kein Ausklang, nichts außer oberflächlicher Demonstration von Attitüden, die Gefühle vortäuschen. Leidenschaft wird zum Ideal stilisiert. Wen soll es da wundern, wenn Beziehungen nach dem Abkühlen der Leidenschaft zerbrechen oder Menschen einem hemmungslosen und vagabundierenden Geschlechtswahn die Chance geben und dabei jegliche Tiefe, jegliche echte Begegnung zu Gunsten eines Abenteuers vermeiden.

Die drei Bereiche

- Abhängigkeit
- Unabhängigkeit
- Übereinstimmung

bestimmen die Art und den Ablauf von Beziehungen. Nur
das, was in der Übereinstimmung stattfindet, kann Liebe genannt werden, alles andere kann man einen »sozialen, psychologischen oder biologischen Kuhhandel nennen« (Osho).
Abhängigkeit wird von Brauchen bestimmt und verhindert
Eigenverantwortung und Eigenentwicklung. Unabhängigkeit
führt zu Verinnerlichung, zur Selbstfindung, zu Reife und
Klarheit. Ihre negativen Aspekte sind Beziehungslosigkeit,
Einsamkeit und Stagnation. Übereinstimmung ist ein seltener
Glücksfall, sie kann jedoch erarbeitet werden mit der Entscheidung: Wir wollen miteinander wachsen und reifen und
alles dafür tun. Dazu gehört, sich auch loslassen zu können,
Freiraum zu geben und die Überzeugung in die Praxis umzu-
setzen: Liebe heißt, den anderen dahin gehen zu lassen, wo
er glaubt, sich realisieren zu können. Dazu gehören ebenso
absolute Offenheit, authentische Kommunikation und das
Einhalten von Vereinbarungen. Es ist unbedingt notwendig,
Übereinkünfte abzuschließen und sie einzuhalten, und auch
notwendig, wenn sie – aus welchen Gründen auch immer –
nicht mehr eingehalten werden können, sie aufzulösen und
neue Übereinkünfte zu treffen. Dazu gehört, dass wir unterscheiden lernen zwischen Brauchen als Hilfe zur Selbsterkenntnis und Selbstregulierung und Brauchen als Missbrauch,
als Ausbeutung. Dazu gehört, dass wir die Unabhängigkeit nicht als Flucht benutzen, sondern dazu, um unsere
Innerlichkeit zu stabilisieren, aus der heraus wir erst freie, ver-
antwortungsbewusste, liebenswerte und liebesfähige Partner
werden.

Wenn zwei Menschen sich treffen und aneinander Gefallen finden, ist das immer ein Grund sich einzulassen und das »für immer und ewig« könnte einen neuen Aspekt bekommen: nämlich den, dass nichts umsonst und nichts verloren ist, sondern auf einer zeitlosen Ebene, der Ebene der Ewigkeit, erhalten bleibt. Wir sind einander begegnet und es ist nicht umsonst gewesen, es ist zwar in der Zeit vorbei, aber aufgezeichnet in der Ewigkeit. Wenn wir den »Himmel« als die Sinninstanz irdischen Geschehens betrachten, ist alles, was geschieht, aufgezeichnet für immer. Aber das irdische Wirken in der Zeitlichkeit ist wandelbar, sonst gäbe es weder Leben noch Entwicklung. Und dabei ist es nicht wichtig, wie lange eine Beziehung dauert, es kommt auf die Intensität an und den Lernerfolg und dann ist sie auch unvergessen.

Beziehungen sind Prüfsteine. In den seltensten Fällen wird jemandem erlaubt, den Traum von der großen und einmaligen Liebe lebenslänglich zu träumen. Es geht nicht um Verlängerung eines Zustandes, der einmal wichtig, richtig und Glück bringend war. Liebe ist nichts Einmaliges, sie ist die alles durchdringende göttliche Energie, die in allem und zwischen jedem vorhanden ist. Sie wird uns bewusst, wenn wir ein Objekt haben, an welchem wir sie festmachen können, sie ist aber auch vorhanden zwischen Wesen, die in Feindschaft miteinander leben. Dann ist sie der heimliche Motor, der die Auseinandersetzung fordert. Zur Not mit Krieg, in welchem sich die Verzweiflung über die Unfähigkeit zur Liebe Luft macht und um Bewusstsein kämpft.

In jeder Beziehung, in jeder Liebesbeziehung werden alte Wunden berührt, getroffen und aufgerissen. Je größer die Liebe, umso tiefer gehen die Verletzungen und reißen die Seelennarben auf, die oft nur notdürftig verheilt sind. Mit drogenverseuchten Wattebäuschchen – wenn wir besänftigt, zur Vernunft überredet werden, wie das Priester gerne tun und viele neue Therapeuten praktizieren – ist keine Lösung zu gewinnen. Wenn Licht in eine Verflechtung gebracht werden soll, muss hineingeleuchtet werden mit der Lampe, die Wahrhaftigkeit heißt, die kein Pardon erlaubt, sondern schonungslos seziert, um an die Wurzel des Konflikts zu kommen, und dazu brauchen wir Unterstützung. Wenn da einer der Kontrahenten den Therapeuten spielt, ist wenig gewonnen, denn der andere wird die Vormachtstellung nicht annehmen können, zu Recht. Es gibt nur Verständigung, wenn beide lernen oder gelernt haben, mit solchen Situationen umzugehen, wenn beide sich erklären, wenn beide ihre Betroffenheit äußern und ihr Versehen oder ihre Unaufmerksamkeit eingestehen. Oft ist Abwehr ein Zeichen für unausgeheilte Wunden, die nicht gefühlt und nicht eingestanden werden wollen. In solchen Fällen ist ein neutraler Helfer zu konsultieren, jedenfalls jemand, der mit keinem von beiden Trips hat und sich raushalten kann (siehe Kapitel *Gefühle*).

Jede, fast jede, Beziehung ist zu retten, wenn beide Partner ihr Bewusstsein auf ein spirituelles Niveau anheben können, wenn sie begriffen haben, was sie aneinander zu lernen haben und was sie einander geben können und wollen und müssen, wenn sie lernen, einander loszulassen ohne Einschränkungen und dennoch Freunde bleiben können, einfach weil sie verstanden haben, dass ihre Beziehung, so oberflächlich sie auch zunächst ausgesehen haben mag oder so ausgelutscht sie zu sein scheint, einen Sinn hatte, dass sie sich aus der Unendlichkeit des Universums aufeinander zu bewegt haben, um eine Begegnung zu leben, die nicht ausgetauscht werden kann, die einmalig ist und auf irgendeine akzeptable Weise weitergeführt werden kann.

Sich entwickeln, sich heraus-wickeln aus Konditionen, Mustern, das Entwickeln von Eigenständigkeit ist notwendig, trotz und gerade wegen und durch Nähe. Das sind die Notwendigkeiten, um überhaupt – und zum ersten Mal in der uns bekannten Geschichte – partnerschaftlich miteinander umzugehen. Jeder hat die gleichen Rechte und Pflichten. Das Recht sich zu verwirklichen und gleichzeitig die Pflicht dazu. Der Partner ist weder für Versorgung noch Geborgenheit zuständig. Er ist auch nicht dazu da, um den Müll aus unserer Vergangenheit abzukriegen, noch ist er zuständig für unsere Gefühle, Reaktionen, Entscheidungen und unser Wachstum. Der/die andere soll unser Spiegel sein, in welchem wir unser wahres Gesicht erkennen können und unsere Eigenverantwortlichkeit begreifen. Alles, was wir verdrängen, nicht sehen wollen und verleugnen, taucht zu gegebener Zeit dennoch wieder auf, wie Atommüll aus verrotteten Tonnen, denn unser eigentliches Wesen, unser wahres Selbst weiß insgeheim um die Notwendigkeit von Verantwortung und zwingt uns irgendwann zum Bekenntnis unserer Versäumnisse, Verfehlungen und Oberflächlichkeiten. Denn unser wahres Selbst trachtet nach Erlösung, Erlösung von Problemen, Anbindungen und Blockierungen. Wer für seine Taten und Kreationen nicht einsteht, ist weder reif noch fähig für befriedigende Beziehungen oder für höhere Bewusstseinsebenen. Nicht fliehen, sondern lösen heißt die Aufgabe, nicht kämpfen, sondern kommunizieren, nicht schweigen, sondern mitteilen!

Verliebt sein ist ein Wahn, der sich durch sich selbst erledigt. Liebe ist der Urzustand der Seele, jenseits von Besessenheit, Gier und Idealismus.

Nach einer alten Sage soll das Menschenpaar einmal eine Einheit gewesen sein. Die beiden Teile – männlich und weiblich – haben sich dann voneinander getrennt und müssen einander wieder suchen. Dies ist ein Symbol für die so genannte »Mystische Hochzeit«, in welcher sich die beiden Wesensanteile – männlich-weiblich – in einem Menschen vereinigen. Das heißt, beide Anteile sind gleichgewichtig, keiner herrscht, keiner ist unterdrückt. Diese innere Einheit wird von vielen Weisen als Erleuchtung bezeichnet. Zuerst aber muss in äußeren Beziehungen aufgeräumt werden. Faires Streiten muss gelernt werden. Streit und Auseinandersetzungen sind Läuterungsprozesse, die zur rechten Zeit und mit den rechten Mitteln eine Beziehung fördern können, statt sie zu zerstören. Gegenseitige Ehrlichkeit ist angesagt.

Erst, wenn bewusst geworden ist: Die Vehemenz des Ausdrucks hat mit Verletzungen und Schmerzen aus der unerledigten Vergangenheit zu tun, erst dann kann ein klärendes Gespräch stattfinden, ein Gespräch, das die Beziehung läutert. Prozesse der Läuterung sind schmerzlich, aber sie sind notwendige Türen zu tieferer Begegnung und erweiterten Bewusstseinsebenen.

Es genügt nicht, wie es oft in unsachgemäßer Supervision stattfindet, dass sich die Teilnehmer ihre Gefühle mitteilen und ihre Meinung sagen, in der Hoffnung, Spannungen lösen sich dann auf. Das tun sie nur zum Teil, denn Gefühle müssen emotional und nicht nur verbal ausgedrückt werden, wenn wir sie loswerden wollen. Dann geschieht Erschütterung, die eine Voraussetzung für Neuordnung ist.

Immer wieder wird die Frage aufgeworfen: Wer von uns beiden ist der Stärkere? Wer bestimmt? Diese Frage wurde lange vom Patriarchat geregelt, wenn auch unvollkommen. Und so haben die Frauen, schlau wie sie sind, dieses System auf ihre Weise immer wieder unterwandert und ihre Macht, die sie in der Familie und im Sexualbereich besitzen, kräftig benutzt. Unterdrückungsmechanismen fordern Rebellion heraus, die Moses schon, der ein begabtes Channel war, mit den Geboten seines Gottes zu bewältigen suchte. Die Jahrtausende alten jüdisch-christlichen Gesetze bestimmen heute noch Glaubensinhalte der westlichen Welt, die innerhalb der veränderten Strukturen des dritten Jahrtausends oft nicht mehr zu vertreten sind. Moses musste sein Volk zusammenhalten, um es ins gelobte Land zu führen, seine Gesetze waren absolut der Situation angepasst und notwendig. Heute sind einige davon unbrauchbar geworden. Wie Jesus sagte: Gesetze dürfen nicht toter Stein werden, sie müssen lebendig, d.h. veränderbar sein und den Forderungen der Zeit gerecht werden. Wenn der Gott der Juden damals solche Gesetze gab, so war das gewiss im Sinne der Existenz oder im Sinne der Schöpfung, jedenfalls im Sinne dieses Gottes von vor dreitausend Jahren. Doch heute muss ein Gebot wie »Du sollst nicht ehebrechen!« uminterpretiert werden, denn Ehebruch ist, wie wir heute wissen, nicht immer böse Absicht, sondern oft ein wenn auch unbewusstes Resultat verkommener Partnerschaft oder/und verlogener Ideologien und letztendlich auch eine Frage der Lebenslänge. In der Vergangenheit starben die Menschen früher. Partnerschaften wechselten durch Tod eines Partners und nicht durch Langeweile. Auch Sätze wie »Ehen werden im Himmel geschlossen« entspringen idealistischen Vorstellungen, die geradeaus in die Hölle führen. Die Hölle ist hier, in liebesleeren Beziehungen, im Kampf der Geschlechter, der, wenn die Ursachen der Entzweiung nicht erkannt und aufgearbeitet werden, zur Niederlage für beide Partner führen. Die Verlässlichkeit von Ehe und Familie waren bisher notwendig, um die Brut aufzuziehen. Auch als Auffangvorrichtung für in Unselbständigkeit gehaltene Frauen waren sie nützlich sowie als Abgrenzung gegen »die böse Welt da draußen« und nicht zuletzt als funktionierende Kleinstzelle im Staat.

Seit viele Frauen selbständig geworden sind bzw. die Möglichkeit dazu besteht, haben sich die jahrtausendealten Rollen verändert. Frauen nehmen nicht mehr alles hin, nur um des lieben Friedens und der Versorgung willen, sie entwickeln Selbstbewusstsein und Eigeninitiative und leben ihre Sexualität freier und ungezwungener. Männer sind auch nicht mehr vorwiegend zuständig für die Versorgung der Familie und verlieren dadurch an Gewichtigkeit. Auch sie werden sich ein neues Selbstverständnis erarbeiten müssen. Das kann aber nur geschehen, wenn es nicht streitig – im Streit – geschieht, sondern wenn beide Parteien, Männer *und* Frauen, gemeinsam ein neues Konzept entwickeln, wie das Zusammenleben in Zukunft aussehen muss. »Auf dem Weg vom animalischen zum kosmischen Bewusstsein«, wie Ken Wilber es in seinem Werk *Halbzeit der Evolution* beschreibt, sind wir an dem entscheidenden Punkt angelangt, an welchem Möglichkeiten der gemeinsamen Entwicklung erarbeitet werden können. Matriarchat und Patriarchat sind vorbei. Jetzt ist es an der Zeit, die Urkräfte, die in beiden Wesensarten enthalten und entwickelt worden sind, zu vereinen und zu einer gemeinsamen Kraft und Entscheidung werden zu lassen. Das heißt, Frauen müssen sich ihrer »männlichen« Eigenschaften wie Aktivität, Rationalität und Disziplin bewusst werden und Männer sich ihrer »weiblichen« Eigenschaften wie Passivität, Rezeptivität und Intuition. Erst wenn die Basis für einen Frieden in jedem Menschen selbst geschaffen worden ist, kann daraus der Baum des Friedens wachsen, dessen Früchte nicht mehr einer besonderen und ausgezeichneten Spezies – männlich oder weiblich – noch einer bestimmten Rasse zugeschrieben werden können. Eine solche bewusste, soziale, menschliche Zusammenarbeit kennt weder Sieger noch Verlierer, weder Könige noch Bettler, sondern verlässliche und verantwortliche Teilnehmer an einem Bewusstseinsprozess, der sowohl die einzelne Identität als auch das Ganze bestimmt und dem Ganzen dient.

Dem scheinbaren Opfer- und Täterverhältnis, das in vielen Beziehungen herrscht, liegt oft eine unbewusste Übereinkunft zwischen den beiden zugrunde. Das Opfer fordert durch ein bestimmtes provokatives Verhalten den Täter heraus und ist im Grunde der insgeheime Anstifter, so wie der Masochist den Sadisten reizt, der dann so lange auf dem Masochisten herumtrommelt, bis der sich wehrt und sich der Herausforderung stellt und antwortet. Der eine ist aktiv, der andere passiv und der Passive ist nicht unbedingt weniger verantwortlich für das, was passiert, als der Aktive. Der Passive muss lernen zu antworten, dann kann sich der Aktive entspannen.

Am schwersten ist es, sich selbst seine eigenen Fehler und Irrtümer zuzugeben und zu verzeihen. Es wird leichter, wenn wir uns gegenseitig unsere Fehlhaltungen eingestehen, dann ist niemand alleine mit seiner Blamage, dann sind wir alle gleich tief verstrickt und können uns gegenseitig schmunzelnd auf die Schulter klopfen.

Wer die Eigenbeteiligung am Scheitern seiner Beziehung nicht eingesehen hat, wird sich mit dem nächsten Partner mit denselben Problemen herumschlagen. In der augenblicklichen schnelllebigen und auch zu Oberflächlichkeiten neigenden Zeit sind wenige Menschen bereit, sich miteinander auseinander zu setzen. Sie trennen sich lieber, weil es einfacher erscheint und eine neue Liebe mehr sexuelle Sensationen verspricht, jedenfalls zu Beginn. Andererseits kann eine Beziehung, die aus moralischen oder aus materiellen Gründen aufrecht erhalten wird, die spirituelle Entwicklung vereiteln. Das wird eines der Themen des 21. Jahrhunderts sein: Welchen Sinn haben Beziehungen und was sind die gesetzmäßigen Bedingungen einer Partnerschaft in Zeiten der generellen Befreiung von veralteten und unbrauchbar gewordenen Strukturen? Wenn die Kleinfamilie zerbricht, weil sie zu anstrengend wird, müssen größere Kreise, größere Einheiten geschaffen werden, wie sie heute schon als selbst gewählte Familienverbände wie Wohngemeinschaften und kleine Eigen-Staats-Verbände (siehe Damanhur bei Turin) ausprobiert werden. Das Singledasein wird für viele eine notwendige Vorstufe sein und heißt erst mal ausruhen vom Stress zu eng gewordener Beziehungen, erst mal sich selbst finden und sich der eigenen Kräfte bewusst werden, dann sehen wir weiter. Auf die Dauer wird niemand allein bleiben wollen. Neue Bindungen müssen geschaffen werden.

Von den neuen Probegemeinschaften größeren Stils ist zu berichten, dass ihr Funktionieren weitgehend davon abhängt, ob und wie oft sie gemeinsam meditieren. Wenn z.B. vor einem Meeting zusammen meditiert wird, verlaufen die Verhandlungen wesentlich emotionsfreier und sachlicher, sie kommen schneller auf den Punkt, weil unausgegorene Emotionen und unbewusste Projektionen weniger Chancen haben, die Gemeinschaft zu zerstreiten. (Diese Praxis ist auch für Zweierbeziehungen nützlich und würde das Leben mit Kindern erleichtern, Eltern würden entlastet, Kinder weniger fixiert auf mächtige Über-Ich-Repräsentanten.) Auch was mit dem gemeinsamen Geld passiert, eines der schwierigsten Probleme, muss ausgehandelt werden. Das Klosterprinzip – alles gehört allen – setzt hohes Bewusstsein voraus (was nicht heißt, dass Klosterinsassen zwangsläufig ein solches besitzen, denn ihre Prämisse ist weniger Besitzlosigkeit als – unter anderem – lebenslanges Aufgehobensein in einer Gemeinschaft der materiellen und geistigen Sicherheit, in der die Bezogenheit auf den gemeinsam akzeptierten Gott die Hauptsache ist). Gefährlich bei den neuen Gemeinschaften ist, dass sie Menschen anziehen, die in ihrem persönlichen Leben nicht zurechtkommen, ob nun, weil sie dem eigenen Anspruch an sich selbst nicht gewachsen sind oder ihrer persönlichen Stellungnahme und Verantwortung ausweichen wollen. Sie gefährden die Gemeinschaft, denn auch hier muss Verantwortung für sich und das Ganze an erster Stelle stehen. In einer freien, selbst gewählten Gemeinschaft dürfen Nassauer keine Chance bekommen. Eine in obigem Sinne gemeinte Gemeinschaft kann nur funktionieren, wenn nicht mehr das Ego die Vorherrschaft hat, sondern das eigentliche Wesen eines Menschen, seine Seele gesehen werden kann als das, was sie ist: ein Glied in einer Menschengemeinschaft, das eine Aufgabe, einen existenziellen Auftrag erfüllt, auch wenn wir ihn nicht erkennen. Jeder Teilnehmer am Leben ist wie ein Blatt an einem Baum, jedes Blatt hat seine Funktion, sein Recht, seine Geschichte, und sein Schicksal unterliegt der Gnade und der Weisheit des universellen Geschehens, zu welchem alle ihren Teil beitragen. Fangen wir also an unseren Beziehungen an, ob nun zwischen den Geschlechtern, zwischen Eltern und Kindern oder denen zwischen Freunden, Arbeitskollegen, Chefs und Untergebenen – es ist ein und dasselbe Grundprinzip: Achtung und Respekt vor der Inkarnation des Geistes in einem Individuum oder einer anderen Materieform, jedenfalls eines Wesens, das einen Beitrag zu leisten hat am Gesamtentwicklungsprozess des Universums. Der alte gnostische Spruch »Wie oben, so unten, wie innen, so außen!« gilt auch hier und kann erweitert werden in: »Wie im Kleinen, so im Großen« – wie die Physik es uns gelehrt hat.

Die Zahnräder des Geschehens greifen nur so lange ineinander, als jedes einzelne Teil dem Räderwerk angepasst ist. Sobald aber zwei Zahnräder nicht mehr passen, funktionieren auch die anderen nicht mehr. Die Zweierbeziehung als die kleinste Zelle im Gewebe ist die Basis, die Grundstruktur, aus der heraus auch größere Ballungen funktionieren. Das ist nicht nur mit Beziehungen so, sondern auch im Großen, in der Politik; sie ist abhängig von jedem einzelnen Teil der Gesellschaft und sie kann sich nur verändern, wenn auch die einzelnen Teile sich verändern. Jeder einzelne Wähler hat Gewicht und das ist nicht nur politisch gemeint. Wir haben die Wahl! Und wir haben auch die Verantwortung. Wenn wir uns nicht entscheiden, wird für uns entschieden!

Ein radikales Umdenken ist nötig. Da hilft kein Moses und auch kein Buddha oder Jesus, da hilft nur Bewusstsein hier und heute. Dann werden wir die Sprache der Existenz, die die Sprache Gottes ist, verstehen.

Die menschliche Liebe, die sich in Beziehungen und in der Sexualität ausleben muss, ist die niedere, die Vorform der großen, der »göttlichen Liebe«, jener alles annehmenden und gestaltenden Energie, die im Sein waltet und nach Vereinigung der Gegensätze strebt. Aber so, wie es zwischen dem Ozean und den Felsen, gegen die seine haushohen wütenden Wogen schlagen, keine Vereinigung gibt, sondern nur das Gesamte eines strebenden Geschehens, so heben sich die Gegensätze nur auf durch Verwandlung: Der Fels muss zu Sand werden und das Wasser zur Wolke. Aus dem Grobstofflichen wird das Feinstoffliche, um sich im Kleinsten wieder zu neuer Gestalt zu versammeln. Das ist der ewige Kreislauf, in dem wir nur ein winziger Augenblick sind, ein Lidschlag, eine Sekunde der Besinnung – wenn es hochkommt, wenn wir Glück haben, wenn uns die Gnade zuteil wird und in unser Leben einbricht und das Leben sich in uns selbst als Ewigkeit wahrnehmen kann. Ewigkeit ist die Stille, die Bewegungslosigkeit in der Mitte des Zyklons, der die Stille umrast mit gewaltigen Stürmen und tobender Unschuld. Ewigkeit ist das Göttliche, das Lächeln der Weisheit, die warten kann, bis die Stürme sich legen und ihren Willen aufgeben und ihre Kräfte verströmen in Liebe. Liebe ist kein Gefühl, sondern ein Zustand.

Das, was in Selbsterfahrungsgruppen gelernt wird, ist nicht Heilung von Krankheiten – obwohl Heilung meist eine Folge ist –, sondern Heilung von Einstellungen und Verwandlung von Unsinn in Sinn. Man muss ja auch kochen lernen und kann nicht einfach Gemüse in einen Topf werfen in der Hoffnung, dass eine gute Suppe daraus wird. Die Suppe soll schmecken und dazu muss man mit Gewürzen umgehen können. Aber – es gibt keine Erfindung, die nicht auch missbraucht werden kann, und es liegt an uns zu unterscheiden: Was ist im Sinne der Schöpfung und dient dem Leben und was nicht. Wer nicht lernt, bleibt dumm, wer dumm ist, wird leiden, wer leidet, wird sich rächen, wer sich rächt, erzeugt Krieg, wer Krieg erzeugt, kommt darin um, wer umkommt ... Das ist der Weg des Karma.

Dauerhaftes Glück gibt es nirgendwo, auch in einer Beziehung nicht. So wie es nirgendwo Dauer gibt, außer in der Ewigkeit. Alles, was beginnt, endet, das ist ein Naturgesetz. Das Glück ist wie die Ekstase ein Höhepunkt und kein Zustand. Was wir erreichen können, ist, uns diesem Höhepunkt immer wieder zu nähern, wie es in tiefer Liebe und in der Sexualität stellvertretend möglich ist und uns in der Meditation widerfährt als Befriedigung, als innerer Frieden. Die Frage ist jetzt: Was ist das Wichtigste in deinem Leben? Was bist du bereit, dafür zu tun – und wann? Bist du bereit mitzuarbeiten an einem Bewusstseinsprozess, einem morphogenetischen Kraftfeld, das die Magie geistiger Entscheidungen aufdeckt und den Mysterien des Seins näher kommt? Und bist du bereit, dich dem Gesetz zu ergeben?

Bist du bereit, die drei obersten göttlichen Eigenschaften, die drei Heilswege, wie sie in der Kabbala beschrieben werden, zu akzeptieren?

- Unendlichkeit – akzeptieren
- Weisheit – erlangen
- Klugheit – üben

Über die Kabbala werde ich Näheres im Kapitel *Spiritualität* berichten.

Übung
·········

Nimm ein Blatt Papier und zeichne darauf deine augenblickliche Situation durch Kreise auf – dich, deine Partner, Kinder, Eltern oder wer gerade in deiner Nähe lebt. Platziere die Personen so, wie du sie im Augenblick zu dir stehend empfindest. Dann schaue dir diese Landkarte an. Was könntest – möchtest du verändern? Leg dann auf die Personen Geldstücke o.Ä. und schiebe sie dorthin, wo du sie haben willst. Dann überlege, wie du das in der Realität bewirken könntest, welche Hilfe du hast oder benutzen könntest, welche Ängste dich hindern, welche Alternativen dir letztendlich bleiben. Dann schließe die Augen, lege deine Hände auf dein Herz und sende deine Herzenergie zu den Personen, denen du näher kommen oder mit denen du etwas erledigen möchtest, und bitte sie, sich für eine Begegnung bereit zu machen. Das ist angewandte Magie, sie darf nur für positive Zwecke benutzt werden, denn alles, was du anzettelst, kommt auf dich zurück. »Wer andern eine Grube gräbt ...«

Die Natur ist aus sich heraus intelligent, und wir Menschen sind als selbstreflektierende Geschöpfe die Selbstverwirklichung dieser Intelligenz.

PETER PLICHTA

Übung **D**ie Partner sitzen sich gegenüber und schauen sich mindestens 20 Minuten lang in die Augen. Beide Partner sollten bedenken: Dies ist ein Erkennungs- und Reinigungsprozess. Wir benutzen uns, ohne uns zu beleidigen, zu beschimpfen, zu kränken, zu beschuldigen oder zu missbrauchen. Dann Augen schließen und noch etwa 5 Minuten still sitzen.
Wenn zwei Menschen diese Übung wirklich durchführen können, ohne Groll, ohne Schuldzuweisung, ist das ein Zeichen von hoher Bewusstseinsqualität und die Beziehung, gleich welcher Art, ist gerettet. Wenn die Gefühle so stark sind, dass sie ausgesprochen werden müssen, dann wechsle in eine Encounter-Übung, siehe Seite 78 und 138.
In jeder Beziehung, ob Partner, Kind, Eltern, Freunde, Feinde, Geschäftspartner etc., ist der Blick in die Augen ein Spiegel für das Verhältnis, das die beiden miteinander haben. Wenn der Blickkontakt schwer fällt, ist das allemal ein Zeichen von Angst erkannt zu werden, Angst zu erkennen, Angst vor Gefühlen, vor Intensität und vor allem Angst vor der Wahrheit.

174

Um die Wesensanteile an sich selbst zu erfahren: Setze dich still hin und atme. Stelle dir vor, durch deine Körpermitte läuft eine Trennlinie von oben nach unten. Richte deine Aufmerksamkeit auf deine linke Seite, atme in deine linke Seite und beobachte, wie sie sich anfühlt und was du über diese Seite erfährst. Dann tue dasselbe mit deiner rechten Seite. Du kannst dabei wahrnehmen, in welchem Zustand sich deine beiden Seiten befinden und wie sie sich voneinander unterscheiden. In welcher Seite bist du mehr zu Hause, in welcher Seite fühlst du dich weniger wohl? Lass dann deine beiden Seiten miteinander sprechen.

Der Kommunarde Rainer Langhans sagte: »Mit jeder Frau wirst du etwas Entsetzliches erleben. Bis du begreifst, dass du es bist, der ein Problem hat.«

(Eine Kassette mit einer angeleiteten Meditation zu dieser Übung ist über die Autorin erhältlich. Bezugsadresse siehe Seite 231.)

4.10 Essenz

Ich bin, der ich bin.

Es darf nicht mehr darum gehen, was ein Mensch darstellt, sondern darum, was er wesensmäßig ist, nämlich eine ganz spezielle Identität, die gerade in dieser Ausprägung etwas bedeutet und beizutragen hat am Bewusstseinsprozess des Ganzen. Der Zustand der Seele, das eigentliche Wesen, hat Priorität.

Individualität ist die spezielle Eigenart eines Menschen, die aus der Summe seiner Erfahrungen entstanden ist, die sein Wesen auf eine einmalige Art und Weise geprägt und beeinflusst hat. Wenn wir die Evolution als einen Prozess betrachten, der alle Wesen, ob Stein, Pflanze, Tier und Mensch, zur Gestalt werden lässt, so sind in allen Gestalten Wachstumskräfte vorhanden, um immer neue, höhere Organismen und die damit verbundenen Bewusstseinsebenen zu erreichen, um sich schließlich im Menschen, der uns auf Erden bekannten Höchstform, zu entfalten.

Durch mangelnde religiöse Anbindung ist die Auffassung von der Gesamtheit der Schöpfung zu einer materialistischen, profitorientierten Weltsicht mutiert und hat das Wesentliche des Menschen auf die Ebene von Besitz, Erfolg und Macht herabgewürdigt. Charisma hat, wer die Macht besitzt, größere Massen zu beeindrucken und zu beeinflussen. Charisma ist keine spirituelle Qualität. Charisma, wie wir die hypnotische Wirkung bezeichnen, die Menschen und ganz besonders Berühmtheiten wie Schauspieler, Sänger, Politiker, Würdenträger oder »Erleuchtete« an sich haben, hängt von der selbstbewussten Selbstdarstellung ab und hat mit den Glaubensinhalten und Erlösungserwartungen der Menschen zu tun, deren Werteskala sich nach Ruhm und Erfolg richtet. Sie erkennen das als wichtig an, was ihre Überzeugung bestätigt. Sie bewundern gekonnte Selbstdarstellung, weil sie selbst danach trachten. So kann ein Weiser nur von einem Weisheitssuchenden erkannt werden, ein hervorragender Pianist nur von einem Musikkenner und das Göttliche nur von Wesen, die sich der Göttlichkeit bereits genähert haben und dabei sind, sie in sich selbst zu verwirklichen.

Jedes Wesen, das materielle Gestalt hat, kommt ursprünglich aus derselben Quelle wie alles Seiende und ist heil und heilig. Erst die vielen Erfahrungen, die es machen muss, lassen es zunächst seine wahre Natur, seine wesensmäßige Anbindung an die Schöpfung vergessen. Es muss sich mit Eifer und Ehrgeiz dem Erfolgszwang der Welt stellen, der seinen Blick für das Wesentliche vernebelt hat, oder in die Negation gehen. Aber auch die führt nicht aus dem Teufelskreis heraus, sondern nur noch tiefer hinein. Wie viel kostbare Zeit wird vertan, um Reisen an die schönsten Strände der Welt zu machen oder durch Geschwätz über Kunst und Kulturepochen, Moden, Politik, wie viele kostbare Energie wird verschwendet, um die teuersten Kochtöpfe der Welt zu besitzen! Aber auch diese Ausflüge – Ausflüchte – in die Äußerlichkeiten werden eines Tages zu schalen und bedeutungslosen Erinnerungen zusammenschrumpfen, spätestens dann, wenn der Tod anklopft und uns daran gemahnt, dass wir sterblich sind, dass es andere Welten und Zustände gibt, dass es um Wesentliches geht.

Das soll nicht heißen, dass es uns nicht erlaubt ist, das Leben zu genießen, ganz im Gegenteil, auch durch die Wahrnehmung der köstlichen Seiten des Lebens öffnen sich Tore zu unserem wahren Selbst. Die Essenz unseres Wesens kann nicht zerstört werden, sie ist das Potential der Schöpfung, die sich in uns realisiert. Diese Essenz hat immer auch einen individuellen Charakter, denn die Schöpfung hat unendlich viele Formen, in denen sie sich zeigt und entwickelt. Kein Blatt an einem Baum gleicht dem anderen, kein Stein ist mit einem anderen identisch. Jede Aussage ist eine Aussage der Schöpfung, jede Form hat eine spezifische Mitteilung, jeder Weg ist einer der vielen Wege, die zu irgendeiner Zeit alle zur All-ein-heit führen.

Das eigene Wesen zu erkennen, zu realisieren, ihm seinen Weg freizuschaufeln ist die vordringlichste Aufgabe jeder Identität, es ist der wahre Glücksbringer, jenseits von oberflächlichen Befriedigungen, die uns alle nur vom Weg ablenken, verführen, vernebeln und die Hölle bereiten. Die Hölle ist hier, jetzt, immer wenn wir vom Weg abkommen, Eigenziele verfolgen und die Stimme unseres Herzens vergessen. Aber auch der Himmel ist hier, jetzt, wenn wir nach innen gehen und uns auf den Kern, die Quelle unseres Seins besinnen. Es werden heute jede Menge Übungen angeboten, ähnlich der Exerzitien vergangener Tage und Kulturen, um das höhere Selbst zu kristallisieren. Es geht um jenen Zustand, der, von Endorphinen ausgelöst, tiefere Bewusstseinsebenen vermittelt.
Diese Schau ist die Grundlage wesentlicher Impulse zur Veränderung unerträglich gewordener Lebenssituationen und zur Gestaltung neuer, dem eigenen Wesen entsprechender Praxis. »Intuition kann als eine Form nichtbewusster Problemlösung verstanden werden.« (Elmar R. Gruber)
In den 60er und 70er Jahren glaubten viele Therapeuten und Drogenpäpste, die es schon auch ernst gemeint haben mit der Entwicklung von Bewusstsein und Erleuchtung, der Einfluss der Drogen, gezielt und dosiert angewendet, würde seelische Krankheiten heilen, die Menschen zur Besinnung bringen und den Weg öffnen können zu anderen, höheren Ebenen der Erkenntnis. Eines der Ziele: das ewige Leben in diesem Körper zu erlangen. Ihre Hoffnung war, den Tod zu besiegen. Das ist eine unreife Erwartung, auch wenn es jetzt so aussieht, als sei

man kurz vor der Herstellung der Ewiglebensdroge. Der Weg aus der Misere kann nicht durch Drogen erzeugt werden. Die Gesetze der Natur werden Menschen nicht umgehen oder verändern können, ohne sich selbst zu zerstören.

Das Wichtigste, das es zu erkennen gibt, ist die Einsicht in den unendlichen und ewigen Kreislauf der Kräfte, in den wir eingebettet sind, den wir weder verlassen noch aus dem wir ausgestoßen werden können.

Das eigene Wesen zu erkennen ist die Voraussetzung dafür. Auch hier ist Meditation eine der besten und hilfreichsten Methoden: der Weg nach innen, wo wir zu Hause sind und unser Potential wahrnehmen können. Wo wir die Wichtigkeit unserer Existenz als Beitrag am Ganzen begreifen und nicht als außergewöhnliche und besonders begnadete oder besonders geschätzte Besonderheit. Niemand ist wichtiger als ein anderer, jeder Mensch, jedes Wesen hat seinen Auftrag, nämlich den, sich in seiner ganzen Präsenz zu entfalten und zu zeigen. Vor Gott oder der Existenz sind Ameisen genauso wichtig wie Könige oder Wissenschaftler, keines dieser Wesen kann ohne die anderen seine Eigenart und seine göttliche Botschaft begreifen und beweisen. Der Gang in die Tiefe, zur Selbstwahrnehmung und Selbsterkenntnis, der Weg zum Wesentlichen macht uns den Eigenwert bewusst, aber auch den Wert anderer Wesenheiten, er fördert den Respekt vor dem eigenen Leben, vor dem Auftrag der Existenz und damit auch den Respekt und die Hochachtung vor anderen Lebewesen – auch wenn sie uns zunächst als unwürdig, böse, unbewusst oder krank vorkommen.

Die Essenz ist das, was wir wirklich im tiefsten Inneren sind, ist das, was übrig bleibt im Reagenzglas, wenn alle störenden Substanzen und Faktoren herausgefiltert worden sind. Alle in diesem Buch beschriebenen Übungen – unter vielen – sind dafür da, diese Filterung, diese Verbrennungsarbeit oder Läuterungsarbeit zu leisten. Die Christen nennen diese Instanz Hölle oder Fegefeuer, in welches wir nach dem Tod geworfen werden, um zu büßen. Indessen ist die Hölle hier, sie ist das, was wir uns selbst und unseren Mitmenschen bereiten. Und das Fegefeuer ist der Reinigungsprozess, der beginnen kann, wenn der Kampf mit dem Widersacher, »mit dem, der wider die Sache ist« – auch Teufel genannt – aufhört. Der Teufel ist in uns vertreten wie Gott in uns vertreten ist. Mit ihm müssen wir ringen wie Jakob mit dem Engel, um die Himmelsleiter betreten zu können. Wie Goethe im *Faust* sagt: »Der Teufel ist jene Kraft, die stets das Böse will und stets das Gute schafft.« Er ist der große Provokateur, laut Altem Testament der Luzifer, von Gott auf die Erde verbannt, um Licht zu bringen. In diesem Sinne ist auch Karma zu verstehen – nicht als Strafvollzug, sondern als Lernaufgabe: Wer Fehler macht, muss die Übung so lange wiederholen und probieren, bis er sie kann.

Atman, das Wesentliche, die Essenz, ist reine Energie, die das All durchflutet und in jedem Fünkchen, in jedem Wesen die Ursubstanz darstellt, aus der alles wird, sich verwandelt, Gestalt annimmt und auflöst, um neue Gestalt zu gewinnen.

Wehe dem Fleisch, das von der Seele abhängig ist,
wehe der Seele, die vom Fleisch abhängig ist.
KOPTISCHES THOMASEVANGELIUM

4.11 **Meditation**

Denn Meditation ist das torlose Tor, durch welches
das Selbst sich seiner selbst gewahr wird.

OSHO RAJNEESH

Meditation ist der Weg nach innen. Meditation beginnt mit der aufmerksamen Beobachtung des Atems, um die eigene Mitte zu finden, um das innere Universum zu erforschen, die innere Stimme wahrzunehmen und ihr zu folgen. Auf dem Weg nach innen versperren uns Probleme, Schmerzen, Spannungen, Erinnerungen, Wunden und Narben den Zugang. Alle unausgedrückten Gefühle kommen uns in die Quere, so dass wir, allein gelassen, lieber wieder umkehren, uns Oberflächlichkeiten zuwenden und die Forschungsarbeit verschieben. Aber eines Tages, wenn Schmerzen – ob körperliche oder seelische – nicht mehr zu verdrängen sind, bleibt uns nichts anderes mehr übrig; es sei denn, wir ergeben uns dem Alkohol oder Drogen, wozu auch Zigaretten, Medikamente, kurz alles, was gegen Verstimmung und Depressionen helfen soll, zählt. All diese Mittelchen und Ausweichmanöver helfen nur vorübergehend und verschlimmern die Symptome. Oder das Übel legt sich auf ein anderes Gebiet oder Organ. Buddha, der den Weg gegangen ist, stellte die Frage: »Aus welchem Grund stürzen sich Menschen, rasend vor Torheit, in unendliches Leid?« Buddha hat uns den Weg nach innen gezeigt, um dem Leid zu entrinnen.
Meditation ist eine uralte östliche Praxis, die im Westen erst jetzt an Bedeutung gewinnt. Im christlichen Westen wurde der Weg zu Gott im Außen gesucht – im Himmel, der immer »oben«, so wie die Hölle immer »unten« ist. Auf den menschlichen Körper bezogen bedeuten oben und unten gut und böse, göttlich und teuflisch oder rein und unrein! Die Ver-

mittlung zum Göttlichen geschah durch den Priester, der als Einziger den Weg zu Gott wusste und Kompetenz besaß. Im Osten führt der Weg zu Gott nach innen. Besonders im tibetischen Buddhismus und im Taoismus hat man sich nicht um Äußerlichkeiten, um materiellen Gewinn und kriegerische Auseinandersetzungen gekümmert, sondern um die Erforschung dessen, was unsterblich, göttlich, ewig ist. Durch Meditation wurde ein tiefes Wissen erarbeitet und so wurden verschiedene Meditationstechniken entwickelt; Techniken, die in jeder Familie, in jeder Schule, ja selbst auf den Straßen und Plätzen heute noch regelmäßig praktiziert werden und eine friedliche Stimmung erzeugen helfen.

Der westliche Mensch dagegen hat es schwer, einfach so dazusitzen und in Meditation zu kommen. Neben den oben schon beschriebenen Hindernissen beschäftigen Unruhe, geheime und oft auch offene Aggressivität, Hektik und unverarbeitete Probleme seinen Mind, sein ganzes Wesen ist durchdrungen von Geschäftigkeit, Aufgaben, Erfolgszwang, Besitzgier und Todesängsten. Das Rad der Gedanken dreht und dreht sich, so dass er schwer zur Ruhe kommen kann – und wenn er dann wirklich mal zur Ruhe kommt, schläft er ein.

Was den westlichen Menschen bisher unterstützt hat, war, wenn er auch nur annähernd religiös orientiert war, das Gebet, das wenigstens in der Anbetung und der Bitte um Hilfe eine innere Ruhe und Bezogenheit zu den großen Gesetzen herstellen konnte. »Lass es geschehen nach deinem und nicht nach meinem Willen.« Das Gebet Jesu im Garten Gethsemane, ein Schlüsselsatz für Hingabe und Loslassen, hat sicher vielen Menschen geholfen, dem Erlösungsversprechen zu vertrauen. Aber das Gebet ist eine Anrufung, die das Göttliche im Außen, getrennt von uns, vermutet und nicht als – wenn auch unbewusster – Teil von uns selbst. Obwohl Jesus auch gesagt hat: »Der Vater und ich, wir beide sind eins« (alles zusammen, das ganze Universum, ist eine einzige untrennbare

Einheit), hat die Kirche die Trennung zwischen Gott und Mensch heraufbeschworen und die Dualität zum Gerüst erklärt, an dem sich die Geister scheiden in gut und böse, in befleckt und unbefleckt, in richtig und falsch.

Im Osten indessen gibt es keine Teufel und die Dämonen sind nichts anderes als die nach außen projizierten Kräfte, die dunklen und unerkannten, un-anerkannten Seiten des eigenen Wesens, die die Seele daran hindern ins Nirwana, den göttlichen Frieden, einzugehen – wenn sie nicht identifiziert, anerkannt und integriert werden.

Man kann so sagen: Im Westen wurde die Identifikation mit dem Materialismus vollzogen, aber aus dem Osten erreichen uns jetzt immer deutlicher die Botschaften des Loslassens, des Nicht-mehr-identifiziert-Seins, Botschaften der Transformation und der Erlösung durch Meditation und meditatives Leben. Eine große Erfindung für die westliche Welt sind die Meditationstechniken von Osho Rajneesh. Er hat erkannt, dass Sitzen zu anstrengend für westliche Leute ist, denn nichts kostet mehr Energie, als Gefühle und Gedanken zurückzuhalten. Er hat Methoden, Atemtechniken, Körperhaltungen und -bewegungen östlicher Praxis mit den Methoden der Humanistischen Psychologie vermischt und damit Meditationen geschaffen, die heute in jedem besseren Institut, ja sogar in Managertrainings angewandt werden. Sie haben eine reinigende Wirkung auf drei Ebenen – Körperstruktur, Seelenverfassung, Geisteshaltung – und transportieren das Bewusstsein auf eine höhere Schwingungsebene. Das heißt, die Wahrnehmung erweitert sich sowohl nach innen als nach außen, in die Vergangenheit und in die Zukunft. (Nachzulesen in den Werken von Osho Rajneesh. Siehe auch Dynamische Meditation auf Seite 105.)

Meditation heißt auch Kontakt bekommen zu unseren inneren Organen und mit ihnen kommunizieren. Die Yogis haben ein breites Praxisspektrum entwickelt, wenn ihre Techniken auch in zunehmendem Maße Show für den Fremdenverkehr werden und somit ihren Sinn verlieren. Sie können z.B. willentlich ihren Herzschlag dirigieren und ihre Organe beeinflussen, eine Technik, die durchaus dazu führen kann, Heilprozesse einzuleiten. Es ist heilsam, mit unseren Organen zu reden, Zwiegespräche mit ihnen zu halten, ihnen Energie zuzuführen. Schmerzen können damit behoben oder zumindest gelindert werden, Krankheiten können geheilt und vor allem auch »vorausgesehen« werden.

Wenn wir die inneren Signallämpchen aufleuchten sehen oder spüren, dann ist es Zeit, diesen Körperteil oder dieses Organ nach seinen »Sorgen« oder Spannungen zu fragen. Wir erkennen die »Kränkung« und können oft rechtzeitig eingreifen und Maßnahmen entwickeln, sie zu beseitigen. Meditation kann durch Bewusstwerdung unseres inneren Zustandes und unseres Wertes als Gefäß göttlicher Energien die Selbstheilungskräfte aktivieren, die in jedem Organismus vorhanden sind und der Bewusstwerdung bedürfen. Diese Kräfte unterstützen auch den ungebrochenen und von Negativität befreiten Willen und die Disziplin, die aufgebracht werden muss, um sich diesen Übungen konsequent zu unterziehen. Die Sehnsucht nach Erlösung entsteht, wenn wir uns unserer Zwänge und ihrer traumatischen Wirkungen bewusst geworden sind. Erlösung heißt dann nicht mehr Tod, wie er in schweren Krankheiten herbeigesehnt wird, sondern Erlösung von geistigen Fehleinstellungen und krank machenden Blockaden, von Illusionen und Irrtümern, die ihre Symbiose mit unserem Körper aufgeben müssen, wenn ihnen die Basis entzogen wird. Wir müssen es *tun*. Das heißt nicht, dass wir den Tod vermeiden können, sondern dass er uns als der große Transformator bereit findet, um uns auf sanften Armen hinüberzutragen in eine andere Realität, in einen anderen Seinszustand.

Außerdem ist das Erlernen der Technik der inneren Entspannung, wie beispielsweise die Yogis sie betreiben, eine Übung, die dazu führen soll, trotz tiefster Entspannung den Kreislaufbetrieb aufrechtzuerhalten. Denn die Entspannung des Kreislaufs bzw. der Herztätigkeit ist tödlich. Es wird von östlichen Weisheitslehrern (z.B. Osho) immer wieder darauf hingewiesen, dass die meisten Menschen – wenn sie überhaupt dazu fähig geworden sind – erst im Augenblick des Todes, durch die totale Entspannung des Muskelgewebes, das große »Erleuchtungserlebnis« haben.

Je tiefer wir kommen, umso höher wird unsere Erkenntnis steigen, so wie es auch umgekehrt passiert: Je höher wir steigen, umso mehr Einblick und Erfahrung bekommen wir auch mit der Tiefe. Das innere Universum ist so tief wie das äußere weit ist, nämlich unendlich. Das ist das Gesetz des Ausgleichs. Es ist durchaus nicht so, dass durch Meditation alle Probleme aus unserem Leben verschwinden, nein, sie werden sogar, zunächst, noch deutlicher, noch schmerzlicher erscheinen, gerade wegen des hohen Bewusstseinsgrades. Aber durch bewusstes Betrachten und Handeln erledigen sie sich schneller, wir werden erfindungsreicher, kreativer, lebendiger, energetischer, intelligenter. Durch die Aktivierung unseres ganzen Systems wird das Leben bunter, reicher, genussvoller und wir lernen zu handeln, wenn es notwendig wird, oder abzuschalten, wenn die Signale auf Stopp stehen.
Eine hilfreiche Vorübung für Meditationen und meditatives Leben ist Körperarbeit. An sich sind alle Methoden der Humanistischen Psychologie geeignet, Bewusstsein zu unterstützen und Probleme, ob nun in der Kindheit oder im Jetzt entstanden, zu bearbeiten und zu lösen. Das Wichtigste ist, dass gelernt wird, wie wir selbst zu Hause, d.h. nach der Therapie oder Selbsterfahrungsgruppe, mit uns arbeiten können, wie wir selbst ohne fremde Hilfe Spannungen aus unserem Körper herausholen und ihre Ursachen erkennen. Noch Jahre

nach einer solchen Bewusstseinsarbeit werden weitere alte Erinnerungen auftauchen, denn die Bewusstseinsspirale treibt sich selbst automatisch in immer tiefere Räume und Erkenntnisse. Wer den Weg einmal konsequent beschritten hat, kann nicht mehr so leicht umkehren. Jesus sagte: »Wer die Pflugschar in der Hand hat und sich umsieht, ist nicht reif für das Königreich Gottes.« In unsere Sprache übersetzt heißt das: Lass dich nicht aufhalten, schreite voran, die Vergangenheit ist vorbei, die Zukunft noch nicht da, du lebst jetzt, in diesem Augenblick, immer nur jetzt, jetzt, jetzt – und aus diesem Jetzt heraus kann alles und vor allem das Unerwartete, das Beispiellose, das Unbekannte, das Geh-heim-nis, sich offenbaren.

Die Weisen vergangener Zeiten gingen oft in die Wüste, wie auch Jesus, um mit sich allein zu bereinigen, was notwendig war. Es ist heute bekannt, dass seelische Konflikte, wenn sie bearbeitet werden, etwa vierzig Tage brauchen, um sich aufzulösen (Jesus ging vierzig Tage in die Wüste!). Diese Zeit ist nötig, um hinunterzutauchen und wieder herauszufinden aus dem Schattenbereich der Seele. Auch in der Therapie sollte diese Zeit eingeplant werden. Das gilt pro Problem und nicht für alle auf einmal!

Ein einzelnes Wochenende zu buchen oder ein paar Stunden kann deshalb nur ein Einstieg in die oberen Schichten, kann ein kleiner Einblick sein, aber diese Wirkungen sind begrenzt, denn seelische Prozesse brauchen Zeit. Schließlich sind wir dreißig, vierzig oder sechzig Jahre lang so geworden, wie wir sind, und können uns nicht auf einen Schlag ändern.

Im Zustand tiefer Meditation wird die Zeit aufgehoben und die Weltwirklichkeit offenbar. Wir bekommen, wenn auch nur für Augenblicke, eine Ahnung von Zeitlosigkeit oder vielmehr von der Gleichzeitigkeit allen Seins. Vergangenheit und Zukunft sind dann Zustände, in die wir uns begeben können, die dennoch nur dann Bedeutung haben, wenn wir an ihnen kleben, wenn wir sie bestimmen wollen oder an ihnen leiden.

Die Leidenschaft (die Unbedingtheit, die Leiden schafft), mit der wir auf die Suche gehen, ist eine erste Notwendigkeit des Suchers. Leiden jedoch ist nur eine Stufe auf der Leiter, die wir überschreiten können und müssen.

Leiden, die durch andere entstanden sind, Verletzungen, die noch nicht vollständig verheilt sind, sie können vergeben werden, wenn auch nicht vergessen, denn sie sind die Stufen der Leiter. Ganz wichtig zu erinnern ist: Wir können nur das vergeben, was uns selbst zugefügt worden ist, und nicht das, was anderen angetan wurde.

Meditation heißt Zeuge sein, heißt beobachten, ohne zu urteilen, heißt sich nicht einmischen, sondern geschehen lassen. Jeder Augenblick kann zur Meditation werden, wenn wir innehalten und in uns hineinhorchen. Sie findet innen statt und das Außen ist nur der Spiegel. Körpersensationen, Seelenbewegungen werden deutlich. Wenn der innere Zustand unerträglich wird und Tränen kommen, lass sie fließen. Vertiefe deinen Atem und betrachte den Menschen, der da sitzt, als ob du dich selbst wie einen Freund betrachtest, ohne zu urteilen. Wenn beim längeren Sitzen zu viele Gefühle hochkommen, wird es notwendig, eine andere Form der Meditation zu praktizieren, eine Meditation, die Ausdruck ermöglicht, die in einen Reinigungsprozess übergeht. Denn Stille kann nur entstehen und nur bleiben, wenn der Raum dafür bereitet ist. Wenn wir uns selbst etwas vormachen, uns selbst betrügen und unsere innere Wahrheit verleugnen – wem nützt es? Dann ist erzwungenes Stillsitzen eher schädlich, denn dann kann sie zur Stumpfheit führen, schottet uns nach innen und außen ab, legt unsere Vitalität lahm und verbannt den unverarbeiteten Traumabereich in noch größere Tiefen des Unterbewusstseins. Wie schon gesagt: Nichts ist anstrengender, als unterdrückte Gefühle zu beherrschen. Es braucht eine Unmenge Energie, die wir für bessere Zwecke verwenden können.

Vitalität und Lebenslust können sich nur voll entfalten, wenn ihre »Kanäle« sauber, d.h. gereinigt sind, wenn sie fließen können, wohin sie wollen, und nicht aufgehalten werden von verkrusteten Verboten, Meinungen oder Mustern und unverarbeiteten Seelennarben.

Eine hervorragende Meditation für den täglichen (oder wöchentlichen) Reinigungsprozess, der auch ohne Therapeuten und Helfer durchgeführt werden kann, ist die Dynamische Meditation, die mehrere Ebenen anspricht (siehe Seite 105). Erfahrungsgemäß erspart sie, bei konsequenter Durchführung, drei Stunden Schlaf. Trotzdem bedeutet es für viele Menschen eine Überwindung, sie zu machen, denn in der kathartischen Phase können Gefühle hochkommen, die lieber vermieden werden – aber gerade um die geht es. Es gehört eine ganze Menge Disziplin dazu, diese Meditation regelmäßig durchzuführen. Das kann nicht nur durch den Entschluss geschehen: Ab jetzt bin ich diszipliniert, wie wir das in Fällen von beruflicher und gesellschaftlicher Problematik gelernt haben, sondern es muss eine existentielle innere Entscheidung sein, die bereits Trotz und Angst überwunden hat bzw. gelernt hat, damit umzugehen. Der Satz, der oft aus der bitteren Unterdrückungserfahrung heraus gesagt wird: Ich werde mich nie mehr von jemandem bestimmen oder dirigieren lassen, ist nicht nur ein heilsamer, sondern auch ein gefährlicher Grund-Satz, denn er kann dazu führen, dass wir uns neuen Lehren und auch neuen Lehrern verschließen und damit auch Hingabe, die Fähigkeit sich zu öffnen, verhindern.

Wenn Menschen ewig müde sind und es auf ihre Überarbeitung schieben oder sonst eine Ausrede erfinden, wenn sie ihre Partnerprobleme auf den Partner abschieben, weil der nicht richtig ist so, wie er ist, oder auf den Chef, weil der ein Idiot ist – dann sind das alles Ausreden, die verhindern, dass wir uns selbst in die Zange nehmen und unser eigenes Verhalten hinterfragen. Zu einem Konflikt gehören immer zwei und der eine davon bist garantiert *du*.

Wir sehen die Welt so, wie wir gelernt haben, sie zu sehen, und uns eingeredet haben, wie sie sein soll. Wir leben hinter dem Vorhang, den die Hilflosigkeit des Kindes vor die Wirklichkeit gezogen hat, denn es ist oder scheint einfacher, keine Verantwortung zu haben und sie den anderen zuzuschieben. Verantwortung aber ist eine innere Haltung, die Vitalität freisetzt. Wer also lebendig, dynamisch, lebensfroh, kreativ und liebevoll werden will, der mache sich an die Arbeit!

Was tust du z.B., wenn du abgespannt von der Arbeit nach Hause kommst? Was brauchst du dann? Kaffee, Tabak, Alkohol, Drogen, Zeitung lesen, fernsehen, streiten, murren, schlechte Laune verbreiten, telefonieren, schnellen Sex, Essen ...?

Um den Arbeitsstress abzubauen und des Tages »Last und Müh« abzuschütteln, ist die Kundalini-Meditation höchst geeignet. Man schüttelt sich nach Musik fünfzehn Minuten, tanzt fünfzehn Minuten, sitzt fünfzehn Minuten still und hört Musik und legt sich dann still fünfzehn Minuten auf den Rücken. Die Dynamische Meditation morgens vor dem Frühstück ist eine gute Vorbereitung für den Tag.

Und auch im Laufe des Tages ist es nützlich, mal zehn Minuten Ruhe zu geben, die Augen zu schließen und nach innen zu horchen. Wer »keine Zeit« hat und aufräumen, kochen, putzen oder sonst eine körperliche Arbeit machen muss, kann diese Arbeit tanzend machen. Praktisch ist es möglich, aus fast jeder Arbeit eine Meditation zu machen, meditieren heißt ja einfach nur, nach innen gehen, nicht grübeln, denken oder planen, sondern spüren, wahrnehmen. Jeder findet zu gegebener Zeit »seine« Meditation, von der er spürt, dass sie in seiner augenblicklichen Lebenssituation die Richtige ist und die er dann so lange macht, bis andere Bedürfnisse auftauchen und andere Methoden ihn anziehen.

Meditation hilft den inneren Frieden herzustellen. Wenn viele Menschen meditieren – meditieren würden –, würden Gewalt und Aggression der Boden entzogen. Und da wir als kleine Würstchen wenig Einfluss haben auf die politischen Macht-komplexe, sollten wir Meditation zuerst im kleinen Kreis aus-üben, denn viele kleine Kreise werden zu größeren Kreisen und größere Kreise ziehen weite Kreise und verbreiten sich durch die morphogenetischen Schwingungen. Dies ist die ein-zige unschuldige Einflussnahme auf das Weltgeschehen.

Übung **S**etz dich bequem in einen Sessel mit Armlehne oder stütze die Ellenbogen auf die Tischplatte. Lege den Mittel-finger deiner rechten Hand auf den Ansatz der rechten Augenbraue an der Nasenwurzel und mache ganz sanfte – wirklich sehr sanfte – Kreis- und Druckbewegungen. Geh langsam weiter an der Augenbraue entlang, immer einen Fingerbreit, und mach dieselben Bewegungen. Die Haut wird auf dem Augenbrauenbogen leicht gedrückt und be-wegt. Am Ende des Brauenbogens geh auf den Jochbogen über und behandle denselben unter deinen Augen (nicht die Weichteile, auf dem Knochen), bis zur Nasenwurzel. Je länger – je lieber! Dein Organismus muss genügend Zeit bekommen, um sich auf diese Wahrnehmung einzustellen. Nimm dir die Zeit, auf die Dauer kannst du dir doch nicht davonlaufen. Wenn du mit dem rechten Auge fertig bist, arbeite am linken. Am Schluss lege deine beiden Hände über dein Gesicht und nimm dein Gesicht wahr, deine Ma-ske und was unter der Maske verborgen ist.
Im Grunde kann jeder Körperteil für eine solche Meditation dienen. Wo immer du hindrückst mit Achtsamkeit und Liebe, du wirst eine gute Erfahrung machen, dein Körper wird antworten und einen Teil deiner Seelenstruktur frei-legen. Es lohnt sich, wenn du es dir erlaubst. Jeder Teil dei-nes Körpers ist ein Tor nach innen, zu dir selbst.

Übung **G**ehe, so langsam du kannst, im Park, auf dem Gehweg oder wo du gerade bist. Geh mit deiner Aufmerksamkeit zu deinem Nabel und stell dir vor, deine Nabelschnur führt dich in die Zukunft, du folgst ihr. Dann stell dir vor, hinter dir ist die Vergangenheit und hinter dir schreitet ein Engel, der mit einem Schwert die Vergangenheit abschneidet. Du bist im Hier und Jetzt, deine Nabelschnur führt dich in die Zukunft, die sein wird und noch nicht ist, dein Engel schneidet deine Vergangenheit ab.

Übung **G**eh auf dem Fußweg oder in einem Park und schau alles, was dir begegnet, an, Baum, Mensch, Tier. Dann sage die Worte: Ich sehe dich – und ich spüre mich.
Atme dabei ganz tief durch und spüre dich.

Ich werde sein, der ich sein werde.
MOSE 3/14

4.12 Spiritualität

Und wenn es nichts gibt, das uns so das Antlitz des Mitmenschen verstellen kann, wie die Moral, kann die Religion uns wie nichts anderes das Antlitz Gottes verstellen.

MARTIN BUBER

Spiritualität und Religion haben eines gemeinsam, sie bedeuten Suche nach Gott, nach dem Lebenssinn, dem Wesentlichen, dem Eigentlichen. Was sie voneinander unterscheidet?

Religionen halten sich an Dogmen, an Gesetze, sie sind Institutionen, die Gläubige zusammenhalten und letztendlich Politik damit machen.

Spiritualität hingegen will die wesenseigene Religiosität finden, jenseits von Institutionen, Gesetzen und Dogmen. Spiritualität ist die bewusste Selbstfindung und schließlich Wahrnehmung des göttlichen Seins im eigenen Wesenskern. Sie ist der Aufbruch einer erwachenden Seele und der erwachenden Menschheit in eine neue Dimension der Wahr-Nehmung der Wirklichkeit, ein neues Verständnis von Moral und eine neue Praxis von Exerzitium.

Religion, wie sie heute betrieben wird, hat nicht mehr viel mit den Bedürfnissen und Möglichkeiten der gegenwärtigen Menschheit zu tun. Mit ihren Dogmen und Glaubenssätzen ist sie fast überall auf der Welt zu einer Machtinstitution geworden, die die Seel-Sorge nach veralteten Regeln betreibt.

Schon die Aufforderung Jesu »Komm, folge mir« ist so interpretiert worden, dass wir einem Hirten nachlaufen sollen, der uns zum Heil führt. Seine Worte aber und deren Ergänzungen in den neuen Ausgrabungen verschollener und wiederentdeckter Evangelien (Koptisches Thomasevangelium), die authentischer zu sein scheinen als die paulinische Religionspolitik, sprechen eine Sprache, die uns heute noch viel zu sagen hat – wie jede ursprüngliche Weisheit, die aus dem Weistum der Geschichte schöpft.

Zunächst gilt, dass alle Religionen weise Stifter haben, alle haben einen weisen Kern. Doch wenn der Weise tot ist, macht die Politik ein Dogma daraus.

Was heute viele Sucher spüren, ist, dass es nicht mehr um Religionen geht, sondern um Religiosität, um Spiritualität, um lebendiges Fühlen und Teilnehmen an der kosmischen Wirklichkeit. Es geht nicht um Festlegungen und Festgelegtes, sondern um Erweiterung der Wahrnehmung und der Wahrnehmungsfähigkeit; es geht nicht um Wissen, sondern um Erfahren; es geht nicht darum, Gott irgendwo da draußen im Weltall oder hinter dem Weltall zu suchen, sondern seine Präsenz in allem, was ist, zu erkennen, vor allem im eigenen Herzen.

Hier noch einmal die Worte der Kabbala: »Gott ist in seinem Wesen nicht erkennbar, in seinen Offenbarungen aber ist er erkennbar. Das Universum bildet sein Körper.«

Da wir Geschöpfe des Universums sind, ja, nicht nur das, sondern Teilnehmer, Teilhaber, dürfen wir uns wohl trotz unserer Kleinheit und persönlichen Unbedeutendheit als wichtige Geschöpfe, als Repräsentanten göttlicher Abkunft betrachten, auch wenn wir es vergessen haben oder nicht glauben können.

Religio heißt zurückfinden. Religiös sein heißt, sich auf das Göttliche zu beziehen und nicht auf von uns Menschen zusammengechannelte und zusammengebastelte Gesetze und Dogmen. Religiös handeln heißt, soziale Intelligenz im Hinblick auf die ewigen Gesetze anzuwenden und die notwendigen irdischen Gesetze zur Erhaltung des Lebens auf Erden (der geschichtlichen Epoche und ihrer Möglichkeiten gemäß) zu entwerfen.

Religiös leben heißt weiter, sich in jedem Augenblick seiner selbst bewusst zu sein, aus der inneren Verantwortung heraus zu handeln und der inneren Stimme zu folgen. Auch wenn sie uns in Schwierigkeiten führt, so begleitet sie uns ebenso hindurch und wieder heraus, vorausgesetzt wir lassen uns auf das Geschehen und die Verwandlung ein. Probleme können als Wegweiser erkannt, als Helfer benützt, als Material verarbeitet und als Anreger von Energieentfaltung begrüßt werden.

Religiös sein heißt endlich, sich in Demut und Dankbarkeit vor den Offenbarungen des Ewigen zu beugen. Wer das nicht freiwillig tut, der wird eines Tages dazu gezwungen. Der Hinduismus nennt es Karma, die Kirche nennt es Sünde, wir und viele Freunde und Helfer nennen es die universelle Liebe, die jedes Wesen durch die Hölle begleitet und ihm die Lehren erteilt, die es braucht, um bewusst zu werden. Wir wissen nicht wozu, wir wissen nur, dass es geschieht, dass dieser Prozess unendlich ist und dass wir bewusst teilhaben dürfen, wenn wir uns entschließen, auch das Kreuz auf uns zu nehmen, das Erkenntnisprozesse mit sich bringen, nämlich das Loslassen vertrauter, eingefahrener Gedanken, Vorstellungen und Praktiken.

Das Kreuz, von der Kirche als Todessymbol benutzt, das den Gläubigen das Fürchten lehren soll, steht in einem tieferen Sinn und nach älteren Überlieferungen für die Begegnung von Göttlichem und Irdischem im Herzen. Jesus am Kreuz zeigt uns die Verwandlung von Schmerz in Erlösung im Annehmen des göttlichen Willens.

In der Gralssage heißt es, dass das Licht der Wahrheit, wenn es einen Menschen unvorbereitet trifft, tötet, denn die Wahrheit ist brutale Universalität, sie wirft unsere Vorstellungen, Hoffnungen und Sehnsüchte total über den Haufen. Die Wahrheit tötet auf jeden Fall unser Ego.

Ken Wilber gibt zu bedenken: »In dem Maß, in dem die Menschen auf ihrem Weg aus dem Unbewussten die Fähigkeiten und Fertigkeiten in andere Bereiche ausweiten, vergrößert sich auch die Reichweite ihres Wahnsinns.« Er beschreibt aber auch, dass diese Gratwanderung dennoch zur Wahrheit führen kann und letztendlich, wenn alle Hindernisse überwunden sind, auch führen muss.

Jeder Mensch, der sich auf den Weg zu sich selbst begibt, macht religiöse Erfahrungen, d.h. er wird sich seiner Innerlichkeit bewusst, er erfährt seine innere Stimme, er nimmt die Lebendigkeit wahr, er bekommt Ehrfurcht vor dem Leben, vor seiner eigenen Geschichte, die ihn dahin geführt hat, wo er jetzt steht. Er beginnt, sich selbst zu lieben, nicht als ein Ego-Diener, sondern als Repräsentant der Schöpferkraft, der er dient und die er gleichzeitig verkörpert.

Der Weg führt über die Selbsterkenntnis, aber nicht, indem wir fasziniert in den Himmel starren und uns, angesichts der Grandiosität, als winzige Würstchen wahrnehmen und darauf warten, dass »eine lebendige Wahrheit« oder irgendein ominöses Feuer uns begegnet. Oder wie bitte bringt man »den Mitternachtshimmel zum Einsatz«, wie ein gewisser Ramtha es verspricht? Die Poesie kann eine Verführung sein, die an den Grenzen des Unsagbaren rüttelt und es jedem Einzelnen überlässt, welche Schlüsse er daraus zieht. So ist auch die Bibel ein Kunstwerk, das Botschaften übermittelt, die an eine Melodie gekoppelt sind, die das Herz erreicht, wenn wir unser Herz öffnen. Aber jetzt müssen sie in unsere Sprache und unser Verständnis übersetzt werden.

Selbsterkenntnis darf keine Poesie sein, sondern muss Realität werden. Sie passiert, wenn wir in einen Spiegel schauen, der uns unser ganz persönliches Egoportrait präsentiert. Wenn wir dies zutiefst wahrgenommen haben, kann es sein, dass wir eine Sekunde lang über unser kleines Ego hinausblicken und das Ganze ahnen können, von dem wir ein Teil sind.

Also, bleiben wir auf dem Boden, in unserem Körper, im Hier und Jetzt.

Das soll nicht heißen, dass Ermahnungen von Channels, von »Hohen Geistern«, unnütz sind, nur ist hier die Frage, auf welche zusätzlichen Trips sie die Leute schicken, die sowieso schon auf dem »Außerirdischen-Trip« oder auf dem »Hohen-Geist-Wesen-Trip« sind. Dem Wahn sind keine Grenzen gesetzt, es sei denn, wir setzen sie uns selbst, indem wir aufhören zu glauben und beginnen zu erfahren. Es ist wichtig, zu forschen und immer tiefer in die Geheimnisse der Materie vorzudringen, aber zur Weisheit führen sie nicht. Die Weisheitslehrer vergangener Epochen wussten nichts über Quantentheorie, dennoch wussten sie, wo Gott wohnt, wenn auch die Worte und die Bilder, die sie dafür gebrauchten, nicht mehr die unsrigen sind. Auf dem Weg vom »animalischen zum kosmischen Bewusstsein« (Ken Wilber) gab und gibt es unendlich viele Stationen, die sich im jeweiligen Zeitgeist ausdrücken und dem Bewusstsein der Menschen dieser Zeit entsprechen und von ihnen auch verstanden werden können. Jede neue Phase jedes Zeitalters gewinnt ein anderes Verständnis und es sieht jetzt ganz so aus, als ob die Menschheit an einem Punkt angelangt sei, von dem aus alles möglich ist. Die Ahnung eines jeden Individuums, eins mit dem Göttlichen zu sein, verdichtet sich zu hohen und oft zu überschwappenden Erfahrungsebenen. Wie Wilber sagt: »Entstellt jedoch der Einzelne seine Intuition, indem er sie auf sein separates Ich bezieht.« Es ist das Ego, das unsterblich sein möchte, das bedeutend sein möchte und das uns immer wieder zurückzuholen versucht in den Sumpf der Illusionen. Es ist der persönliche Erfolg, der uns in die Falle des Erleuchtungswahns lockt und uns Interpretationen anbietet, die uns bestätigen, statt zu regulieren.

Channeln nennt man heute in der Eso-Szene, was einstmals Intuition hieß. Mit dem Unterschied, dass Intuition den allgemeinen Anschluss an die Ebenen des Überbewusstseins bedeutet, in welchem alle Weisheit gespeichert ist und abge-

rufen werden kann. Beim Channeln glaubt der »Sensitive«
Nachrichten von bestimmten, meist natürlich »hohen« Geistern zu empfangen, von Wesen, die ihn oder sie persönlich
ausersehen haben, der übrigen blinden und tauben Menschheit Erkenntnisse und Nachrichten zu übermitteln. Alle Erkenntnisse und Nachrichten entsprechen jedoch immer dem
geistigen und intellektuellen Niveau des Empfangenden. Das
Wort Niveau enthält keine Wertung, sondern bezeichnet einfach die entsprechende Ebene, wenn sie auch in der geistigen
Hierarchie einen bestimmten Platz hat und, wie sich denken
lässt, nicht immer den höchsten. Jede Ebene ist wie eine Stufe,
die beschritten bzw. erklommen werden muss und nicht über-
sprungen werden darf. Logischerweise ist das Ego des Empfangenden darauf bedacht, möglichst hohe Ebenen zu repräsentieren, denn es fällt auf ihn zurück. Je höher das sendende
Geistwesen steht, umso mehr »Niveau« beweist der Empfänger, was dazu verführen kann, beim »Channeln« die abenteu-
erlichsten Namen zu erfinden, um möglichst Leute aus Sumer
oder noch besser aus Atlantis zitieren zu können.
Mir scheint es so zu sein, dass die Medien, die sich auf bestimmte hohe Geistwesen beziehen, erstens nicht zu ihren eigenen Erkenntnissen stehen und zweitens die Verantwortung
für das Gesagte auf höhere Institutionen abschieben, um sich
selbst damit rauszuhalten. Der Rückzug in die Anonymität
mag auch aus der Bescheidenheit kommen, die jedoch immer
mit einem unterentwickelten Selbstbewusstsein zu tun haben
kann. Mit Selbstbewusstsein ist nicht die Stabilität des Ego
gemeint, sondern die bewusste Wahrnehmung des eigenen
höheren Selbstes, das sich als eine Abkunft oder Inkarnation
der Schöpfung versteht. Warum nicht das Wunder annehmen,
dass wir selbst es sind, und die Eingebung empfangen, dass
Intuition jedem Wesen gegeben ist und dass niemand es nötig
hat, sich zu produzieren. Für mein Verständnis sind hohe
Geistwesen keine Geister, sondern der Zugang zu höheren

Geistesebenen, die als Schwingung im Kraftfeld der Erde die kosmischen Botschaften reflektieren.

Viele Menschen sind fähig ihren inneren Bildern feinstoffliche Körper zu geben. Sie stülpen sozusagen ihren Astralkörper nach außen, der sogar für andere sichtbar sein und als Wesenheit erkannt werden kann. Es gibt einen Bericht von Forschern aus den dreißiger Jahren, dazu gehörten u.a. Gustav Meyrink, Graf Kayserling und Dr. Schleich. Sie arbeiteten mit einem Medium, das fähig war, Wesen zu materialisieren. Alle Anwesenden konnten diese sehen. Die Wissenschaftler machten in einer Sitzung das Experiment, ein Wesen mit Farbe zu bespritzen. Was dann zu sehen war: Die Farbe erschien auf dem Körper des Mediums. Das heißt nun nicht, dass es keine feinstofflichen Wesen gibt, sondern nur, dass sie nicht in ihrer wahren Form auftreten, sondern einen Stoff benutzen, der von menschlichen Wesen zur Verfügung gestellt wird und mit menschlichen Augen gesehen werden kann. Dies scheint mir ein Hinweis darauf zu sein, dass wir nur das sehen und erkennen können, was als Form in unserem Unterbewusstsein vorhanden ist, was wir also kennen. So, wie es auch in unserer irdischen Welt ist: Wir können im anderen Menschen immer nur das erkennen, was wir auch selbst wissen.

Wer Götter braucht, erfindet sie. Wer Gott sucht, muss mit dem Engel der Jakobsleiter oder, wie in der griechischen Mythologie beschrieben, mit dem Herrn der Schwelle, mit Saturn, ringen, dieser Instanz in uns selbst, die der Wahr-Haftigkeit verpflichtet ist und uns scheitern lässt, wenn unsere Ziele unlauter und unsere Motive egobezogen sind. Das Schlimmste, was uns passieren kann, ist der Selbstbetrug, er lässt uns immer wieder in die tiefsten Höllen plumpsen und führt am Ende zum Wahn, zur Psychose und den oft irreparablen Zwängen der Selbstherrlichkeit.

Wie mehrfach betont: Der »Sensitive« erreicht immer nur die Erkenntnisebenen, die seinem Charakter gerade noch zugänglich und angepasst sind. Er wird auch nur von denjenigen verstanden und bewundert, die seines Geistes sind.

In der Literatur, überhaupt in der Kunst, sowie in der Philosophie bedeutet »eingeweiht sein« nicht esoterische Spiritualität, sondern sich auf dem geistigen Niveau befinden, auf dem der Künstler agiert. James Joyce oder Goethes *Faust II* oder Hölderlin kann nur verstehen und würdigen, wer den geistesgeschichtlichen Weg nachvollziehen kann und hingeführt worden ist zu solcher Weltbetrachtung, zu solchem Lebensausdruck. Auch hier brauchen wir Lehrer.

Von daher haben natürlich auch die Channeler ihren Sinn, denn die Existenz hat sie erlaubt und ihre Durchsagen sind für irgendjemand von Nutzen. So ist das mit Gott, er lässt uns einfach alles Denkbare ausprobieren, er greift nicht ein, er schaut gelassen zu und womöglich lacht er sich ins Fäustchen. Kann auch sein, dass er sich manchmal oder immer zunehmend mit Schaudern abwendet von dem Bild, das die Erde ihm bietet. Aber er kann abwarten, bis wir zur Besinnung kommen. Er hat Zeit.

Wer auch nur einmal eine Gotteserfahrung gemacht hat, einmal den Zustand der Transzendenz in seinem eigenen Innern erlebt hat, wird alles daransetzen, um wieder an dieses höchste Glück zu kommen. Jeder sehnt sich zutiefst danach, hat aber ebenso Angst, sein Ego loszulassen, seine Eigenart aufzugeben, die er für seine angestammte und zu entwickelnde Individualität, die er für seinen Charakter hält.

Charakter ist – so sagt Ferenczi – eine Miniaturpsychose.

Deshalb versuchen viele auf der Himmelsleiter einige Sprossen zu überspringen und die Transzendenz auf eine Art und Weise zu erlangen, die diese genau verhindert, entweder durch Träumereien, Phantasien, Beschwörungen, Rituale, Prophetie oder sonstiges »Teufelswerk« oder »Himmelsgeschenk«. Der Zwangsjacke von Gier und Unersättlichkeit ist schwer zu entkommen. Auch das Gebet im Sinne des Bittens ist eine Bremse, ja eine Anmaßung, denn wir versuchen etwas zu erbitten, was wir glauben, haben zu müssen, was uns womöglich nicht zusteht, denn sonst bekämen wir es. Das Einzige, worum wir bitten dürfen, ist Kraft, um in Dankbarkeit und Einsicht hinnehmen zu können, was uns gegeben wird. Wenn Hingabe und Demut entwickelt worden sind, wenn Ersatzlösungen wie Besitz, Ruhm, Wissen, Macht als Instrumente des unbewussten Ego erkannt worden sind, bricht die Gier zusammen, sie verschwindet einfach, denn das Geschenk der Einsicht lässt jede andere Befriedigung zur Farce werden.

In alten Zeiten, in Ashrams und Klöstern, waren Meister oder Lehrer dazu da, den Schülern Prüfungen und Exerzitien aufzuerlegen. Die heutigen sich kristallisierenden Egos glauben oft, ohne einen Meister auskommen zu können, es im Alleingang zu schaffen – wie der Lonesome Cowboy, der einsame Westernheld, der sich nach getaner Arbeit (Verwirrung stiften, töten) auf sein Ross schwingt und von dannen reitet, neuen Abenteuern entgegen. Der Bewusstwerdung steht der Stolz im Wege und die Angst, sich einordnen zu müssen in die Karawane der blinden Sucher, unter das Volk, unter die Unwissenden, die Dummen. Hinter dem Stolz lauert die Angst. Angst kann nicht bekämpft werden, sie zeigt den Weg und sie verschwindet, wenn die Verbindung zum Urgrund, zum Kosmos offenbar wird. Es tut gut, sich auch mal zu schämen und Schwächen zu bekennen, denn das verbindet uns mit den anderen »Schwächlingen«, wir sind nicht allein.

Alle Therapien und Selbsterfahrungskonzepte, die nur auf Beseitigung von Neurosen und die Wiederherstellung von Arbeitsfähigkeit und Anpassung aus sind und die spirituellen Aspekte der Bewusstseinsentwicklung vermeiden oder fürchten oder nicht kennen, sind auf die Dauer Augenwischerei.

Eugène Ionesco konnte sagen: »Solange wir uns unsrer Unsterblichkeit nicht sicher sind, werden wir uns, trotz unseres Verlangens nach gegenseitiger Liebe, weiterhin hassen.«

Wenn es um Spiritualität geht, um die Annäherung an das Göttliche, wird von jeder Lehre absolute Hingabe und Aufmerksamkeit, das absolute Loslassen verlangt, bis auf den letzten Rest der Persönlichkeit.

Shiva, der Zerstörer aller weltlichen Illusionen, verlangt das Erlebnis des Göttlichen in seiner furchtbarsten Form: das Vermögen, der unverschleierten Wahrheit ins Auge zu sehen, ohne davon überwältigt oder verstört zu werden. Seine Maxime, der fünffache Offenbarungsprozess, lautet: Schöpfung, Erhaltung, Auflösung, Verschleierung, Gnade.

Ereshkigal, die sumerische Göttin des Todes und der Wiedergeburt, hat ihre Schwester Jana, die Göttin des Lichts, vernichtet. Diese musste allen äußeren Schein, ihre Kleider, ablegen, ihre Identität musste vernichtet werden, um als Symbol für Transformation wieder aufzuerstehen.

Auch Jesus verlangt – und praktizierte nach der Überlieferung – das Loslassen der eigenen Wünsche und Vorstellungen. Selbst in seiner letzten Stunde bat er um Aufschub, bis der Prozess der Hingabe so radikal fortgeschritten war, dass er sagen konnte: »Dein Wille geschehe.« Er musste ans Kreuz geschlagen werden, um die letzte Hürde des Loslassens zu nehmen und um uns damit zu zeigen, was Hingabe bedeutet und wie sie aussieht.

Und schließlich hat uns Osho gezeigt, wie man mit Anstand geht. Als sein Herz schwächer wurde und seine Anhänger einen Kardiologen holen wollten, um sein Leben zu verlängern, sagte er: »Nein, nein es ist genug. Die Existenz hat es beschlossen und ich gehe, I leave you my dream.«

Die Früchte der Erkenntnis wachsen auf hartem Boden und die Gnade wird nur zuteil im Loslassen.

Ich möchte hier die Kabbala anführen, weil sie mir als eine der Standardeinsichten des menschlichen (westlichen) Geistes erscheint. Uraltes Wissen ist in sie eingeflossen und wurde weitergegeben. Sie ist die Grundlage die Mathematik. Sie beschreibt den Weg aus der praktischen Logik des Einmaleins in die Metaphysik der Unendlichkeit und kündigt damit einen Ordnungsbereich an, dem wir uns nur in der Meditation annähern können.

Die Kabbala, wie sie sich dankenswert bei den Hebräern kristallisiert hat, ist ein Produkt uralter östlicher, sumerischer und ägyptischer Weisheit, ihr Ursprung ist in den Anfängen der Menschheit zu suchen, sie ist ein Resultat der Menschheitsgeschichte und gehört der Menschheit. Ihre »Er-Finder« kommen aus der Sphäre genialer und begnadeter Weisheitslehrer – und sie wurde ebenso benutzt, um Raubzüge zu motivieren und Gesetze zu formulieren, die der jeweiligen Zeit dienten.

Es muss hier deutlich unterschieden werden zwischen dem Gesetz des Talmud mit seinen Normen und Geboten, die für uns keine unmittelbare Verbindlichkeit mehr haben, und zwischen der »Geheimlehre«, die sich auf das Wesen der Gottheit und die Modalitäten seiner Offenbarungen, auf das Mysterium der Schöpfung und ihrer Gesetze bezieht. Hier finden wir die Aussagen, die unser westliches Denken und Fühlen initiiert haben, Aussagen, die aus dem Schatz der Kollektivseele stammen, von denen viele Menschen wieder berührt werden und die in der esoterischen Praxis auftauchen, z.B. im Tarot oder in der Astrologie. Im Tarot werden die menschlichen Zustände in einundzwanzig Bildern beschrieben und auf die einundzwanzig Buchstaben des hebräischen Alphabetes übertragen. Unser heutiges Alphabet beruht auf diesen Weisheitsquellen.

Die Astrologie ist ein anderes Mittel, um Einblick in die universalen Gesetzmäßigkeiten zu erlangen, auch wenn sie heute oft missbraucht wird, um billige Wahrsagerei zu betreiben.

Der griechische Götterhimmel repräsentiert die menschlichen Eigenschaften und die sich daraus entwickelnden Schicksale in so lehrhafter Weise, dass ein ernsthaft Suchender fast nicht an ihm vorbeikommt. Allein das Studium des Zodiak (Tierkreis) ist eine Fundgrube an Bildern und Symbolen, die kollektives Urwissen verdeutlicht, das sich in jeder Seele spiegelt. Ich möchte hier noch einmal an die Figur des Saturn erinnern. Niemand kommt an Saturn vorbei, der seine Schuhe nicht ausgezogen, seine Kleider und Masken nicht abgelegt hat. Er bleibt in seinen Träumen, Projektionen, Phantasien gefangen, er tritt auf der Stelle und die unerledigten Aufgaben seiner Geschichte fordern ihn in Gestalt von Dämonen heraus und verwickeln ihn mit den Fallstricken seines Selbstbildes. Der Hüter der Schwelle ist rigoros, seines Zeichens das Gesetz persönlich, er verordnet Abstürze, Niederlagen, Nöte, die eindeutig erklären: Kehr um! Erkenne dich, reinige dich, mach dich würdig, wenn du die Hallen der Weisheit und des Segens betreten willst.

Ob nun Essener, Kabbalisten, Gnostiker, sie alle wussten von der Wechselbeziehung zwischen himmlisch-kosmischen und irdisch-materiellen Kräften und wie sie mit Menschen in Berührung und zur Verschmelzung kommen, zu gleichen Teilen, nach dem Gesetz der Dualität. Das eine ist ohne das andere nicht möglich. Gelebt und erfahren werden kann nur durch Begegnung, im Austausch, in der Reibung und in der Verschmelzung. Peter Plichta sagt: »Die Natur ist aus sich heraus intelligent und wir Menschen sind als selbstreflektierende Geschöpfe die Selbstverwirklichung dieser Intelligenz.«

Wenn »die Weisheit neben der Klugheit wohnt« (Salomon), dann müssen wir erst einmal klug werden, klug sein. Klug ist, wer für sich selbst sorgen kann, ohne seine Mitmenschen zu beeinträchtigen, ohne Manipulation, Politik oder Verführung, denn diese Machenschaften schlagen unweigerlich über kurz oder lang auf uns selbst zurück – und das ist unklug.

Die Schule der Selbsterkenntnis ist ein Kampf mit Engeln und Dämonen, um am Ende auch diese als unsere eigenen Wesensanteile zu erkennen und unser Wertesystem, das den Energien Namen und Gestalt verleiht, als Spiegelung unseres Weltbildes zu entlarven. Alle Gesichte, Visionen, Träume und Durchsagen wachsen auf dem Mist unserer persönlichen Einstellungen. Was wir mit unseren eigenen Augen sehen, mit unseren eigenen Ohren hören, ist nichts anderes, als die verdinglichte Mitteilung aus energetischen Schwingungsebenen, die sich, um sich verständlich zu machen, der Bilder und Worte bedienen müssen, die wir aus unserem eigenen Visual- und Wortschatz kennen. Einem Hindu werden Shiva und Vishnu erscheinen, einem Indianer seine personifizierte Gottesvorstellung. Aber auch wenn uns so großartige Bilder erscheinen wie die höchsten Wesen persönlich, sollte dies nicht als Zeichen von Auserwähltheit gedeutet werden, sondern den Stachel des Zweifels beinhalten: Ist es mein Ego, das diese Bestätigungen aus den höchsten Ebenen herabzaubert – um sich selbst zu befriedigen? Die Antwort wird uns zur rechten Zeit gegeben.

Zu zweifeln ist eine Aufgabe spirituellen Strebens, um größeres Geschehen zu erkennen, als Gespensterpolitik und Dämonenspektakel es versprechen.

Kein wirklich Erleuchteter wird mit Gespenstern arbeiten, um Hörer und Gläubige einzusammeln. Kein Erleuchteter wird sich auf eine Instanz berufen, die einen Namen trägt. Denn wie in der Kabbala gesagt wird: Gott hat keinen Namen und keine Gestalt.

Und seine Botschaften, seine Bilder und Erscheinungen, seine Heiligen, Engel und Teufel sind wie unsere Traumbilder, in denen sich unsere Problematik verschlüsselt hat und deren Symbole wir erforschen müssen, um unseren »Geheimnissen« auf die Spur zu kommen. Das will nicht besagen, dass alle Wahrsagerei Unsinn ist, sondern nur, dass wir behutsam mit den Bildern umgehen müssen. Wenn jemand in die Zukunft sehen kann, so ist das ein Geschenk und besagt einfach nur, dass dieser Mensch ein waches Sensorium hat und Symbole und Bilder in Sprache umsetzen kann. Was allerdings noch nichts über seinen eigenen Entwicklungsstand aussagt. Dieser ist allerdings daran zu erkennen, wie er in seinen persönlichen Bereichen mit seiner Weisheit umgeht.

Wir dürfen keinen Einfluss nehmen, denn Vorhersagen und Prophetien haben hypnotische Wirkung. Es kann schwarze Magie sein, die ein labiles Gemüt, ja ganze Völkergruppen in Spannung halten können, wie zum Beispiel die Erwartung des Messias – immer noch!

Sünde ist in diesem Sinne, wenn man den Begriff überhaupt noch gebrauchen will, trotz besseren Wissens Dinge zu tun, zu sagen oder anzuzetteln, die niemandem nützen außer uns selbst. Auch wenn es unbewusst oder halbbewusst geschieht, müssen wir es dennoch ausbaden.

Wer sind wir, dass wir glauben eingreifen und magische Mittel benutzen zu dürfen? Magie ist Übertragung von Vorstellungen auf ein anderes Wesen, schwarze Magie ist Missbrauch psychischer Kraftfelder, ist Verführung und Manipulation, um ein bestimmtes Ziel zu erreichen.

Das »gemeine Volk« ist leicht zu verführen, es fällt auf jeden Spuk, jeden Schabernack, den missgeleitete geistige Kräfte verursachen, herein. Dann werden Priester gebraucht, um die Teufel auszutreiben, um ihre Macht über die Finsternis, über die Hölle zu demonstrieren und um Glaubenssysteme zu bekräftigen und zu verherrlichen, in denen der Geist in Ketten liegt. Teufelsaustreibungen sind schwarze Magie. Teufel gibt es nicht. Sie sind unsere Interpretation von unliebsamen Kräften, die ihr Unwesen in unbewussten, verführten, hinters Licht geführten Seelen treiben. Sie sind die Entschuldigung für unbewusstes Handeln und mangelnde Eigenverantwortung.

Auch in der therapeutischen Praxis werden Teufel »ausgetrieben« mit den Techniken der Katharsis. Dabei kommt sehr schnell ans Licht, welcher Art die Teufel sind und in welcher Weise sich die »Geister« – jene Gestalt annehmenden Gedanken, Vorstellungen, Manifeste, die eine Gesellschaft und eine Persönlichkeit bestimmen – in einem Körper auswirken, eine Seele schädigen, den Verstand verzerren und Bewusstsein hintertreiben.

Hier etwas über die drei Heilswege des Christentums: Glaube, Hoffnung, Liebe.

Glaube

Glauben heißt, etwas für wahr halten, was uns jemand Glaubwürdiger erzählt, aufgeschwatzt, übergestülpt hat. Glauben erspart uns zu denken, erfahren, forschen, erspart uns Arbeit, Auseinandersetzung und Bewusstsein. Glaube ist Selbstbetrug! Wozu glauben – und wem? – wenn es möglich ist zu wissen! Wir brauchen nicht zu glauben, dass die Sonne scheint, denn wir können sie sehen, spüren. Wir brauchen nicht zu glauben, dass es Gott oder das Göttliche gibt, denn wir können es erfahren. Jesus hat zwar nach der Luther-Übersetzung gesagt: »Dein Glaube hat dir geholfen«, nachdem er jemanden geheilt hatte. Entweder ging man damals mit Bezeichnungen noch nicht so differenziert wie heute um oder die Übersetzung aus dem Aramäischen, der Sprache Jesu, hat im Durchgang durch einige Sprachen gelitten oder aber die Kirche hat mit gutem Grund den Begriff »Glauben« verwendet, um in seinem Namen allen möglichen Sinn oder Unsinn verkünden zu können. Wenn wir statt Glauben das Wort Vertrauen einsetzen, so erhält das einen anderen Sinn, die Zuversicht bekommt Verstärkung. Im Namen des Glaubens sind wir angewiesen auf gute Hirten, die uns führen und bestimmen. Im Namen des Vertrauens hingegen können wir alles, was geschieht, als von Gott gesandt betrachten, als richtig, notwendig und zu unserem Besten und die eigene Wahrnehmung, die eigene Erfahrung wird zur Basis weiteren Vertrauens.

Wenn das Vertrauen geschädigt worden ist, muss es wieder hergestellt werden, indem die Ursachen des Misstrauens aufgedeckt werden und Erfahrungen gemacht werden können, die in der Frische des Augenblicks entstehen – ohne die Krallen unseres Verhaltenscomputers im Nacken, der uns zurückholen will in die verschobene Sichtweise einer verletzten und kränkelnden Seele.

Der Sitz des Vertrauens ist der Hinterkopf, vor allem der Platz zwischen dem Eintritt der Wirbelsäule in den Schädel und der Mitte des Hinterkopfs. Es ist genau der Teil des Kopfes, der nach der Geburt bis zur Zeit des selbständigen Köpfchenhaltens in der Hand der Mutter lag (bzw. gelegen haben sollte), oft genug und sicher genug, um Sicherheit zu vermitteln – oder Unsicherheit hervorzurufen, je nachdem, wie nachlässig oder aufmerksam die Mutter damit umging. Dieser sehr empfindliche Teil des Kopfes steht den vielen ungeweinten Tränen nah, die seine Berührung auslösen können. Signale aus dem Sehzentrum, das im Hinterkopf liegt, senden quer durch die Schädelbasis Trauer- oder Freudebotschaften zu den Augen, so dass Tränen zu fließen beginnen. Auch aus Freude kann geweint werden.

Vertrauen hat also einen körpereigenen Ort, der durch Berührung oder Berührtheit stimuliert werden kann, der seinen Gefühls- oder Empfindungsüberschuss entweder in Spannung des Nackens ausdrückt oder als Entspannung in weitere Körperteile fließen lassen kann.

Glaube ist eine Einflussnahme auf unsere Gedanken und Gehirntätigkeit. Vertrauen hingegen heißt, dass wir akzeptieren, in Demut und Hingabe, dass alles, was uns geschieht, von einer höheren Macht uns zugeteilt und auserlesen ist, um uns zu unterstützen, aufzuwecken oder zu stärken. Vertrauen ist eine Qualität echter Religiosität und unlösbar mit aktivem Bewusstsein verbunden. Das heißt allerdings nicht, dass wir blind und gedankenlos Menschen vertrauen sollen, um dann ebenso blind und gedankenlos zu leiden, wenn nicht passiert, was wir erwarten und dann in die Enttäuschung stürzen.

Vertrauen ist nicht eine Sache zwischen Menschen, ihren Versprechungen und Verhaltensweisen, sondern zwischen unserer Seele und dem universellen Prinzip der Richtigkeit, die die Sprache Gottes ist.

Wir können nicht darauf vertrauen, dass ein Mensch, der uns Treue geschworen hat, dieses Versprechen auch einhält, sondern nur darauf, dass dieser Mensch seiner inneren Stimme folgt, die das Resultat oder die Konsequenz seines Weges ist. Auch wenn er von uns wegführt, ist er dennoch im Schöpfungsplan angelegt und gleichzeitig von uns unbewusst provoziert worden. Das muss begriffen werden – jeder Mensch ist auf dem Weg, und es kann sein, dass wir mit jemandem eine Weile gemeinsam gehen dürfen, dass aber jede Seele einen anderen Auftrag, ein anderes Lernziel und eine andere Geschwindigkeit hat. Wer sich aufhalten lässt, verpasst oft den Zug.

Wer einer anderen Stimme folgt als seiner eigenen, wird irregeführt. Wenn unsere innere Stimme uns in Schwierigkeiten bringt, so müssen wir diese Schwierigkeiten bearbeiten und auflösen, das ist die Reinigungsarbeit, die gerade dran ist.

Es wird hier die Frage gestellt werden: Also, einerseits sind wir verantwortlich für unser Schicksal, müssen es in die Hand nehmen und handeln, andererseits wird von höchster Seite über uns bestimmt und wir sollen annehmen, was uns gegeben wird?

Ja, genau! Beides stimmt. Im Talmud steht: »Alles ist vorhergesehen, dennoch bleibt uns die Freiheit des Handelns.« Wir sind für unser Schicksal verantwortlich, d.h. wir müssen die

Konsequenzen unseres Handelns oder Nichthandelns tragen. Wenn wir aber gleichzeitig in einem Auftrag handeln oder geführt werden, von einer höheren Macht bestimmt, also in gewissem Sinne »unschuldig« sind, so kann das nur bedeuten: Da ist eine Kraft, die in uns wirkt, die uns benutzt, die unsere Geistes- und Bewusstseinsmöglichkeiten anstachelt, um sich selbst darin zu verwirklichen, zu erkennen. Wir sind die Matrize, in der sich Geist entfalten kann. Du bist Schicksalsträger und Vollbringer, der einen fortlaufenden Prozess des freischwebenden Bewusstseins einfängt, es komprimiert und vollendet. Du musst dich mit deinen Anlagen verwirklichen und gleichzeitig bewusst Abstand zu dem Geschehen gewinnen: Zeuge sein und dennoch mit deiner ganzen Lebensintensität und nach deinem Gewissen wirken. Dieser Prozess ist lebendiges Wirken des Geistes, des Spirits der Schöpfung, der sich in der Materie ausdrückt und offenbar (Offenbarung – Offenlegung) zu immer höheren Ebenen der Wahr-Nehmung führt, bis zum Halleluja, bis zu dem, was nicht mehr beschrieben noch ausgesprochen werden kann, was jenseits jeglicher Interpretation existiert, was jedoch wahr-genommen werden kann im innersten Herzen, dem Zentrum der Liebe. Damit ist nicht nur das physische Herz gemeint, denn das ist nur der Ort im Körper, in dem sich das Leben in Gang hält, gemeint ist hier die Liebeskraft, die das fleißig arbeitende Herz symbolisiert und die der Motor ist, der das Universum in Gang hält, beflügelt und inspiriert.

Übung
··········

Um die Region am Hinterkopf zu stimulieren: Lege dich auf den Rücken, am besten im Bett, den Kopf auf ein Kissen. Dann beginne, den Kopf ganz langsam auf dem Kissen von links nach rechts und zurück zu rollen und beobachte die Empfindungen, die sich daraus ergeben. Diese Übung sollte mindestens eine halbe Stunde gemacht werden. Wichtig ist, dass sie langsam ausgeführt wird, so dass du jede Stelle des Hinterkopfes, jeden Druck spüren kannst. Dabei kann tiefe Entspannung passieren, es können aber auch Tränen kommen, dann lass sie fließen. Möglicherweise muss diese Übung mehrmals versucht werden, bis sie wirkt, denn unsere Angst vor Schmerzen oder Leid ist nicht so leicht zu überwinden. Stell dich einfach ohne Erwartung auf eine neue Erfahrung ein, denn niemand kann wissen, was wirklich passieren wird und was jetzt gerade für dich dran ist.

Wenn wir jemanden dabei unterstützen wollen, seine Tränen und seinen Schmerz auszudrücken, ist es gut, diese Bereiche des Hinterkopfs zu streicheln, zu stimulieren. Und nicht, wie es in der Kindheit und heute immer wieder passiert, zu sagen: »Es ist ja nicht so schlimm« und damit den Tränenstrom zurückweisen. Dann bleibt der Schmerz unausgedrückt und wird ein Bohrwurm.

Hoffnung

Auch Hoffnung ist ein Werbeträger für Wünsche, die uns aus Verzweiflung, Depression, Selbstaufgabe und Zerstörung locken wollen.

Bei Dante steht am Eingang des Infernos: »Lass alle Hoffnung fahren.« Dante begriff sein Inferno noch als die Hölle, in die wir verbannt werden bei Fehlverhalten, Sünde und Unglauben. Indessen, die Hölle ist hier und auch hier ist Hoffnung nicht angebracht, denn sie fesselt uns im Warten, Sehnen und macht inaktiv. Was allein uns hilft aus der Hölle zu entweichen ist Gegenwärtigkeit, Tapferkeit und Demut.

Hoffnung ist der Blick in die Zukunft, die gefälligst angenehmer werden sollte als die Gegenwart. Hoffnung wird von der Sehnsucht gespeist nach dem Unerreichbaren, das uns endlich zufallen könnte, wo wir doch schon so ausgiebig gelitten haben und es verdient hätten, mal Glück zu haben und die rosigen Zeiten des Lebens geschenkt zu bekommen und zwar auf der Stelle! Hoffnung und Sehnsucht halten uns davon ab, der Wirklichkeit zu begegnen und ihr gerecht zu werden. Nur die Wirklichkeit, das Hier und Jetzt, ist das Tor zur Veränderung. Weder Essen, Sex, Geld noch Drogen oder womit immer wir uns trösten und hinhalten, nichts führt uns aus dem Elend der Hoffnungslosigkeit und Verzweiflung, sondern nur: die Lage betrachten, wie sie ist, die Kräfte sammeln, die wir haben, und tun, was möglich ist, mit Herz und Verstand und der Zuversicht des Vertrauens.

Die Demut ist es, die die Hoffnung auflösen kann. Demut bedeutet Hingabe, Hingabe bedeutet Auflösung von Widerstand und Spannung.

Der »Herr« möge schon alles richten – wird immer noch gehofft. Der »Herr« regelt gar nichts, der hat nicht mal Jesus vor der Kreuzigung bewahrt, was er hätte tun können und wozu ihn Jesus auch kurz ersucht hat. Denn in seinen Augen war es wohl die einzige Möglichkeit, den Lehren dieses genialen Gottessohnes die Beachtung und den Ruhm zu garantieren, den seine Lehre gebraucht hat, um die Zeiten zu überdauern. »An seinen Offenbarungen können wir ihn erkennen.«

Demut und Hingabe haben ihren Sitz in den Knien. Wenn wir mit den Knien arbeiten, kann eine tiefe Erfahrung gemacht werden und tiefe Entspannung eintreten. Auch hier gilt: Wenn du solche Übungen alleine für dich machst, musst du Geduld haben, denn bei der Arbeit mit den Knien werden die ganzen Beine samt Gesäß in Mitleidenschaft gezogen. In den Beinen sitzt unsere Widerstandskraft und das Durchhaltevermögen, im Gesäß sind hauptsächlich Trotz, Eigenwille und »Sitz«-vermögen vertreten, die erst einmal betrachtet werden müssen.

Hier sind auch Sexprobleme manifestiert und hier wohnt die Fähigkeit oder Unfähigkeit, für sich selbst zu sorgen und seinen Platz im Leben zu finden.

Um die Knie zu lockern, müssen wir unsere Stehhaltung verändern. Die meisten Menschen stehen mit durchgedrückten Knien. Diese Haltung sollte aufgegeben werden zu Gunsten von »weichen« Knien, d.h. mach immer, wenn du irgendwo stehen musst, einfach die Knie locker, indem du sie ein wenig nach vorn schiebst. Dabei wird dir immer wieder einfallen, was Knie bedeuten, die Begriffe Demut und Hingabe werden in deinem Unterbewusstsein arbeiten und eine langsame Veränderung herbeiführen. Wenn jemand ein Leben lang seine Knie durchgedrückt hat, um zu überstehen, durchzustehen, auszustehen und zu sich zu stehen usw., wird er nicht so schnell diese »sichere« Haltung aufgeben können/wollen, denn sie garantierte bisher das Aushalten und Überstehen. Es ist ein langsamer Prozess der bewussten Veränderung, der einsetzen kann, wenn wir unsere Haltung beobachten. Mit Beobachten ist nicht Kontrolle gemeint, denn Kontrolle beinhaltet Zensur, Beurteilung. Hör auf, irgendetwas zu beurteilen und für schlecht oder schädlich zu finden, sondern warte ab, was an neuen Erfahrungen auftaucht – und beurteile auch diese nicht. Sag einfach zu dir selbst: »Aha, so ist das also«, und nimm es, wie es ist, dann kannst du auch unangenehme Erfahrungen, Gefühle und Empfindungen annehmen und als Lernprozesse verstehen.

Liebe

Die Liebe hat ihren Platz im Herzen, jenem menschlichen Organ, das wie kein anderes die Lebensimpulse weitergibt und reguliert. Die Liebe hat zwei Aspekte, die menschliche und die göttliche Liebe. Unter menschlicher Liebe verstehen wir die Liebe zwischen Menschen, die nur allzu oft verwechselt wird mit Brauchen, mit Versorgungsansprüchen, mit Statusbestätigung, mit Befriedigung hormoneller Notwendigkeit. Die göttliche Liebe hingegen geht über persönliche Beziehungen hinaus und meint den gesamten Weltkörper mit allen seinen Erscheinungsformen.

Dennoch ist auch in der menschlichen Liebe die göttliche Liebe als Grundmuster enthalten und wird nur leider immer wieder mit der Betriebsorganisation des Egos vermischt. Wenn wir nun statt Glaube Vertrauen sagen würden und statt Hoffnung Demut, könnten wir vielleicht auch die Liebe von dem Beigeschmack der Egohaftigkeit befreien – zu Gunsten einer weltoffenen, schicksalsbereiten, verantwortlichen und dankbaren Bewusstheit. Liebe ist überall und in allem und wir können sie finden. Dann wird uns schneller klar werden, dass Sehnsucht eine Egofunktion ist, dass Angst eine Projektion in die Zukunft ist, dass Gefühle – welche auch immer – Inhalte unserer Seele sind, die sich auflösen wird, wenn ihre Inhalte ausgelebt sind. Was bleibt, ist Bewusstsein.

Die Arbeit an sich selbst, die Selbsterfahrung, bedeutet zu guter Letzt, dass wir uns eines Tages unseres höheren Selbst bewusst werden, jener Kontaktstelle zum universalen Bewusstsein, der Kontaktstelle zur geistigen Welt.

Durch bestimmte Übungen, und vor allem nach intensiver Läuterung, können wir erfahren oder wahrnehmen, dass unser Bewusstsein unseren Körper verlassen kann, wie das beim Sterben passiert. Wenn diese Übung oder diese Erfahrung vorzeitig, d.h. ohne Führung eines erfahrenen Lehrers oder ohne läuternde Vorbereitung passiert, wenn der Mind noch nicht gereinigt und das Weltbild annulliert oder wenigstens hinterfragt worden ist, können diese Erfahrungen durchaus in die Geistesverwirrung führen und sogar irreparable Schäden verursachen. Dann gibt es keine »Gotteserfahrung«, sondern eine Begegnung mit den Dämonen des Unterbewusstseins. Sie sind, um es kurz zu wiederholen, die materialisierten Fehlzündungen unseres Mind, die Gestalt annehmen können, wenn sich unser feinstofflicher Körper dieser Energie unbewusst zur Verfügung stellt. Bewusstseinsarbeit ist deshalb die vordringlichste Aufgabe, wenn wir höhere Ebenen erreichen und trotzdem auf dem Boden bleiben wollen. Dazu brauchen wir Freunde, Begleiter, Helfer.

Die Voraussetzung dafür ist jedenfalls die Bewusstwerdung unseres Körpers als Medium unseres Erlebens. Denn wozu haben wir diesen Körper? Wenn es im Jenseits die Entwicklung gäbe, die im Körper möglich ist, weshalb sind wir dann hier? Wenn die Liebe im Herzen erfahrbar ist und das Vertrauen im Hinterkopf und die Demut in den Knien und die daraus folgende Entspannung – wozu brauchen wir Hoffnung oder Glauben? Wir können es erfahren, wenn wir wollen. Dazu brauchen wir aber die Bereitschaft, gegebenenfalls durch die Hölle zu gehen. Eigentlich haben wir sie schon bekundet mit der Bereitschaft zu unserer Geburt. Das war der erste Schritt. Die nächsten sind ebenso folgenreich, aber allzu oft haben wir uns die Erfahrung aus Angst vor Schmerzen versagt. Wenn Angst eine Projektion ist, dann beschwören wir den Schmerz geradezu herauf, wir ziehen ihn an, indem wir ihn ablehnen und schon sind wir wieder in der Hölle. Der Kreislauf der Wiederkehr schmerzlicher Erfahrungen kann nur unterbrochen werden durch Auflösung unserer Vorstellungen mittels Realität.

Wenn ich mich auf das Leben nicht einlasse, kann ich es nicht erleben.

Die Schule der Selbsterkenntnis ist ein Training, das uns nicht über die gefürchteten Schluchten bitterer Einsicht hinüberretten soll, sondern uns in sie hineinführt, um den Dämonen zu begegnen und mit ihnen zu ringen. Wir werden sie als unsere eigenen, in uns selbst wohnenden »Widersacher« erkennen (heißt: wider die Sache sein!), sie uns zu Freunden machen, indem wir ihre Signale als Alarmglocken benutzen, um sie als Kraftquellen und Energiereservoire annehmen, die wir jederzeit anzapfen können und die der Zugang zur universellen Lebensenergie selbst sind.

Wenn ein Baum seine Wurzeln verdammen würde, er würde vertrocknen. Wenn ein Mensch nicht in seine dunkelsten Tiefen hinabsteigt, in die Einsamkeit seiner inneren Wüste, kann er die Quelle nicht finden, die sein Leben speist. Nur das Ego kann leiden, unser wahres Selbst ist unverletzlich. Wenn wir uns der Wirklichkeit stellen, findet Erlösung statt, die die Auferstehung des Geistes ist. Wer sich selbst erkannt hat, ist Gott begegnet.

Wenn alle Sehnsüchte enttäuscht, als Täuschung wahrgenommen worden sind, wenn alle »Hoffnung« dahin ist, wenn es nichts mehr gibt, dem wir glauben, dann bleibt nur noch der Weg in die Wüste – wie Jesus (und viele andere Weise) es uns vorgelebt hat. Vierzig Tage mit sich selbst, den Mächten der Natur und den Dämonen des Verstandes ausgeliefert.

Dann werden wir, wie Moses auf dem Berg Sinai, Gott fragen: »Wer bist du?« Moses bekam die Antwort: »Ehjeh asher ehjeh«, das heißt: »Ich bin, der ich bin.«

Wenn du dich traust – sprich diesen Satz aus, wiederhole ihn mehrmals und spüre, wie sich das anfühlt. Was macht dieser Satz mit dir? Die Sprache des Urwissens ist die Sprache des Herzens, das »Fleisch gewordene Wort«, das wieder in Geist übergeht und nicht mehr ausgesprochen, sondern nur noch gespürt werden kann, ob nun als Erleuchtung, als Gotteserfahrung oder einfach nur als vieldimensionale Lebendigkeit. Wir sind es, die das Buch des Lebens schreiben, in welchem alles aufgezeichnet ist in Ewigkeit. Die großen Meister, die uns vorangegangen sind, sie rufen uns alle auf, die wir mit unserer Weisheit am Ende sind – und wir sind am Ende!

> *Wie gäbe es den Menschen, wenn Gott ihn nicht bräuchte,*
> *wie gäbe es dich?*
> MARTIN BUBER

Stell dir vor, du stehst vor »Gottes Thron« oder wie immer du die Instanz bezeichnen möchtest, vor der dein Gewissen sich verantworten muss. Was sagst du, wenn du gefragt wirst: Was hast du mit deinem Leben angefangen? Hast du es benutzt, um der Wahrheit näher zu kommen? Hast du gelernt, ohne zu resignieren? Bist du gewachsen, bist du deiner inneren Stimme gefolgt, warst du authentisch, bist du unschuldig?

Es wäre vernünftig und angebracht, sich diesen Fragen jetzt schon öfter einmal zu stellen, bevor wir mit feuerrotem Kopf einsehen müssen, dass es für dieses Leben zu spät und es ungewiss ist, ob es noch irgendwo einen ähnlichen Planeten wie diese Erde gibt, auf dem wir vollenden und weiterarbeiten können, was wir hier nicht geschafft haben. Gott braucht deine Hände, deine Füße, deinen Mund und dein Herz!

Wenn wir keine Schuldigen mehr suchen und unsere Hände in Unschuld waschen, wenn wir mit Anstand und Würde tragen, was an »Vergeltung« als Erfahrung auf uns zukommt und wenn wir uns geduldig einordnen in die Reihen einer Geschwisterschaft, in der es weder »Auserwählte« noch »Verdammte« gibt, sind wir reif für das »Reich Gottes« oder in unsere Sprache übersetzt: für die Gnade, die Segnungen des Bewusstseins.

Eine der wirksamsten für das Herz ist, mit der Aufmerksamkeit dorthin zu gehen, dorthin zu atmen. Wenn die Aufmerksamkeit eine Weile darauf konzentriert worden ist, beginne dein Herz zu befragen, was immer du willst, sprich mit deinem Herzen und hör zu, was es sagt. Wenn keine Worte erscheinen, dann nimm es hin, denn dann ist dein Herz bzw. dein Unterbewusstsein noch nicht bereit, mit dir in Kontakt zu treten und braucht Zeit, Geduld und Sicherheit, dass es angenommen wird. Spür dann, wie sich dein

Herz und der Raum um dein Herz anfühlt und was dir die Atmosphäre darin bedeutet. Irgendwann, wenn dein Herz genug Zutrauen zu der Ernsthaftigkeit deines Verlangens bekommen hat, wird es antworten. Die Stimme deines Herzens hat immer Recht, folge ihr. Oft genug wird sich dein Kopf einschalten mit Worten wie:»Das kann ja gar nicht sein« oder »So ein Blödsinn!«. Lass ihn reden, es ist dein Computer, der Angst hat, seine Macht über dich zu verlieren, es ist dein Dämon, ein Hirngespinst, dem du lange Zeiten deines Lebens Raum gegeben hast und der nun mit »Verstand« oder »Logik« dein Herz zu über- zeugen versucht, dass er Recht hat, und dir zeigen will, wer der Herrscher über dein Leben ist. Nimm ihm die Vor- herrschaft. Bewusstsein heißt: sich der Widerstände, der Argumente und Ängste unseres Computers, aber auch un- serer wahren inneren Stimme bewusst zu sein. Der Kampf zwischen den beiden ist die Auseinandersetzung mit den Festlegungen unserer Vergangenheit, an die wir glauben, weil sie die von uns gefertigten Mechanismen sind, die unseren Verstand bestätigt haben. Der Verstand soll aber unser Diener sein, nicht unser Herr. Dein Herz ist dein Wegweiser.

Übung
....

Breite die Arme aus und atme in dein Herz alles Elend der Welt ein, verwandle das Elend in Liebe und atme Liebe aus. Eine halbe Stunde mit zu Herzen gehender Musik.

Übung
....

Da jeder Mensch eine Antenne und einen Sender hat, kann auch jeder »channeln«. Wir bekommen immer eine Antwort, wenn wir mit der Intensität unseres Herzens da- rum bitten.
Vorschlag: Entspanne dich, erde dich, stell dir vor, deine Wirbelsäule wächst aus dem Steißbein heraus und gräbt sich in die Erde. Beobachte, wie weit diese Wurzeln ins

217

Erdreich hinunterwachsen können. Dann richte deine Aufmerksamkeit nach oben und stell dir vor, du hast ein Telefon und willst die Schaltstelle anrufen, an der dein höheres Bewusstsein, dein höheres Selbst, die universelle Schöpferkraft oder das Göttliche angeschlossen sind. Du wählst, lässt es dort oben klingeln. Es wird abgehoben und du stellst eine Frage. Du bekommst eine Antwort. Wenn du keine Antwort bekommst, frage, was du tun sollst, um eine Antwort zu bekommen. Lausche.

Der Gottlose flieht, auch wenn niemand ihn jagt,
der Gerechte ist furchtlos, wie ein junger Löwe.
SALOMON 28/1

4.13 Tod

Und ich fuhr nieder in die Länder unter der Erde
zu den Völkern der Vergangenheit, du aber hast mein Leben
aus der Grube herausgeholt, Herr mein Gott.

PSALM 30 /3-6

Das größte Tabu heute ist der Tod. Er wird in die Nebenzimmer oder Waschräume der Krankenhäuser verbannt, niemand will ihm begegnen, niemand setzt sich mit ihm und der eigenen Vergänglichkeit auseinander. Er ist indessen das Tor, an dem wir nicht vorbeikommen, wenn die Menschen auch alle Anstrengungen unternehmen, so alt wie möglich zu werden, solange wie möglich jung zu bleiben oder wenigstens zu erscheinen. Als ob der Tod die schlimmste Katastrophe sei, die einem widerfahren kann! Aber wie soll es auch anders sein, wenn die Priester jahrhundertelang mit dem Tod drohen, wenn den Kindern schon beigebracht wird, dass der Tod etwas Schreckliches und Verabscheuungswürdiges ist, einfach das absolute Ende, eine Instanz, die uns richtet, verurteilt und für immer und ewig in den Höllenpfuhl verbannt oder bei Wohlverhalten stracks in einen langweiligen Himmel befördert. Kinder indessen wissen vom Tod oder vielmehr von einem Sein ohne Körper. Wer einmal einem Neugeborenen in die Augen geschaut hat, erfährt die Tiefe, aus der diese Seele aufgetaucht ist. Kinder sterben auch leichter als Erwachsene, sie sind, wenn sie nicht grundlegend irritiert worden sind, bereit zu gehen, sie wissen einfach noch, woher sie kommen und wohin sie gehen. Auch das Kreuz wurde als Todessymbol missbraucht. Es hängt noch immer über vielen Betten als Mahnung, ja auf dem rechten Weg zu bleiben, die Gebote zu befolgen und vor allem im Bett keine bösen Spiele zu treiben! Das Kreuz als uraltes Symbol für die Begegnung von Geist und Materie wiederholt sich in unserem Körper, wenn wir die Arme ausbreiten, um zu empfangen. Wir sind die Manifestation dieser Begegnung von Geist und Materie, lebendige Wesen, in welchen sich Entwicklung und Umwandlung vollzieht. Jeder Körper verwandelt sich unablässig und löst sich eines Tages auf, um seine Moleküle in andere Formen übergehen zu lassen und ein anderes Leben zu gewährleisten. Die Seele verlässt ihn, aber auch sie löst sich irgendwann auf, denn sie besteht aus unseren Gedankenstrukturen, Gefühlen, Wünschen, Hoffnungen, aus Energieformationen, die im feinstofflichen Bereich walten und sich so lange verwirklichen, bis auch sie sich im gereinigten Bewusstsein verflüchtigen können. Unser Bewusstsein – oder jedenfalls jener Geisteszustand, der sich selbst in der Realität wahrnimmt und der unsere Individualität ausmacht – ist ein Teil des All-Bewusstseins, der auf das All zurückwirkt. Gerade so, wie auch hier auf Erden eine Ansammlung von gleich gerichteten Gedanken oder Meinungen auf das Ganze einen Einfluss, eine Wirkung ausübt. Wenn das All sich ständig erweitert, wie Astronomie und Physik behaupten, geht auch das Bewusstsein diesen Weg. So dass wir kleinen und »unbedeutenden« Wesen doch eine gewisse Gewichtigkeit haben. Und wenn wir es so betrachten, kann es durchaus sein, dass Gott oder das Wesen, das die Schöpferkraft repräsentiert, sich auch noch entwickelt und uns dafür benutzt, als seine Hände, seine Organe, die als Medium seines Wirkens neue und noch ganz andere und ungeahnte globale Perspektiven zu erarbeiten. Wenn die Schöpfung etwas ist, was ununterbrochen gestaltet, so wird ihre Kraft sich immer wieder in neuen Formen präsentieren, die neue Inhalte verarbeiten müssen, um neue Schöpfungen zu garantieren. Dann sind wir ganz besonders dazu aufgerufen, mitzuwirken am Bewusstseins- und Schöpfungsprozess, und wer möchte da nicht beteiligt sein, als Künstler, als Heiliger oder einfach nur als fleißiger Mitarbeiter, der seine Honorare je nach seiner

Aufmerksamkeit bezieht? Und der beim Abtreten, beim Verlassen seines Körpers in jene »Gefilde der Seligen« aufsteigen darf, die immer wieder besungen, erhofft und halluziniert worden sind. Ich nenne sie Halluzination, damit niemand sich festhalten und auch nicht enttäuscht werden kann, wenn sie dann doch ganz anders sind, als wir sie uns ausmalen.

Höhere Bewusstseinsebenen nennen wir diejenigen Bereiche, die wir anstreben, weil wir von ihnen neue Impulse und ganz besonders Erlösung erwarten. Aber schon die Worte höher und niedrig gehören in den Bereich der Dualität. Das ist auch zunächst ganz in Ordnung, wichtig ist nur zu wissen, dass wir duale Wesen sind und dass wir schließlich herausfinden, welcher Weg uns zum Heil, zur Heilung und zum Heiligen führt, zu dem, was unsterblich, unantastbar und ewig ist. Wenn der Tod verteufelt und gefürchtet wird, haben wir wenig Möglichkeiten, ihm gelassen zu begegnen. Er ist ein Naturereignis und das einzig Sichere in unserem Leben. Wir können ihn auf jeden Fall ohne Anstrengung erreichen – und wenn wir es wollen, auch ohne Angst. Dazu bedarf es allerdings erheblicher Arbeit am Bewusstsein. Die Auseinandersetzung mit dem Tod sollte nicht nur in Gedanken erfolgen, sondern auch in der Begegnung mit Sterbenden. Nicht nur für uns selbst ist es wichtig, auch für die Sterbenden ist es eine Hilfe, wenn im Augenblick des Hinscheidens echte Begegnungen stattfinden, wenn wir uns tief in die Seele blicken können und verstehen, verzeihen und Liebe geschehen kann. Es gehört mit zu unserer Verantwortung, uns selbst und dem Leben gegenüber, diese Stunde der Wahrheit miteinander durchzustehen. Es wird zu einer heiligen Stunde, zu einer Heilung, denn die Angst vor dem Tod löst sich angesichts des Friedens, mit dem eine sich selbst erkennende Seele den Körper verlassen kann und uns aus der Tiefe der Ewigkeit anblickt. So wie ein neugeborenes Kind noch aus der Tiefe der Ewigkeit schaut und uns Kunde gibt von einer anderen Welt, einer Welt, die wir vergessen haben und nach der wir uns sehnen, denn diese Welt ist unsere eigentliche Heimat.

Der Hölle des Daseins können wir nicht mit dem Tod entrinnen, sie muss bereits hier in diesem Leben überwunden worden sein. Wenn wir mit dem Gedanken sterben – wie es bei vielen Schwerstleidenden geschieht – »Gott sei Dank ist das vorbei«, so bedeutet das zwar eine Erlösung von körperlichen Schmerzen, aber der Schritt, der im Diesseits gemacht werden muss, ist verpasst. Und dieser Schritt ist die Gelassenheit, die entsteht, wenn wir nicht mehr mit unserem Ego identifiziert sind, wenn Wünsche und Hoffnungen verschwunden und wir bereit sind zu nehmen, was kommt. Auch wenn es die Hölle sein sollte, dann ist es eben die Hölle. Wir werden uns dann nicht mehr mit ihr identifizieren und wenn wir uns nicht widersetzen, können wir sie durchschreiten mit der Sicherheit eines zeitlosen Bewusstseinszustands, der uns unbeschadet durch alle Fährnisse begleitet. Das sind große Worte, ein großes Geschehen, aber es kann erreicht werden, denn viele haben es uns schon vorgelebt.

Die Transformation der Materie, die laufend stattfindet und im Sterben an Deutlichkeit nichts zu wünschen übrig lässt, ist ein Ereignis, das unser Bewusstsein durchmachen muss. Es gibt nichts Konstantes, alles muss sich dauernd verändern, erweitern, vervollkommnen und auflösen. Jede Stagnation hat ihren Niederschlag in unserem Körper. Er ist der Resonanzboden, der nicht anders kann als antworten. Deshalb ist es unumgänglich, den Körper in den Mittelpunkt unserer Wahrnehmung zu stellen, denn seine Wahrnehmung ist seine Wahrheit und diese Wahrheit ist allemal ein Teil der großen Wahrheit. Wenn das erlebt und verstanden worden ist, wird es kein Unglück mehr geben, auch der Tod hat seine Schrecken verloren und wir können ihm mit Anstand, mit Gelassenheit und Freude begegnen. Jede Verwandlung ist dann ein Geschenk, das uns erteilt wird, und das sonst so gefürchtete Unbekannte wird zum Ereignis.

Gelassenheit ist eine Qualität, die nichts mit Verdrängung zu tun hat. Mancher wird denken: Na gut, mit nichts identifiziert sein, das kann ich auch, Hauptsache, die Kohle stimmt! Gelassenheit heißt nicht Verdrängung. Verdrängen ist wegschieben, nichts sehen und nichts fühlen wollen, außer dem Angenehmen. Wenn wir dem Schmerz aus dem Weg gehen, gehen wir dem Leben aus dem Weg.

Gelassenheit kommt nach der Erkenntnis. Gelassenheit kommt, wenn wir durch den Schmerz gegangen sind, ihn verarbeitet haben und Heilung stattgefunden hat – wenn wir erkannt haben: Nur das Ego kann leiden, unser wahres Wesen, unser wahres Selbst ist unverletzbar, ist ewig. Wenn wir nicht weglaufen, sondern uns stellen, dann kommt die Auferstehung des Geistes, der in uns Gestalt angenommen hat und den wir bewusst leben.

Gelassensein ist eine ständige Übung, d.h. am Grad unserer Gelassenheit erkennen wir die Haken, an denen wir noch hängen. Wenn Gelassenheit nicht möglich ist, dann müssen wir loslassen lernen, was in uns wütet, herauslassen, was uns bedrängt, schmerzt, ängstigt und auf Trab hält.

Wenn unser Boot einem Wasserfall zustrebt, sollen wir nicht ankern, denn der Wasserfall steht uns dann immer noch bevor. Es gibt kein Zurück. Einlassen auf das, was kommt, das ist Lebendigsein. Und wenn wir in einen Strudel geraten, müssen wir schwimmen. Das ist alles.

Wenn wir frei geworden sind von Projektionen, Schuldgefühlen und Ängsten, sind unsere Lebenskräfte unerschöpflich und der Tod kommt nicht als Übermacht, Rächer, Vergewaltiger oder Feind, sondern als Geburtshelfer in eine andere Dimension. Wir folgen ihm freiwillig, wenn wir erkannt haben, dass alles in diesem Leben und in diesem Körper gelebt worden ist, was in dieser Zeit und dieser Situation möglich war.

Über das Leben nach dem Tod ist viel gesagt, spekuliert, phantasiert, gedichtet und behauptet worden. Im Tibetischen Totenbuch wird beschrieben, wie nicht erledigte Sehnsüchte, Hoffnungen, Wünsche als Dämonen auftreten und die Seele in eine neue Inkarnation ziehen. Die Seele wird dazu verführt, sich vom Weg in die Ewigkeit abbringen zu lassen.

Die Ewigkeit, in die wir beim Sterben eintreten, ist die unveränderbare, bewegungslose Stille, in der alles gleichzeitig besteht und die Zeit aufgehoben ist. Sie ist die ununterbrochene Anwesenheit, die Präsenz, das Sein ohne Ende, ohne Vergangenheit und Zukunft, das Sein als punktuelle Manifestation des Ganzen. Dieses ist ein dem Verstand unbegreifliches Phänomen, eine von der Seele wahrnehmbare, von der Seele als wahr genommene Wirklichkeit.

Einer meiner Erklärungsversuche, was die Ewigkeit anbelangt, lautet folgendermaßen: Stell dir vor, auf einem Planeten, der zweitausend Jahre von der Erde entfernt ist, leben vernunftbegabte Wesen, wie etwa Menschen, die mit einem Fernrohr auf die Erde herunterschauen können. Was würden sie sehen? Natürlich die Zeit vor zweitausend Jahren, sie würden Jesus auf Erden wandeln sehen. So sind die Bilder des Seins im Kosmos lebendig. Wenn deine Mutter vor zwei Jahren gestorben ist, würde sie vom Saturn aus oder sonst einem Planeten, der die entsprechenden Lichtjahre von uns entfernt ist, noch lebend gesehen werden. So relativ ist das! Zwar nicht zu begreifen, aber dennoch Wirklichkeit.

Wenn Gott oder die Existenz wollte, dass wir etwas mehr darüber wissen, würden wir es wissen. Aber dann wäre das Erdenleben abgewickelt und ohne Sinn, es gäbe nichts mehr zu erarbeiten. Einstweilen wurde uns das Leben gegeben, das alle Wahrheiten und Weisheiten enthält, die auf unserer Ebene möglich, erlaubt, erkennbar und heilsam sind.

Es geht nicht darum zu wissen, was uns dort drüben erwartet, sondern darum, uns dem Geschehen anzuvertrauen und hinzugeben. So wie wir ins Leben gekommen sind aus der Ewigkeit, so gehen wir wieder in diese Ebene zurück. Es hat wenig Sinn, sich von irgendjemandem berichten zu lassen, was er alles aus dem Jenseits erfahren hat, wir müssen es selbst erfahren. Das ist so wie mit dem Leben: Es nützt nichts, es erzählt zu bekommen, was nützt, ist die persönliche Erfahrung und die kommt bestimmt.

Das Schlimmste scheint für viele Menschen das »Nicht-mehr-Sein« zu sein. Deshalb suchen sie andere Seinserfahrungen, Erfahrungen, die über die Sinne hinausgehen, um die Sprache zu lernen, die unsere Seele benutzt. Über die Symbolsprache lernen wir den Ort kennen, an welchem unser Bewusstsein die Grenzen überschreiten kann, der Ort der Begegnung von Geist und Materie, oder, um in der Sprache der Esoteriker zu reden, den Ort, an welchem unser wahres Selbst angesiedelt ist, um die Mitteilungen aus der geistigen Welt in unsere Sprache zu übersetzen.

Den talmudischen Satz »Gott hat keinen Namen« oder »Der Name Gottes darf nicht ausgesprochen werden« könnte man nach den Tausenden von Jahren an Religionserfahrung auch so aussprechen: Gott ist alles und jedes und ein Name wäre eine Verkennung, eine Blasphemie, ein Nonsens. Wenn man so will, kann man Gott auch in einer Wanze anbeten – und es wäre nicht falsch.

Die Gotteserfahrung findet im Inneren statt, im Herzen, da, wo Geist und Materie sich bewusst begegnen und eins werden. Sie kann von niemandem vermittelt werden, sie muss selbst erfahren werden. Sie kann nur stattfinden, wenn der Mind schweigt, wenn der Energiekanal (der Kundalinistrom) gereinigt worden ist und das Herz sich bedingungslos in Demut und ohne Urteil öffnet.

Wenn wir uns erkannt haben, wissen wir, dass wir unsterblich sind, aber auch, dass wir zu der Energie, die wir erfahren, nicht mehr »ich« sagen können. Sie ist namenlos und nichts kann sie beschreiben. Lebenslängliche Bewusstseinsarbeit ist nötig. Da genügen nicht nur Selbsterfahrungsgruppen oder ein Trip in die Wüste, da hilft es auch nicht, ab und zu mal zu beten oder zu meditieren, da hilft nur Arbeit am Bewusstsein. Über Disziplin haben wir schon hinlänglich gesprochen. Auch Jammern und Wehklagen sind keine Wegweiser und das Festhalten an Lehrern, Priestern, Gurus, Beziehungen, Weltbildern erspart uns nicht die Arbeit, den Weg eigenhändig freizuschaufeln. Dabei hilft auch zu sehen, wie neben uns andere Sucher arbeiten. Wir können uns verständigen, zusammen beten, zusammen meditieren, lachen, tanzen, auch ein gutes Essen ist kein Hindernis, im Gegenteil, unser körperliches Wohlbefinden ist wichtig und erleichtert die Suche. Es darf gelebt, genossen und soll ausgetauscht werden, denn Kommunikation, Austausch von Wahrnehmungen, kristallisiert die Wahrheit.

Es ist unsere Pflicht, nicht nur an uns selbst zu arbeiten, sondern auch unsere Mitmenschen und die, die uns nahe stehen, zur Arbeit an ihrem Bewusstsein anzuregen. Es ist unsere Pflicht, unsere Gefühle zu zeigen – auch die so genannten negativen – und unseren Mitmenschen zu sagen, wenn wir Probleme mit ihnen haben, damit sie wissen und bereit werden, um des Friedens und der Liebe willen, sich selbst zu betrachten und zu regulieren, um gemeinsam zu wachsen (siehe Kapitel *Kommunikation*).

Gemeinsam erzeugen wir ein Energiefeld, ein morphogenetische Feld, das sich unsichtbar ausbreitet und seine Wirkung tut. Wenn wir unseren Freunden nicht mehr erlauben, sich gehen zu lassen, wenn sie in unserer Nähe sind, wenn wir nicht nur uns, sondern auch unser Umfeld reinigen von so genannten »schlechten« Energien, die Leute in permanent schlechter Laune, Leute unter Drogen oder einfach nur Leute ohne Bewusstsein verbreiten. Zur seelischen Hygiene gehört Authentizität, gehört auch der Besen, der die Tempel auskehrt, unseren eigenen und den Raum, in dem wir leben. Wer aufsteigen will, muss den Schrott hinter sich lassen, muss radikale Arbeit tun, die aus der Liebe seines Herzens kommt, zu den Menschen (denn alle ohne Ausnahme sind »Kinder Gottes«), zu allem was ist und zu sich selbst als ein Sprachrohr der Existenz.

Im Grunde ist die gesamte Bewusstseinsarbeit dazu da, um uns auf den Tod vorzubereiten und uns mit ihm vertraut zu machen, uns gegenseitig zu unterstützen und Techniken zu vermitteln, mit denen wir uns selbst erkennen, reinigen und regulieren lernen. Denn in jedem Augenblick geschieht Tod in unserem Innern. Zellen sterben ab und neue entstehen, jede Veränderung bedeutet den Tod für einen Zustand und kreiert neue Zustände, neue Blüten. Die Natur ist unser bester Lehrmeister.

Wenn wir bedenken, dass Gott oder das Wesen, das die Schöpferkraft repräsentiert, sich auch noch entwickelt und uns dafür benutzt, als seine Hände, seine Organe, als Medium seines Wirkens, was ist da unsere Aufgabe und unsere Chance? Und was bedeutet dann noch der Tod?

Die höchste Form des Annehmens bzw. der Hingabe ist: all unser Wissen loszulassen und Ja zu sagen – auch zum womöglichen NICHTS.

Nachwort

Vor dem Tor steht
Der Wächter
Der Prüfer der Helfer
Du kommst ohne Kleider
Die Maske zerbrochen
Mit blutenden Füßen
Der Weg war gefährlich
Du bist ganz allein und
Bist fast verdurstet
Das Tor ist weit offen
Es wartet auf dich
Der Wächter nimmt dir den
Stolz von den Schultern
Die Scham von den Wangen
Die Hoffnung die Sehnsucht
Aus deinen Gelenken
Er lächelt
Lass dich ein und
Du wirst eingelassen
Gib auf
Dann tragen dich
Die Engel durchs Tor
Vergib und du
wirst sehend

Bewusstsein, Spiritualität, Vitalität, Kreativität, Schönheit und Weisheit sind unsere eingeborenen Rechte und Pflichten. Wir können sie jedoch weder einfordern, noch erwarten oder erzwingen, wir können sie nur wahrnehmen, annehmen, willkommen heißen und praktizieren. Wenn wir unsere Rechte nicht wahrnehmen und unsere Pflichten versäumen, haben wir unser Leben verfehlt, sind wir vorbeigegangen an den Pfeilern der Erkenntnis, die unseren Himmel tragen.

Wenn wir ihnen folgen, wird uns die Gnade zuteil. Von Erkenntnis zu Erkenntnis, das ist der Weg der Erleuchtung. Da gibt es kein Ziel, aber die unendliche Verwandlung. Das sind die möglichen Wege des 21. Jahrhunderts.

Dankbarkeit ist das Resultat von Einsicht in den Schöpfungsplan und in Gesetze, die den Tod nicht kennen.

Denn du hast Gnade vor meinen Augen gefunden
und ich kenne dich mit Namen.
MOSE 2/23

Dank

Ich danke meinen Kindern und meinen Eltern, den leiblichen und den geistigen. Ich danke Buddha, Jesus, Osho, die mich geführt haben, und den vielen Therapeuten, die mich gelehrt und begleitet haben. Nicht zuletzt danke ich dem Geist des Universums, der mein Leben in die Bahnen gelenkt und mich bestimmt hat, ihm zu dienen, mit allen dazugehörigen Schmerzen und Freuden, mit der Begeisterung und Entschlossenheit eines lebendigen Herzens.

Adresshinweis
Das Veranstaltungs- und Seminarprogramm von Salama-Inge Heinrichs und dem heinrichs-heinrichs-Institut für Bewusstsein und Selbsterfahrung können Sie anfordern bei

Salama-Inge Heinrichs
Adelheidstraße 12
80798 München

Glossar

Aura: Das elektromagnetische Fluidum, das jeden Körper umgibt, schützt und beeinflusst. Sie kann gesehen und gemessen werden. Sie reagiert auf innen und außen.

Bioenergetik: Körperarbeit, um Blockaden und Spannungen aus dem Gewebe zu lösen und verborgene, vergessene oder verdrängte Inhalte aus der Lebensgeschichte freizusetzen.

Chakren: Energiefelder im Körper, denen eine bestimmte Energie zugeschrieben wird. Ihre energetische Verbindung sowie die Bewusstwerdung ihrer Inhalte haben einen bedeutenden Einfluss auf die Gesundheit und das Bewusstsein.

Channeln: Der Versuch, mit Geistwesen in Kontakt zu kommen und mit ihnen zu kommunizieren.

Encounter: Authentische Begegnung mit anderen, sich im Spiegel der anderen erkennen und Projektionen wahrnehmen. Differenzierung von Gefühlen.

Morphogenetische Felder: Die von dem englischen Biochemiker und Naturphilosophen Rupert Sheldrake entdeckten und beschriebenen geistigen Kraftfelder, über welche Gedankenformationen und Erfahrungsinhalte nonverbal übermittelt werden. Z.B. wurde die Technik des Kartoffelwaschens von Affen, die auf einer Insel lebten, von Affen auf einer entfernten Insel »wahrgenommen«, ohne dass ein direkter Austausch stattgefunden hatte.

Rebirthing: Eine Atemtechnik, die in außergewöhnliche Zustände und Bewusstseinsebenen weit über das Geburtserlebnis hinaus führen kann.

Satori: Gotteserfahrung. Ursprünglich Bezeichnung für die Erleuchtung im japanischen Zen-Buddhismus. Im Satori erreicht der Meditierende den Zustand der Einheit mit der wahren Buddha-Natur alles Existierenden.

Tantra: Eine taoistische Lebenshaltung, die außer den biologischen und seelischen Sensationen der Sexualität auch den transzendentalen Zusammenhang von Partnern, Gefühlen und Einsichten beinhaltet.

Transpersonale Psychologie: Den energetischen Zusammenhang mit der Umwelt und anderen Wesen erkennen lernen, transzendentale Einsichten gewinnen.

Literaturverzeichnis

Dante Alighieri: *Die göttliche Komödie* (Bd. 1 *Inferno*). Stuttgart 1949

Heinrich E. Benedikt: *Die Kabbala als jüdisch-christlicher Einweihungsweg.* Freiburg 1995/96

Jakob Böhme: *Werke in einem Band.* Frankfurt/M. 1997

Gerda Boyesen: *Biodynamik des Lebens.* Essen 1987

Emma Bragdon: *Spirituelle Krisen. Wendepunkte im Leben.* Freiburg 1990

Martin Buber: *Das dialogische Prinzip.* Gütersloh 1997

Gautama Buddha: *Buddhas Reden.* Heidelberg 1989

Fritjof Capra: *Das neue Denken.* München 1988

Fritjof Capra: *Wendezeit. Bausteine für ein neues Weltbild.* München 1991

Mantak Chia: *Tao Yoga. Praktisches Lehrbuch zur Erweckung der heilenden Urkraft Chi.* München 1985

Mantak Chia: *Tao Yoga der heilenden Liebe. Der geheime Weg zur weiblichen Liebesenergie.* München 1990

Aleister Crowley: *Das Buch Thoth.* Neuhausen 1981

Rüdiger Dahlke: *Die spirituelle Herausforderung.* München 1994

Thorwald Dethlefsen: *Krankheit als Weg. Deutung und Be-Deutung der Krankheitsbilder.* München 1989

Sandor Ferenczi: *Zur Erkenntnis des Unbewußten. Schriften zur Psychoanalyse.* Frankfurt/M. 1989

Francisca Freemantle, Chögyam Trungpa (Hrsg.): *Das Totenbuch der Tibeter.* München 1977

J.W. v. Goethe: *Faust.* München 1986

Liz Greene: *Schicksal und Astrologie. Die Familie im Spiegel des Horoskops.* München 1994

Liz Greene, Howard Sasportas: *Dimensionen des Unbewußten in der psychologischen Astrologie.* München 1993

Elmar R. Gruber: *Die Psi-Protokolle.* München 1977

Elmar R. Gruber, Holger Kersten: *Der Ur-Jesus. Die buddhistischen Quellen des Christentums.* München 1994

G. I. Gurdjieff: *Beelzebubs Erzählungen für seinen Enkel.* München 1981

Erik Hornung (Hrsg.): *Das Totenbuch der Ägypter.* Düsseldorf 1997

Imre Kerner, Dagny Kerner: *Heilen.* Köln 1997

Holger Kersten, Elmar R. Gruber: *Das Jesus-Komplott.* München 1992

J. Krishnamurti: *Vom Werden zum Sein.* Bern, München 1987

Elisabeth Kübler-Ross: *Interviews mit Sterbenden.* Stuttgart 1971

Ron Kurtz: *Körperzentrierte Psychotherapie. Die Hakomi-Methode.* Essen 1988

Timothy Leary: *Timothy Learys Totenbuch.* Berlin, München 1998

Alexander Lowen: *Die Spiritualität des Körpers.* München 1991

Alexander Lowen: *Bioenergetik. Der Körper als Retter der Seele.* Bern, München 1975

Klaus Mylius (Hrsg.): *Die Bhagavadgita.* München 1997

Erich Neumann: *Ursprungsgeschichte des Bewusstseins.* Frankfurt/M. 1989

Osho Rajneesh: *Zitate 1962–1971.* München 1976

Osho Rajneesh: *Meditationen.* München 1984

Osho Rajneesh: *Esoterische Psychologie.* Köln 1991

P. D. Ouspensky: *Auf der Suche nach dem Wunderbaren. Perspektiven der Welterfahrung und der Selbsterkenntnis.* München 1978

Papus: *Die Kabbala. Einführung in die jüdische Geheimlehre.* Wiesbaden 1996

Peter Plichta: *Gottes geheime Formel. Die Entschlüsselung des Welträtsels und der Primzahlcode.* München 1995

Ramtha: *Ramtha.* Peiting 1997

Wilhelm Reich: *Die sexuelle Revolution.* Frankfurt/M. 1976

Jan van Rijckenborgh: *Die gnostischen Mysterien der Pistis Sophia.* Wiehl 1992

Sogyal Rinpoche: *Das tibetische Buch vom Leben und vom Sterben. Ein Schlüssel zum tieferen Verständnis von Leben und Tod.* Bern, München 1997

Rupert Sheldrake: *Das Gedächtnis der Natur.* Bern, München 1998

Peter Sloterdijk, Thomas Macho: *Weltrevolution der Seele. Ein Lese- und Arbeitsbuch der Gnosis.* Düsseldorf 1991

Karl Spiesberger: *Magische Praxis.* Berlin 1976

Max Uray: *Durchbruch zur Wirklichkeit.* Maria Enzersdorf 1995

Gerda Weiler: *Eros ist stärker als Gewalt. Eine feministische Anthropologie.*
 Königsstein 1993

Terry Whatson: *Development and Flexibility.* Berlin 1998

Ken Wilber: *Halbzeit der Evolution. Der Mensch auf dem Weg vom animalischen zum kosmischen Bewußtsein.* München 1981

Richard Wilhelm (Hrsg.): *I Ging.* München 1973

Robert Wilson: *Cosmic Trigger.* Reinbek 1985

Robert Wilson: *Der neue Prometheus. Die Evolution unserer Intelligenz.*
 Reinbek 1996

Bewusst leben *im* Hier *und* Jetzt

Gay Hendricks
Bewusster leben und lieben
Von der Kunst, sich selbst und
anderen zu begegnen
ca. 320 Seiten. Gebunden
mit Schutzumschlag
ISBN 3-466-30559-4

Der intensive Kontakt zu den eigenen Gefühlen, die Suche nach dem wahren Selbst, die Akzeptanz der Realität und das Loslassen dessen, was nicht der eigenen Kontrolle unterliegt, der Zugang zum eigenen Kern und Verbindung mit dem Spirituellen sowie Ehrlichkeit sich selbst gegenüber: die fünf zentralen Themen für ein bewusstes Leben. Gay Hendricks zeigt, wie wir sie im Alltag umsetzen können und dadurch zu Gesundheit und einem dauerhaft positiven Lebensgefühl finden.

Einfach lebendig.
PSYCHOLOGIE & LEBENSHILFE

Kösel-Verlag, München, e-mail: info@koesel.de
Besuchen Sie uns im Internet: www.koesel.de

Wenn deine Botschaft
Liebe ist ...

Wie wir uns selbst und andere besser annehmen können und die heilende Kraft der Liebe entdecken. In einem 12-Stufen-Programm fördern wir Schritt für Schritt unser psychisches Wachstum und finden zu einer Einstellung, die zu innerer Heilung und zu einem nie gekannten Frieden führt.
Ein tief greifendes Lebenshilfe-Konzept für alle, die ihr Leben in sinnerfüllte Bahnen lenken möchten.

Einfach lebendig.
PSYCHOLOGIE & LEBENSHILFE

Gerald G. Jampolsky
WAS HEILT, IST DIE LIEBE
Schritte zu innerem Frieden
223 Seiten. Gebunden mit
Schutzumschlag
ISBN 3-466-34437-9

Kösel-Verlag, München, e-mail: info@koesel.de
Besuchen Sie uns im Internet: www.koesel.de

Warum *Skandale*
notwendig sind

Haben Sie jemals einen Skandal verursacht? Oder tun Sie immer, was andere Ihnen vorgeben?

Allan Guggenbühl zeigt, dass persönliche Skandale, sei es in Beziehungen, im privaten, beruflichen oder gesellschaftlichen Umfeld, oft einen tieferen Sinn haben, manchmal sogar notwendig sind: Wer den Mut hat, gegen die bestehenden Normen zu verstoßen und eingefahrene Gleise zu verlassen, spürt neue Lebendigkeit und findet die vielleicht in Vergessenheit geratene Bestimmung des eigenen Lebens wieder.

Allan Guggenbühl
WER AUS DER REIHE TANZT, LEBT INTENSIVER
Mut zum persönlichen Skandal
191 Seiten. Kartoniert
ISBN 3-466-30539-X

Einfach lebendig.
PSYCHOLOGIE & LEBENSHILFE

Kösel-Verlag, München, e-mail: info@koesel.de
Besuchen Sie uns im Internet: www.koesel.de